平和の人類学

Anthropology of PEACE

edited by
Hiroshi Oda and Yuji Seki

小田博志
関　雄二　編

法律文化社

まえがき

　「平和する」ために、人々が行なう数多くのものを、(…)われわれはほとんど知らない。われわれの目は、あまりに暴力研究によってくらまされてきたのである。(ガルトゥング2003：81、訳文を部分的に修正)

　「平和する」？　ちょっとなじみの薄い言い方だけれども、これを通して平和の新しい面が見えてくる。この本ではこれから、世界の様々な現場で「平和する」人々の姿とともに、平和を捉える新しい枠組みをみなさんにお伝えしていこう。

　冒頭の言葉を書いたガルトゥングは、平和研究を長年牽引してきた第一人者である。その人の言葉だけに重みがある。たしかに、私たちは「平和」と言いながら、実際には、戦争や暴力の方にばかり向いてきたのではないか。戦争の悲惨さを強調することで、「どうなってはいけないか」は伝わるだろう。しかし「どうなればよいか」、「どうすればよいか」が具体的にわからない。この肝心な積極的な平和が、これまでみすごされてきたのではないか。こうガルトゥングは指摘しているのではないか。本書はまさにその積極的な平和に光を当てようとする試みである。

　人々はどう平和しているのか？　紛争のもとがあっても、平和な関係をつくるにはどうするのか？　積極的な平和の条件は何か？　どんな発見があるだろうか？　戦争の後でいかに関係を修復するか？　平和を人に伝えるにはどうすればいいのだろう？　そして、平和の現場を研究する方法はどういうものだろうか？　本書ではこのような問いを扱っていく。

　ここでは平和というテーマに、人類学の分野からアプローチしようとする。本書の著者たちは、その中でも主に「文化人類学」という分野の流れに立っている。けれども文化と自然を分けずに、総合的に研究を進めたいという思いから、『平和の人類学』というタイトルを選んだ。人類学という分野だけに閉じこもらずに、国際関係論、歴史学、社会学の研究者にも加わってもらい、学際

的・対話的に平和の現場にアプローチすることを目指した。

　本書は人類学的な平和研究の分野において、日本でははじめての論集である。平和の研究のために、人類学的アプローチの利点と独自性はどこにあるのだろうか？　これまで平和の研究は、（国際）政治学や国際関係論によって率いられてきた。政治学の基本的な研究の単位は国家である。国家の行為として戦争を定義し、平和も戦争を終結させる国家間の行為として捉えられてきた。けれども、平和は国家よりもずっと広い現象である。ごく少数の政治家よりも、民衆、市民、草の根の人々が形づくる世界の方がより大きく、より広い。そうした人々こそ地球社会の中身であり、主役だともいえる。国家の枠組みに収まらない人間の現実を、現場(フィールド)に密着しながら研究してきたのがまさに人類学である。だから人々が「平和する」姿を捉えるために、人類学者はとても有利な位置にいる。本書ではその力を発揮しようとした。

　この本は3種類の読者に向けられる。まず平和というテーマに関心のある人類学の学生と研究者。それから新しいアプローチを求めている平和学専攻の学生と研究者。そして平和を捉え、語る言葉を探している、例えば博物館展示、平和教育、市民活動などの現場の実践者。このために特定の専門分野の中でしか通用しない記述は避けて、他分野や、初心者、学生にもできるだけわかりやすい説明を心がけた。

　教科書としての工夫もこらした。その際、特に読者として想定したのは、文化人類学ならびに平和学の授業を履修する大学の学部生である。学習の助けとなるように、各章には「本章の目標」、「課題」、「推薦図書」を掲げた。

　本書の構成と内容を紹介したい。第1章は「平和の人類学」の理論枠組みを述べたもので、本書の導入に当たる。これ以降は、8つの論文が、3部に分かれて登場する。第Ⅰ部「平和をつくる」には、平和構築・和解をテーマとする論文を収録した。第2章は南部スーダンの草の根平和構築を、第3章は東ティモールのローカルな和解の概念（「ナヘビティ」）を、第4章はナチズム後のドイツで始まった民間の和解実践を扱ったものである。第Ⅱ部「平和を伝える」は、平和や戦争・紛争の記憶を、次世代や外部にどう伝達・継承するのかとい

う問いに関わる。第5章はグアテマラ内戦で被害を受けた村でのコミュニティ・ミュージアムの建設と記憶の回復について、第6章は近年の日本における「平和博物館」運動の展開について論述したものである。第Ⅲ部「平和を問い直す」の3論文は、従来の平和観を批判的に乗り越えて、新たな方法論的・理論的視座を提示する試みである。第7章は、日本や東南アジアの現場を幅広く歩き、独自の平和学を積み重ねてきた研究者にインタビューをして、その方法論を「平和の現場の歩き方」としてまとめたものである。第8章は、国際政治学を学んだ著者が人類学的アプローチと対話しつつ、国境を越えて平和を研究するに適したアプローチは何かについて、北朝鮮問題と日本・韓国のNGOとの関わりを例に考察した論文である。第9章は東日本大震災・福島第一原発事故というアクチュアルな状況にさらされた人々が「避難する」実践を読み解いて、新たな平和観を提起するエスノグラフィーである。

　一冊の本も生きて、働く。本書が、研究、授業、平和学習、展示の企画、市民活動のようなさまざまな現場で活用されること。読者にとって思いもかけなかったところに「平和」を発見する視座となること。平和に関する問いを喚起すること。本書自体が、対話の場（フォーラム）となって、新しい人と人のつながりを生み出す媒介となること。この本が、そんな力を発揮することになれば幸いである。
　これから平和を発見する旅に乗り出そう。

■参考文献
ガルトゥング、ヨハン
　　2003「平和学における認識論と方法論」中野克彦訳、ガルトゥング、ヨハン・藤田明史編著『ガルトゥング平和学入門』pp.69-84、法律文化社。

小田　博志

関　雄二

目　次

まえがき

第 1 章　平和の人類学　序論　　　　　　　　　　小田　博志　1
　　1　問いの設定　1
　　2　「平和」の現場から　3
　　3　「平和」の概念を問い直す　3
　　4　人類学的な平和へのアプローチとその意義　6
　　5　平和生成論のアウトライン　12
　　6　再び現場へ　16

第 I 部　平和をつくる

第 2 章　南部スーダンにおける草の根平和構築の限界と可能性　　　　　　　　　栗本　英世　27
　　1　平和構築の主流化　27
　　2　上からの平和と下からの平和　28
　　3　内戦と南部スーダンにおける平和構築　33
　　4　アコボ会議からウンリット会議へ　38
　　5　草の根平和構築の問題点と可能性　42

第 3 章　東ティモールにおける非暴力の思想〈ナヘビティ〉
　　　　　　　　　　　　　　　　　　　辰巳慎太郎　49
　　1　はじめに　49
　　2　〈アウトサイダー〉の視点と行動　51
　　　　――被害者に寄り添い、加害者の裁きを求める

3　〈インサイダー〉の視点と行動　57
　　　　　──加害者を受け入れ、自己の過ちを認める
　　　4　裁きでも、赦しでもなく　63
　　　5　お わ り に　65

第4章　歴史の他者と出会い直す────────小田　博志　70
　　　　──ナチズム後の「和解」のネットワーク形成
　　　1　序　　論　70
　　　2　「行動・償いの印」が形成するつながり　73
　　　3　結論と考察　83

第Ⅱ部　平和を伝える

第5章　中米グアテマラにおける内戦の記憶と和解
　　　　────────────────────関　雄二　95
　　　1　ポスト内戦期の社会における記憶の問題　95
　　　2　グアテマラの内戦とその歴史的経緯　98
　　　3　パンソスにおける土地闘争と惨劇　100
　　　4　コミュニティ・ミュージアムの建設　102
　　　5　新たな記憶回復運動　106
　　　6　結論にかえて　110
　　　　──記憶をめぐる装置での実践と和解の可能性

第6章　平和博物館の〈再発見〉に向けて──福島　在行　118
　　　　──現代日本という場（フィールド）で考える／試みる
　　　1　は じ め に　118
　　　2　日本の「平和博物館」　119
　　　3　平和学者と「平和博物館」の定義　122
　　　4　平和学的「平和」を前提とした展示　126

5　平和博物館との対話——〈再発見〉に向けて　131

【ガイド】　平和博物館・平和のための博物館の探し方　138

第Ⅲ部　平和を問い直す

第7章　平和の現場の歩き方 ――――――内海　愛子　143
　　　――アジアで考える戦争と植民地
　　　　　　　　　（インタビューと構成：辰巳　頼子・辰巳慎太郎）

　　1　はじめに　143
　　2　「現場」に出会うまで　144
　　3　現場に立つ　147
　　4　現場が広がる、現場から広がる　148
　　5　現場と対話する　152
　　6　自分が変わる、相手が変わる　154
　　7　ポジティブ・ピースという希望　158
　　8　日常から考える――現場から概念化する　159
　　9　現場を歩く――その歩き方　162

第8章　「平和の脱・国際政治学」――――――金　敬黙　167
　　　――北朝鮮問題と向きあう韓国、日本のNGO・市民運動

　　1　はじめに――国際政治学と平和学　167
　　2　「平和の脱・国際政治学」　169
　　3　古典的統一観の克服――『小学生のための平和教育教材』　175
　　4　トランスナショナルな試みから学ぶ　179
　　　　――「南北コリアと日本のともだち展」
　　5　おわりに――「平和の人類学」に向けて　183

目　次

第9章　避難が生み出す平和　　　　　　　　　辰巳　頼子　187
　　　——原発事故からの母子避難者が形成する新たなつながり

　1　はじめに　187
　2　避難の人類学　188
　3　避難する人々の視点——母子避難者を事例に　191
　4　関係性がつくる平和　200
　5　おわりに　205

あとがき
索　引

第1章　平和の人類学　序論

小田　博志

■**本章の目標**
　平和には多様な定義があることを知る。その中で特に積極的定義の意義を理解する。
　平和研究に対する人類学的アプローチの意義を理解する。

■**キーワード**
　平和する、積極的平和、現場、他者との関係性、平和資源

1　問いの設定

　人々はいかに平和しているのか？
　この問いを世界に向けてみよう。いったい何が見えてくるだろうか。本論の目的は、この問いを出発点として、「平和」を発見する視座を組み立てていくことにある。
　「平和する」という表現は目新しいかもしれない。戦争や暴力が「する」ものなら、平和は静かな状態だと捉えられるのが一般的である。しかし違った考え方もできる。暴力沙汰になっておかしくないような対立状況で、暴力的手段に頼らず、しかし積極的な行動で望ましい結果を達成する人々がいる。
　その一例が、沖縄・伊江島の農民たちの実践である。第二次世界大戦後、米軍に土地を強制的に接収された農民たちは、米軍と交渉するときに、攻撃の姿勢だと誤解を与えないため「耳より上に手を上げない」などの規定を作成した。そしてこの非暴力的な手段で、徐々に土地の返還をも実現させていったのである（阿波根 1992）。

日常でも平和はなされている。ガンディーはイギリスに対するインドの独立運動を導いた。そのときのキーワードは「サッティヤーグラハ（以下では「真理」「魂の力」と訳されている）」であった。この概念を説明する中で、ガンディーは述べている。

> 「歴史（ヒストリー）」では世界の戦争の物語だけが見つかるでしょう。もしこれだけであったら、今日生き残っている人間は一人もいないでしょう。世界にまだこれほど多くの人間がいることは、世界の基礎は武器ではなく、真理、慈悲、つまり魂の力であることを伝えています。ですから戦争の力よりもほかの力が世界の基礎なのです。何千何万、いや何十万の人びとが仲よく暮らしていますし、何千万何億の家族のいさかいは愛情の中に取り込まれています。何百という民族は平和に暮らしていますが、それを「歴史（ヒストリー）」は記録しませんし、できもしません。この慈悲の、愛や真理の流れがせき止められ、分断されると、「歴史（ヒストリー）」に記録されます。（ガーンディー 2001：108-109）

実際にある平和が記録されない。暴力は注目されるが、平和は不可視にとどまる。どうやら暴力と平和に関して、関心の向けられ方に偏りがあるようだ。人類学の分野で平和を正面からテーマに据えた論文集の編者の指摘も鋭い。

> 非暴力的で平和な社会はまれだと思われている。それは、そうした社会が実際にまれだからではなく、研究やメディアなどの関心が非暴力と平和にまれにしか向けられないためである。（Sponsel and Gregor 1994: 18）

以上の見解を踏まえると課題が見えてくる。それは実際には存在しているのに、光が当てられない平和を見えるようにする概念的な視座をつくることである。本論ではそれを行なっていく。このような課題の設定は、現実にある暴力・戦争から目を背けて、心地よいものだけ見るということでは決してない。それらを厳しく批判することは必要だ。しかしそれだけでは「どうしてはいけないか」は分かっても、「どうすればよいか」は分からない。これまで無力化され不可視化されてきた、人々の平和の実践を明るみに出し、正当に評価する作業も求められる。それは広い意味での平和研究の中で、戦争・暴力の研究を補完するものである。

2 「平和」の現場から

　現場とは発見の場である。そこで予備知識がときに裏切られ、既存の理論枠組みは通用しない。複雑かつ多面的であり、外へ、そして変化へと開かれている。人類学の研究は現場(フィールド)からスタートする。人類学者は現場に立脚しながら、既存の考え方にとらわれず、そこでの経験を的確に言語化できる枠組みをつくりあげようとする。私が経験した平和の現場には、例えば次のようなものがある。
　ナチス後のドイツに関して、日本ではドイツ政府首脳による和解外交がよく知られている。しかしそれに先んじて、民間の人々が歴史和解の課題（ナチズムと戦争がもたらした社会の分断を再びつなぎ合わせ、平和な関係性をつくり直すという課題）に取り組んできたことはほとんど知られておらず、体系的な研究もなされていない。2006年から私は「行動・償いの印・平和奉仕」という、キリスト教系の市民団体について調べ始めた。その結果は本書第4章に詳しく書いたので参照していただきたい。
　この現場調査を通して見えてきたのは、草の根の平和構築の働きとその独自性、そして分断を越えて、人々がつくりあげるネットワークの広がり、多彩さ、層の厚さである。その結果、共に生きられる関係性が生み出された。彼らはまさに「平和した」のである。またここで特徴的なのは関係を媒介する人やモノの存在であり、その結果形成されたネットワークである。それは多くの湧き水がつながり合って、河川を形成しているというイメージに喩えられる。このような人やモノが複雑につながり合いながら、刻々と生み出される「生きた平和」を捉えるに適した枠組みはどのようなものかという問いが浮かび上がってきた。

3 「平和」の概念を問い直す

3.1 「平和」とは何か？

　「平和」には多様な定義がある。日本語の「平和」、英語のpeace、ドイツ語のFriedeは、辞書的には等価であっても、微妙なニュアンスの差がある。そ

もそも「平和」に当たる単語を持たない言語すらある[1]。言葉と現実との関係は固定的なものではない。言葉は現実の中でつくられ、現実をつくりだしもする。言葉（概念）にもエイジェンシー（働く力）がある[2]。つまりそれはまるで生きものように、現実の中で作られ、現実へと働きかけながら変化していく。すると問題は、いかに唯一の正しい平和の定義を確定するか？ではなく、いかにこれからの平和のために活用できる定義を、公共の議論を通して創造するか？であろう。

　現代の世界でなじみがあるのは「戦争がない状態」という平和の定義であろう。これにも歴史的な特殊性がある。それに意識的でなければ、「平和」を論じていながら、いつの間にか「戦争」に話がすり替わり、積極的な平和を研究する道が塞がることになる[3]。また戦争と平和とを背反的なものと捉えると、例えば「戦争の最中の平和」が見えなくなる[4]。

3.2　戦争と国家を歴史化する

　ところで「戦争」と言っても、それは歴史の中で異なったあり方をしてきたことに注意すべきである。だから「戦争」と言われることを腑分けして、歴史的な文脈の中で理解すること、そしてそれに含まれないもので平和に関係するものは何かを明らかにする作業が必要である。

　たとえば近代世界の国際法において、「戦争」は主権国家による合法的な行為だと規定されていた。そしてこの文脈で「平和」は国家による戦争の終結を意味した。このために近代の「平和」は国家を単位として論じられることになった。国際政治学や国際関係論が平和研究を主導する分野となったのはこのためである。この主権国家という仕組みは、地理的・歴史的に特異なものである。主権国家の関係としての「国際社会」は、ヨーロッパの三十年戦争の後、1648年のウェストファリア条約（「ウェストファリアの平和」）によって出現したとされている。その後、市民革命を経て「国民」を主権者とする国民国家が誕生した。国民国家は、明確な国境線[5]と一義的な国民アイデンティティとを特徴とする近代的なシステムである。二十世紀の二つの大戦は、この国民国家間で「総力戦」という形で戦われた特異な戦争形態であった[6]。それらは西洋列強による

帝国主義的な拡張政策の結果起こった。「戦争」を理解するためには、戦争だけを見ていたのでは不十分であり、その歴史的要因である帝国主義と植民地主義とを捉え直す必要がある[7]。

また平和を論じる際に、国家間関係の枠では抜け落ちてしまうものは何だろうか。それはまず国家をつくらない人々の視点と実践である。そこには「欧米列強（後に日本も加わる）」によって植民地化された先住民族[8]、そして宗主国の中で国民国家形成に巻き込まれた人々が含まれる。理性、文明化、進歩などの言葉で肯定的に自己表象される「近代」は、民族と民族、文明と未開、人と自然とが分断され、その分断を前提に深刻な暴力（帝国主義、植民地主義、戦争、自然破壊、ジェノサイド、レイシズムなど）が吹き荒れた時代でもあった。その暴力を超えるためには、「近代」の外部、「国際法の他者」の視点（阿部 2010）に立つことが求められる。

3.3　現場で流通する積極的平和の定義

このように「戦争が無いことが平和」という定義が一般に行き渡っている一方で、それとは違う積極的な定義に出会うことがある。2．で紹介したドイツの民間団体「行動・償いの印」の設立呼びかけをクライシヒが行なったのは戦後13年目であった。そこで彼はこう述べた――「われわれはいまだに平和を手にしていない。ほんのわずかな和解しかないからだ」。戦争がなくても平和ではない、人と人とがつながり直す和解がなされていないからだ、というのである。また長崎で原爆の被害を受けた下平作江は平和をこう定義する：「平和とは、人の痛みの分かる心をもつこと[9]」。これも積極的な平和の定義である。両者共に他者との関係において平和を定義している。このような平和観を捉えるためにも、私たちは消極的な定義を越える必要がある。

3.4　「構造的暴力の不在」は積極的平和か？

直接的に人命を損なう暴力に対し、間接的に働いて飢餓や貧困などをもたらす仕組みの暴力性に着目し、それを「構造的暴力」として概念化したのがガルトゥングである。ここで「構造的暴力の不在」が「積極的平和」とされ（ガルトゥ

ング 1991)、これがその後の平和学の分野において標準的な平和の定義となった[10]。しかし[11]、概念の定義の仕方として、何らかのものの不在として平和を定義することは、積極的な定義ではない。積極的な定義とは、何らかのものが存在することとして定義することである[12]。

「構造的暴力の不在としての積極的平和」という定義を当のガルトゥングが批判的に再検討している。西山 (2003：107) の批判を受け、ガルトゥングも積極的平和を「何か積極的なものの存在であると定義する」ことに同意している (ガルトゥング 2003：118)。そして平和を「共感・創造性・平和的手段によって紛争を扱うための能力」(2003：58) と再定義している。これは、「戦争因から平和因」へ、「構造からエイジェンシー（アクターの能力）へ」という関心のシフトの現れである。しかし「紛争を扱う能力」という規定は、まだ十分に積極的(ポジティブ)ではない。否定的(ネガティブ)な要素（紛争、戦原体[13]）の扱いに絞られているからである。肯定的(ポジティブ)な要素（友好や信頼）を活性化させ、引き伸ばす能力として平和を定義することもできる。「悪いもの」を扱う能力だけでなく、「良いもの」を活かせる能力としての積極的平和である。その能力をはぐくむ平和の教育や展示はどのようなものだろうか？

3.5　本論での平和の定義

これまでの記述を踏まえながら、私はここで平和を「他者と共に生きられる関係性をつくっていくこと」と仮に定義したい。「共に生きられる」には友好関係から打算的な利害関係まで含んでいる。「生きられる」という表現に、平和を人間社会の問題に限定せず、自然を含めた生命の領域に接合する意図を込めた。この定義は「関係性をつくる」という実践を表したものであるが、構造のレベルでは「他者と共に生きられる条件をつくっていくこと」という表現になるだろう。第5節でこの定義についてより詳しく論じる。

4　人類学的な平和へのアプローチとその意義

このように定義された平和を研究するには、さまざまなアプローチがあるだ

ろう。そこであえて人類学的アプローチを採用する理由は何だろうか？　平和の研究は人類学においてどう位置づけられるのだろうか？　人類学的アプローチは平和の研究にどのような意義があるのだろうか？　これらの問いをここでは考えたい。

4.1　人類学的平和研究と「平和な社会」アプローチ

　「平和」に関わる人類学的研究には、すでに多様な方向性がある。まず、戦争・紛争・暴力に焦点を当て、それとの対比で間接的に平和につながる研究の流れ[14]。また、「紛争解決」(Fry and Björkqvist 1997; 宮本 2003)、「和解」(阿部 2007：小田 本書第4章)、「平和構築」(Oda 2007; 栗本 本書第2章) など特定のテーマに関わる研究。「平和」を明示的に掲げなくても、平和論の観点から読み直してみると示唆深い人類学の古典は多い (モース 2009)。

　本論が位置づけられるのは、「平和」の積極的定義に基づく人類学的研究である。その代表的なものとして、『平和な社会』(Howell and Willis 1989)、『平和と非暴力の人類学』(Sponsel and Gregor 1994)、『平和の自然史』(Gregor 1996) が挙げられる。これらに共通しているのは、比較的小規模で、他と明確に区別される民族集団を研究対象としている点、その中でも非暴力性を特徴としていると思われる集団 (すなわち「平和な社会」) に焦点を当てる点である。その例として、マレーシアのセマイ、南アフリカのブッシュマンなどが取り上げられている。この研究の流れを「平和な社会」アプローチと呼ぶことにしよう。グレゴールとスポンセル (Sponsel and Gregor 1994：xvii) は結論として次の3類型を導き出している。

　(1)　社会的平和：個人と集団とが相互的な協力関係を結ぶこと
　(2)　修復的平和：壊れた平和を癒すこと
　(3)　分離的平和：敵対者から離れて生活することで得られる平和

　(1)と(2)とはひとつの集団内の成員間で結ばれる互恵的な関係性、およびその修復機構のことである。(3)はやや違って、その集団と別の集団との関係に関わる。そして彼らは(3)を特に強調している。「平和な社会」の人々の平和とは、他の集団との争いを避けることで成り立っているというわけである。この一見

「消極的」な姿勢は「距離を置く」、「棚上げにする」といった、非直面型の実践の再評価につながり興味深い（本書第9章を参照）。

　「平和な社会」アプローチの功績は、平和を積極的なものとして定義し、直接の研究の対象に据えた点である。スポンセルらは研究の視点が戦争と暴力に偏りがちの状況において、バランスを取ろうとした。彼らのその発想は今日でも刺激的である。

　一方でその限界は、小規模で閉じた「単純な」社会に視点を限定している点にある。その背景にあるのは構造機能主義的な社会観である。その結果得られた知見が、「大規模で、複雑な」社会に応用できるかどうか、またそのような二分法が正しいかどうかは未検証なままである。その構造機能主義の枠組み自体が、人類学の内部でも根本的に批判されており（例えばAbu-Lughod 1991）、その応用例たる「平和な社会」アプローチは、先駆的な価値はあるにせよ、今日ではそのままの形では通用しない。また、そうした小規模な社会を、「平和な社会」として一枚岩的に表象することは、「高貴な野蛮人」のステレオタイプを再生産することにもなりうる。もうひとつの欠陥は、コミュニティ内部の状態に関心を集中するあまり、あるコミュニティとその外部との関係性の分析が疎かになる点である（上述の(3)は研究の副産物的な位置づけである）。さらに、平和を固定的な状態と捉え、紛争との動態が問われない傾向も指摘できる。

　これに対して、平和と戦争の動態を、外部との関係において明らかにした新しい研究として佐川（2011）がある。佐川は東アフリカの牧畜民ダサネッチのもとでの実地調査に基づいて、彼らと近隣集団との戦争と、歓待・贈与・相互往来などによる平和な関係性とが流動的に繰り返されている様を描き出している。検討すべきは、ここで論じられる「戦争」と「平和」とがどれほど一般化可能かという点である。ダサネッチは近隣集団と戦争を行なったとしても、友好関係の窓口が途切れることはなく、決して殲滅戦に陥ることはないという。それは、無差別殺戮やジェノサイドが頻発した帝国主義と国民国家以後の戦争とは根本的に異なっているようだ（注6を参照）。これらの異なった戦争形態の関係をどう考えたらよいだろうか？

4.2 人類学的アプローチの意義
4.2.1 現場を内在的に理解するエスノグラフィーの方法論

これまで見てきたように、人類学的な平和の研究には発展の余地がある。今後も活用されるべきは、この分野の主要な方法論であるエスノグラフィーである。これは、現場の内在的な理解と、それに基づく理論形成を可能にするものである（詳しくは小田 2010a）。平和学でも「現場主義」が唱道されることがよくあるが、「国際社会」や「市民社会」において決められた問題を現場に見出そうとする傾向がある（「平和構築」や「貧困」の現場のように）。けれどもエスノグラフィーの場合には、そうした先行理解を一旦保留し、現場をその複雑性と多層性のままに理解しようとする。当の現場の人たちは、「平和構築」や「貧困」を生きてはいないかもしれない。既存の問題とは食い違う見解を、その現場の人々が表明するかもしれないし、その問題にあてはまらない別の問題が発見されるかもしれない。それを尊重し、そこからボトムアップ式に理論化を進める点に、人類学的現場理解の特徴がある。

4.2.2 非国家領域への視点

平和研究は政治学を主導的なディシプリンとし、主権国家を基本的な分析単位としてきた。これに対して、文化人類学は「近代社会」の外部を志向し、そこに生きる他者の視点の理解を追及してきたことで、国民国家の秩序にあてはまらない社会のあり方に関する知見と、それを捉える概念枠組みを育んできた（クラストル 1987）。事実、冷戦後に勃発した「内戦」「民族紛争」などと呼ばれる、非国家主体が前面に出る戦争形態の分析に、人類学的アプローチは威力を発揮した（栗本 1996 など）。さらに、非国家主体の平和の能力を捉えるためにも、国家を形成しない社会に関する人類学の知見は有用である。

国家に捕捉されない領域をインフォーマル・セクターというが、人類学的アプローチはそうした領域を捉える上で有効である。積極的な平和観を前提にすると、国家論の枠組みでは不可視化されているインフォーマルな「小文字の平和」が見えてくる。それは、顔の見える具体的で人格的な関係性のレベルで生起する平和である。そのようなインフォーマルな平和を可視化し、正当に評価する課題のために人類学的アプローチは意義を有する。

4.2.3　文脈理解

　人類学的認識の特徴のひとつに文脈理解がある。つまりある事象をそれが生起する文脈に位置づけながら、他の事象との関係性において理解する姿勢である。平和に関しても「政治」の問題としてのみ語るのではなく、その他のセクター（芸術、メディア、日常生活、生業、宗教など）との関連で捉えることになる。

4.2.4　人類史の中で「近代」を相対化する視点

　「人類学」でいう「人類」とは、約700万年前に現在のアフリカ大陸で発生したとされるヒト科の生き物のことである。この人類は約20万年前に現生人類（ホモサピエンス）へと進化し、約10万年前ごろからアフリカから出て地球上に「大拡散」（グレートジャーニーとも言われる）していったとされている。平和を考えるときにも、この長大な人類の歩みに位置づける。この姿勢は、西ヨーロッパという地理的に限られた所で発生し、ここ数百年という短い歴史しかもたない「近代」の外部に目を向けることにつながる。かつて文化人類学は、「西洋近代」の外部（「未開」や「伝統」）のみ扱うという暗黙の分業体制があったが、今日では「西洋近代」を客体化し、その特権性を相対化する研究が行なわれている（例えばラトゥール 2008など）。上述のエスノグラフィーは特定の具体的な現場を研究する手法であるが、ここでいう人類史は非常にマクロなスケールである。人類学ではミクロとマクロのアプローチを共にとる。

4.3　平和の研究が人類学に要請するもの

4.3.1　関係論的アプローチ

　文化人類学的研究として従来一般的であったのは、あるひとまとまりの「社会」、「文化」、ないし「民族」を調査対象として設定し、その人々の視点を内在的に理解するというやり方である。結果としてそれは「XX社会の研究」といった体裁をとる。けれども平和を、他者との間の関係性において捉えるなら、従来の対象設定の仕方を変更する必要がある。「他者に関する研究」から、「他者とその他者との関係性に関する研究」へと移るということである。言い換えるとそれは、平和をひとつの社会に内在する性質としてではなく、ある社会とその外部との 界 面 （インターフェイス）現象とみなす姿勢へとシフトすることである。逆に平和

を研究することで、関係性の人類学という領域を開くことにつながるであろう。

4.3.2 「自然／文化」の二元論を超え「生」を捉える

　「人類学」という傘の下に「自然人類学」と「文化人類学」（もしくは「社会人類学」）という下位分野があると考えるのが一般的だ[16]。「自然人類学」が人類の身体的側面を分担し、骨格や遺伝子の研究をもっぱら行なう。「文化人類学」の方は人類が後天的に身につけ継承する文化を扱う。——このような分業体制である[17]。

　けれども「自然／文化」の分割はそれほど自明なことであろうか。ラトゥールは、「単一の自然」と「多様な文化」を前提とする「近代」の図式を根本的に批判している[18]（ラトゥール 2008）[19]。そしてその図式で一方的に客体とされてきた自然とモノにエイジェンシーを認める理論枠組みを構想している（アクター・ネットワーク論）。ラトゥールはその平和論『諸世界の戦争——平和はどうか？』（Latour 2002）で、「単一の自然／多様な文化」の図式を信仰し、「単一の自然」を（西洋的な）理性によってのみ認識できると思い込んだ「近代」こそが、人間と自然双方に暴力性を発揮してきたのだと述べる。「自然／文化」の二分法をイデオロギーとする帝国主義期は、「自然」が「開発＝破壊」の対象となり、さらに人間社会は分割されて植民地支配と総力戦が猛威を振るう「非平和」の時代となった。そうすると「自然／文化」の二分法を前提にした文化人類学には、平和を扱う上で理論的な限界があるということになる。文化人類学者は、自らを「文化の多様性」の専門家であり、人間の「自然」のもしくは「モノ」としての側面は「自然人類学者」に任せるという分業体制に安穏としていられない。この暗黙の前提を問い直し、人間中心主義をも乗り超えて、「自然」と「文化」を共に含む「生きた世界」の人類学を再帰的に組み立てていく必要がある。

　日本政府が「開拓」と呼ぶ、社会・文化と自然の両方を破壊するハイブリッドな暴力を経験してきたアイヌ民族の視点から、萱野茂はある講演でこう語っている。

　　いまの日本人はあまりにも上手にアキアジを取りすぎます。川の入口や沖でガッチリと取ってしまって、魚の「人権」も何もあったものではありません。（中略）自然

との対話——魚をとるときにも、木一本切るときにも、アイヌはいろんなことで自然との対話をわすれませんでした。(萱野 1977：47-53)

ここには人間中心主義を脱する、人間と自然との関係性が述べられている。この考え方を「アイヌ文化」のカテゴリーに収めてしまうのは誤った解釈である。ここで言われているのは「人を含んだ自然」であり、それを「自然／文化」を分割する理論枠組みでは原理的に捉えることができない。ではどのような枠組みが適切か。

ラトゥールは「自然の単一性」モデルを捨て、「多自然主義」、「自然＝文化の多様性」を提唱する。しかしこの立場では、世界の分割が誇張され、それらの間の交通を可能にする基盤が捉えられない。人類学が「自然／文化」の二分法を超えるために必要なのは、多様な自然＝文化の交通の基盤を、西洋などの特権的な視点に限定することなく基礎づけることである。それは「多と一」とが共存可能な理論枠組みである。

「文化」と「自然」の基底に「生」[20]がある。人間は生きるために、自然環境と関わり、「生活様式」としての文化を形成した。また自然科学によって機械論的に捉えられる前の自然は、「生きた自然」である。「生きた文化」と「生きた自然」とは重なり合い、「生きた世界」を構成する。「他者と共に生きられる関係性をつくる」という意味での平和は、文化と自然に共に関わる。[21]

5　平和生成論のアウトライン

「人々がいかに平和しているのか」という問いを中心とする理論的視座を、ここでは仮に「平和生成論」[22]と名づける。そこには「平和が人々の実践を通して生み出されていく」という捉え方が込められている。ここで依拠する平和の定義は上述の「他者と共に生きられる関係性をつくっていくこと」である。この平和生成論を理論枠組みとしながら、人類学的なアプローチによって研究を行なう分野をここでは「平和の人類学」[23]としよう。

平和生成論で基本となる問い方は次のようなものである。

- 人々はいかに平和の実践をしている（＝平和している）のか？
- 平和の原因は何か？　平和の条件は何か？　何が平和な結果をもたらすのか？
- 負の因子、紛争因をいかに平和生成的に扱うか？
- その平和の実践で活用される資源にはどのようなものがあり、それらはいかに用いられているのか？
- いかに人々の平和の能力とその条件を活性化することができるのか？

次に平和生成論の柱となる要素を説明していきたい。

5.1　平和する――実践としての平和

　平和を状態ではなく、実践として、すなわち「すること」として捉えることの意義は、ひとつには、極度に理想主義的な平和観の代わりに、現実的あるいは実行可能な平和観を持てるようになることである。平和を何らかの状態と考え、さらにそれと非平和との関係が、「全か無か」の原則で規定されるなら、平和ならざる要素が少しでもある限り、平和は永遠に訪れないことになる。しかし平和することはいつでも可能である。

5.2　積極的平和

　ここでは平和を何かがあることとして積極的に捉える。その「何か」は既述のように「他者と共に生きられる関係性をつくっていく」実践であり、その能力であり、その結果生成する平和な関係性のことである。

5.3　他者との関係性としての平和

　平和を特定の集団に内在するものとしてではなく、「他者との関係性」のあり方として捉える。つまり関係論的アプローチをとる (Bar-On 2006; Gergen 2009)[24]。これによって平和論に「他者」の概念が導入される。ここでいう「他者」とは、自己とは違った属性を備えた者ないしモノである[25]。本論の文脈では、集合的な「他者」を主に想定している。その例として「社会」や「民族」といった人間の集団が挙げられるが、そうした集団の歴史を背負った個人もここに含められる。さらには自然の存在（樹木、花、動物、山、海など）、神や精霊、死者

などの霊的存在、人工物（道具、芸術作品など）なども「他者」とみなされることがあるだろう。

　俯瞰的視点から行なわれる平和論には、往々にして他者が不在となる。しかし、私たちが生きる場で出会い、交渉し、ときに紛争に陥り、ときに友好な関係を結ぶのは種々の他者である。これら他者には、自己の枠組みでは捉えきれない、未知の部分がある。彼ら／彼女らは、自己に働きかけ、自己の枠組みを揺さぶり、変化させることもある[26]。ここでいう関係性とは、外交関係のように明確にまとまった集団間のことでもあり、また偶発的なつながりのことでもある。他者を認識するときに「想像力」が働く。それは例えば、ある他者の言葉の向こうに、どのような人生と歴史が広がっているのかと想像できる力である。

5.4　二元論ではなく連続体

　平和は固定的な実体として存在しているのではなく、絶えざる実践を通して生み出されていく。平和＝相生軸（つながり、友好、共感、コンパッション、歓待、相互扶助、共生などが位置づけられる）を一方の極、暴力＝相克軸（分断、敵対、蔑視、残酷、排斥、殺し合うことなどが位置づけられる）を他方の極とする連続体を想定し、関係性を平和軸へと動かしていく実践が、ここでいう平和実践である。現実にあるのは絶対的な平和でも、絶対的な非平和でもなく、その両者の間で刻々と流動していくプロセスである。平和生成論において、一方では、紛争、対立、不公平、暴力は人間的現実において遍在し、撲滅不可能と考える。他方では、それにもかかわらず平和を生み出す力が人間にはあると考え、そのポジティブな側面に焦点を当てようとする。

5.5　平和現象

　平和生成論が焦点を当てるのは平和現象である。例えば、歓待（モーガン 1990；小田 2008）、相互扶助（クロポトキン 2009）平和の記憶[27]、他者の人間化[28]、交流と外交[29]、非暴力の抵抗、平和構築など。また戦争・紛争に関わる負の記憶を、加害者と被害者とがつながり直すために転換する和解の実践もこの概念で捉えられる。

5.6　エイジェンシー志向

　平和するのは誰か？　平和実践の担い手は何か？　平和生成の立場では、平和の主体を国家から拡大し、さまざまな非国家的アクターに行為主体性(エイジェンシー)を認める。市民、民衆、マイノリティ、サバルタンと呼ばれる人たちだけでなく、非ヒトの施設、人工物、生き物、霊的存在などまでアクターとみなされる。こうしたアクターたちが、現場（小田 2010a）でエイジェンシーを発揮する。現場とはリアリティ（これまでに決まった現実）とアクチュアリティ（これから生み出される現実）とが重なり合う、現在進行形の実践の場である。

5.7　平和資源

　問いの立て方の転換は、用いられるものへの視点の転換を帰結する。暴力の道具には「武器」という名前が与えられ、研究され、軍需産業が形成されるまでになっている。一方で平和をつくるものには名前が与えられてもいないし、体系的な研究も存在しない。ここでは、平和の実践を促進する物事に「平和資源（peace resources)[30]」という名前を与えたい。

　関係論的な平和論において、平和資源の主要な役割は、人と人との関係を媒介することである。媒介（mediator）としての平和資源は人間のこともあれば、モノや場所のこともある。人と人とが出会い、交流する「施設」は、重要な平和資源である。他にも、人物、本、碑、言葉、写真、樹木など、さまざまなものが平和な関係性の媒介となって働く[31]。

　従来の資源論では、あくまで人間がアクターであり、資源は活用される客体にとどまっていた。けれども平和生成論では、資源にもエイジェンシーを認め、人間と資源との対称的で相互作用的な関係性を捉えることになる（ラトゥール 2008）。

5.8　マクロな構造とリフレクシビティ

　具体的なアクターや現場に焦点を合わせていくと、マクロな構造を捉えることが疎かになっていく。ここでマクロな構造と言っているのは、個々人を包摂し、その意志を超えたところで働くシステムや制度のことである。資本主義や

国民国家のシステムや「構造的暴力」（ガルトゥング）、また人を主体として形成する権力作用を及ぼす「言説」（フーコー）も含まれる。構造は個人の意志とは違うレベルにあるので、個人が「善意で」もしくは意図せずに行なうことが、暴力的な結果をもたらすことがある。また個人はマクロな構造を前に「自分では変えられない」との無力感におそわれもする。

　平和生成論では「構造からエイジェンシーへ」と視点をシフトさせるが、これは構造を認識の外に追いやるということではなく、現場のアクターの力を認めるということである。ここで行為主体性（エイジェンシー）とは、構造の内部にありながらも、それに完全に組み込まれてしまわずに、構造の変化を引き起こしていくようなアクターの能力のことである。個人も、自分が組み込まれた構造の働きを認識することができる。このように自己が含まれる枠組みを振り返る認識の仕方をリフレクシビティ（再帰性、反省作用）という。その際それまで無意識であった構造を言語化する（言い当てる）ことが重要な契機となる。アクターは構造の働きを客観化して、その構造の再生産につながることに抵抗したり、より望ましい構造を生み出すこともできる。ここに構造を変革し、他者と共に生きられる条件をつくり出していける可能性がある。

6　再び現場へ

　以上、平和の人類学を方向付けるための議論をしてきた。しかし人類学的研究の本領はやはりエスノグラフィックな現場調査（フィールドワーク）にある。これまでに提起し、説明してきた平和の定義や理論枠組みは仮に設けた視座に過ぎない。これから平和の現場に歩みを進めよう。以下では 8 つの論文があるが、それぞれが異なった現場を扱っている。それぞれの現場でいかに平和が実践されているだろうか？　これから平和な世界をつくっていくヒントとなる、「平和の種子」を見つけることはできるだろうか？

注
1) サハリンの少数民族ウィルタはトナカイの遊牧を続けるため、異なった民族との争いを避ける必要があった。また彼らは首長を立てることもなく、組織的な武力紛争を経験したこともな

かった。だから、戦争も、それが無い状態としての「平和」を意識することも無かったという（田中・ゲンダーヌ 1978：80）。
2）　エイジェンシー（agency）をここでは社会構造の制約の中で、アクター（行為者）が発揮する主体的な行為能力の意味で用いる。文脈に応じ「働きかける力」「行為主体性」「行為力」などと訳し分けた。ラトゥール（2008）はエイジェンシーを人だけでなく、モノにも認める。
3）　紛争が起こっていないところもまた「平和の現場」といえる。「紛争が起こっていない」とは、裏返して言えば「平和が起こっている」ということである。その要因は何か。ルワンダのような紛争が、なぜタンザニアでは起こらないのか、と問うこともできる。しかし同時に、権力によって紛争が鎮圧（pacification）されている可能性も考慮に入れる必要がある（支配の下の平和）。
4）　カルドーは冷戦後の「新しい戦争」を論じた著書で、次の指摘をしている。「いかなる「新しい戦争」においても、排他主義による政治に対抗しようとする現地の人々やそうした地域を見出すことができる。例えば自らをフチ族と呼び、自分たちの地域を大量虐殺から守ろうとしたフツ族やツチ族の人々…」（カルドー 2003：14-15）。戦争の最中でこの人たちはいかに平和したのか？
5）　人と自然の流動性を断ち切る点で国境線は暴力的と言える。
6）　「文明」と「未開」の間で戦争に連続性があるのかどうかは、人類学的戦争研究の論点のひとつである（栗本 1999）。筆者は、連続性はありつつも、国民国家＝帝国主義期になって戦争が質的に変容したとの見解を取る。生活圏を共有する身近な他者との戦い（warfare）が、国民国家成立以後、単一の国民アイデンティティに基づいた、見ず知らずの敵との殲滅戦へと様相を変えた。「［異なった］民族の成員全員が、いっせいに敵対するという全面戦争の構図は、じつはきわめて近代的なコンセプトなのである」（松田 1999：100）。
7）　「植民地責任」論については永原（2009）を参照。
8）　太平洋戦争は「日本軍による真珠湾攻撃で始まった」と記憶される。ではなぜアメリカ軍がそもそもハワイにいたのか？　それはハワイの先住民族に何を意味したのか？
9）　諫早市公式ホームページ、「私の被爆体験」～平成19年度「平和を考えるつどい」から～http://www.city.isahaya.nagasaki.jp/of/02_kikaku/01_kikaku/heiwa/tudoi/h19.htm、2012年2月29日参照。
10）　「平和研究」と「平和学」はほぼ同じであるが、平和に関する研究という一般的な意味では前者が、研究分野としての独立性を強調するときには後者が使われる傾向がある。
11）　例えば横山（2009：60）を参照。
12）　議論の混乱を避けるために、概念を定義する際の論理的区別としての「積極的／消極的」と、価値判断の次元での「肯定的／否定的」とを分けて考えるとよい。簡単に言うと「あるか、ないか」と、「良いか、悪いか」との区別である。何らかの概念を「Xが存在すること」として定義するのは積極的定義、「Yが不在であること」とするのは消極的定義であるが、それは価値判断とは違う。「構造的暴力の不在」は定義の仕方としては消極的であるが、価値としては戦争の単なる不在よりも肯定的である。平和を戦争・暴力のない状態とする消極的な定義を論理的に批判することは、戦争・暴力を根絶する努力を否定することではない。積極的平和と消極的平和とは、互いに排他的な関係にはない。戦争の悲惨な被害を博物館に展示することで、戦争の

再発防止を目指すことは、消極的な定義に立ちつつも、肯定的な価値の実現に向かう姿勢である。またその実践自体が、積極的な平和と言えるだろう。
13) 戦争の原因を「病原体」になぞらえて表現。
14) 栗本（1999）が人類学的な戦争・紛争・暴力の研究の概説として最適。
15) 小規模で、閉じた境界をもち、その中に均質で、時間を通して不変の文化と単一のアイデンティティとが共有された社会を想定する人類学の立場。
16) フランツ・ボアズの構想では、さらに「考古学」と「言語人類学」を含め、これら4分野で「総合人類学」と称した。
17) 「自然人類学／文化人類学」の分割は、「自然科学／人文科学」、「理系／文系」という分割に対応している。
18) ラトゥールは明示しないが、文化には「単数形の文化」と「複数形の文化」の区別がある。前者は人類に共通した文化的能力のことである。地球各地の環境に適応していく中で特異的に生成していったのが、後者の「複数形の文化」すなわち「多様な文化」である。
19) ラトゥールは「近代」を本質的に特殊なものとみなさず、それゆえ「反近代」の立場もとらない。近代や自然科学にも人類学的まなざしを向ける点で、例外なき相対主義者といえる。
20) 「生」は多面的である。ここでは、生命、人生、いのち、生きること、生活、生存などを含んだ概念として生を理解する。
21) 平和学においてこの問題意識と関連のある概念は「サブシステンス（自然に根ざした生活基盤）」およびイリイチの言う「コンヴィヴィアリティ（自立共生）」などである。
22) この命名は社会学者アントノフスキーが提唱した健康研究のモデル「健康生成論（salutogenesis）」を参考にしている。アントノフスキーは健康を積極的に定義し、行為主体の実践によって生み出されるものだとみなした（アントノフスキー 2001；小田 2006）。
23) これは狭い捉え方である。もちろん、平和の人類学を平和について人類学的に研究する分野として広く捉えてよい。
24) 関係論的アプローチの背景には関係論的人間観、すなわち関係の中におかれ、その関係に働きかけて変化をもたらすという人間の捉え方がある（Gergen 2009）。
25) 哲学者レヴィナスは、『全体性と無限』（2005-2006）で、倫理の基礎に「他者の他性の認識」を置き、この姿勢を「歓待」と呼んだ。
26) 第二次世界大戦後のドイツ・キリスト教会による「反ユダヤ主義」の克服において、「ホロコーストを生きのびたユダヤ人たちとの出会いと対話」（武田 1995：285）が決定的な契機となった。
27) 「戦争の記憶」と「平和の記憶」とは違う。現代の対馬で、日本と朝鮮との間の平和な時代を想起し、その象徴として「朝鮮通信使行列」の復興がなされているのは、平和の記憶の例である（小田 2010b）。
28) 戦争中は、殺戮すべき「敵」として非人間化されていた他者と、「人間」として出会い直すという事例がある。ベトナム戦争に従軍した米兵アレン・ネルソンが、ベトナム人を「人間」として再認識したエピソードなど（ネルソン 2010）。「敵」もまた関係論的なカテゴリーである。
29) 国家間外交ばかりでなく、非国家主体による種々のタイプの交流と外交（セカンドトラック外交、市民外交、民際外交、自治体外交）。

30) ここでは、「手段」や「機転」などの意味を含んだ英語の「リソース」を念頭に置いているが、内堀らの「資源人類学」(内堀 2007)との接合のために「資源」を用いた。資源人類学で重要な概念は「資源化」である。これは何らかのモノが、実践の中で「資源」として析出していくプロセスを指す概念である。この資源化概念が示唆するのは、資源とは人間と環界との間で生成する、関係論的な事象だということである。
31) ある日本人のグループが日中戦争時の南京事件について合唱曲「紫金草物語」を作った。その詩は、戦時中に紫色の花の種を南京から持ち帰って、日本各地に広めたある日本兵の話に基づいている。この歌、花とその種、モデルとなった人物など、多様な資源が働き合いながら、日本と中国の間で人と人とを結びつけていっている。

■参考文献

（邦文文献）

アントノフスキー、アーロン
 2001『健康の謎を解く―ストレス対処と健康保持のメカニズム』山崎喜比古・吉井清子監訳、有信堂。

阿波根昌鴻
 1992『命こそ宝―沖縄反戦の心』岩波書店。

阿部浩己
 2010『国際法の暴力を超えて』岩波書店。

阿部利洋
 2007『紛争後社会と向き合う―南アフリカ真実和解委員会』京都大学学術出版会。

内堀基光
 2007「序―資源をめぐる問題群の構成」内堀基光編『資源と人間（資源人類学第1巻）』弘文堂。

小田博志
 2006「Salutogenesisと意味に基づく医療」『全人的医療』7（1）：84-91。
 2008「難民―現代ドイツの教会アジール」春日直樹編『人類学で世界をみる』pp.149-168、ミネルヴァ書房。
 2010a『エスノグラフィー入門―〈現場〉を質的研究する』春秋社。
 2010b「よみがえる朝鮮通信使―対馬をめぐる記憶の技法のエスノグラフィー」『エスノグラフィー入門―〈現場〉を質的研究する』pp.305-329、春秋社。

萱野茂
 1977「私とアイヌ文化」オホーツク民衆史講座編『語り出した民衆の記録―オホーツク民衆史』pp.45-53。

ガルトゥング、ヨハン
 1991（高柳先男・塩屋保・酒井由美子訳）『構造的暴力と平和』中央大学出版会。
 2003「〈補論〉構造的暴力の概念について―西山論文へのコメント」ガルトゥング、ヨハン・藤田明史編『ガルトゥング平和学入門』pp.117-118、法律文化社。
ガルトゥング、ヨハン・藤田明史編著
 2003『ガルトゥング平和学入門』法律文化社。
カルドー、メアリー
 2003『新戦争論―グローバル時代の組織的暴力』山本武彦・渡部正樹訳、岩波書店。
ガーンディー、モハンダス・K
 2001『真の独立への道―ヒンド・スワラージ』田中敏雄訳、岩波書店。
栗本英世
 1996『民族紛争を生きる人びと―現代アフリカの国家とマイノリティ』世界思想社。
 1999『未開の戦争、現代の戦争』岩波書店。
クラストル、ピエール
 1987『国家に抗する社会』渡辺公三訳、書肆風の薔薇。
クロポトキン、ピョートル
 2009『相互扶助論（新版）』大杉栄訳、同時代社。
佐川徹
 2011『暴力と歓待の民族誌―東アフリカ牧畜社会の戦争と平和』昭和堂。
武田武長
 1995「戦後ドイツのキリスト教会における「過去の克服」―ユダヤ人虐殺に対する罪責の認識と告白の歩み」富坂キリスト教センター編『戦後ドイツの光と影―文学・政治・教会』pp.276-299、新教出版社。
田中了・ゲンダーヌ、ダーヒンニェニ
 1978『ゲンダーヌ―ある北方少数民族のドラマ』現代史出版会。
永原陽子編
 2009『「植民地責任」論―脱植民地化の比較史』青木書店。
西山俊彦
 2003「「構造的暴力理論」の批判的考察と平和学の課題」ガルトゥング、ヨハン・藤田明史編『ガルトゥング平和学入門』pp.103-116、法律文化社。
ネルソン、アレン
 2010『「ネルソンさん、あなたは人を殺しましたか？」―ベトナム帰還兵が語

る「ほんとうの戦争」』講談社。
松田素二
　　1999『抵抗する都市―ナイロビ移民の世界から』岩波書店。
宮本勝編
　　2003『〈もめごと〉を処理する』雄山閣。
モーガン、ルイス・ヘンリー
　　1990『アメリカ先住民のすまい』古代社会研究会訳、岩波書店。
モース、マルセル
　　2009『贈与論』吉田禎吾・江川純一訳、筑摩書房。
横山正樹
　　2009「構造的暴力と積極的平和」岡本三夫・横山正樹編『新・平和学の現在』pp.56-68、法律文化社。
ラトゥール、ブルーノ
　　2008『虚構の「近代」』川村久美子訳、新評論。
レヴィナス、エマニュエル
　　2005-2006『全体性と無限』（上・下）熊野純彦訳、岩波書店。

（欧文文献）
Abu-Lughod, Lila
　　1991 Writing Against Culture. In Fox, Richard (ed.) *Recapturing Anthropology*, pp.137-162. Santa Fe, NM : School of American Research Press.
Bar-On, Dan
　　2006 *Tell Your Life Story: Creating Dialogue among Jews and Germans, Israelis and Palestinians*. Budapest : Central European University Press.
Fry, Douglas P. and Björkqvist, Kaj (eds.)
　　1997 *Cultural Variation in Conflict Resolution: Alternatives to Violence*. Mahwah, NJ : Lawrence Erlbaum Associates.
Gergen, Kenneth. J.
　　2009 *Relational Being: Beyond Self and Community*. Oxford : Oxford University Press.
Gregor Thomas (ed.)
　　1996 *A Natural History of Peace*. Nashville : Vanderbilt University Press.
Howell, Signe and Willis, Roy (eds.)
　　1989 *Societies at Peace: Anthropological Perspectives*. Oxford : Routledge.
Latour, Bruno

2002 *War of the Worlds: What about Peace?* Chicago : Prickly Paradigm Press.
Oda, Hiroshi
　　2007 Peacebuilding from Below: Theoretical and Methodological Considerations toward an Anthropological Study on Peace. *Journal of the Graduate School of Letters, Hokkaido University*. Vol. 2 : 1 –16.
Sponsel, Leslie. E. and Gregor, Thomas. (eds.)
　　1994 *The Anthropology of Peace and Nonviolence*. Boulder, CO : Lynne Rienner Publishers.

■課　題
(1)　「平和」の定義を自分なりに考えてみよう。
(2)　平和の消極的定義と積極的定義の違いを理解しよう。
(3)　本論で挙げた以外にどんな「平和する」例があるか調べてみよう。
(4)　人類学的アプローチの特徴を把握しよう。
(5)　「平和資源」の例を考えてみよう。

■推薦図書
阿波根昌鴻　1992『命こそ宝―沖縄反戦の心』岩波書店。
　米軍の暴力的な土地占領に対して、道理と徳性によって闘った記録。「平和的手段による平和」の生きた実例である。阿波根氏の語り口が魅力的なので、映画『教えられなかった戦争・沖縄編』(高岩仁監督、1998年)、『人間の住んでいる島』(橘祐典監督、1997年) もお勧め。伊江島の「わびあいの里」(平和資料館「ヌチドゥタカラの家」を併設) も訪ねたい。
ガーンディー、モハンダス K.　2001『真の独立への道―ヒンド・スワラージ』田中敏雄訳、岩波書店。
　二つの世界大戦の前、1909年に書かれたこの著作は、脱植民地化という古くて新しい課題を考えるための現代的意義がある。
ガルトゥング、ヨハン・藤田明史編著　2003『ガルトゥング平和学入門』法律文化社。
　平和を理論的に考えることについて学ぶことができる。ガルトゥングと言えば「構造的暴力論」であるが、それを自らが越えようとしていてスリリングである。

■平和の人類学のための文献表

筆者の個人ウェブサイト「小田博志研究室」内で「平和の人類学のための文献表」を公開しているので利用していただきたい。

http://www13.ocn.ne.jp/~hoda/peacestudy.html

第Ⅰ部　平和をつくる

第2章　南部スーダンにおける草の根平和構築の限界と可能性

栗本　英世

■本章の目標

　内戦中に南部スーダンの人びとが民族集団を単位としていかに分断され戦ったのか、そして草の根レベルでの平和を実現しようとする試みがいかに行なわれたのかを検討する。
　「下からの平和」のひとつである草の根平和構築の限界と可能性について、およびそこにおける人類学が果たすべき役割について考える。

■キーワード

　内戦、民族紛争、南部スーダン、平和構築、下からの平和

1　平和構築の主流化

　ピース・ビルディング（peace-building）の訳語である「平和構築」は、まだあまり馴染みのない概念かもしれない。この概念は、1990年代初期から国連や国際社会によって使用されるようになり、現在では武力紛争が終結した国や地域だけでなく、武力紛争が進行中の場合にも、外部から人道主義的に介入する際の大義名分になっている（東 2009）。平和構築のこうした流行の契機になったのは、1992年に当時の国連事務総長ブトロス・ガリが発表した報告書『平和への課題』であった。この文書では、予防外交というおおきな枠組みのなかで、平和構築は、平和創造（ピースメイキング）を終え、平和維持を経た段階においてとられるべきものであり、「紛争の再発を避けるために平和を強化し堅固にする構造を見つけ、支えるための行動」であると規定されている（篠田 2003: 5-6）。
　その後、平和構築は武力紛争が進行中の段階における平和創造や和解のため

の介入から、紛争終結後における国家と社会の再建と復興にまで適用される、きわめて幅広い概念として使用されるようになった。国連主導で構築された広義の平和構築の概念を整理すれば以下のごとくである。つまり、「平和構築活動は、ある社会の平和を永続化させるための『包括的かつ統合的な戦略』を作成するための概念枠組み」であり、その活動分野は政治・社会・経済・文化など多岐にわたり、「紛争の表層的現象ではなく、『根本原因』に焦点をあてることを、その本質とする」（篠田 2003: 21）のである。

　日本政府もこうした広義の平和構築の概念を積極的に採用し、外交の柱のひとつと位置づけている。2003年に改訂された新ODA大綱では、「重点課題」として、貧困削減、持続的成長、地球的規模の問題への取組に続く最後の四番目に「平和の構築」が取り上げられている[2]。この日本政府の動きと連動して、国際協力機構（JICA）も平和構築を事業の柱のひとつと位置づけている。JICAにおける平和構築とは、「紛争の発生と再発の予防に貢献」することであり、「紛争中とその直後に人々が直面するさまざまな困難を緩和し、中長期にわたる安定的な発展を達成することを目的」としている[3]。ちなみに、JICAにとって内戦終結後のスーダンは、本格的に平和構築の事業を実施するはじめての対象国であり、2011年の独立後の南スーダンにおいても事業は継続されている。

　こうして1990年代のはじめに登場した平和構築概念は、21世紀になると内戦が進行中および終結後の国や地域に対する国連や国際社会による介入の「錦の御旗」として使用されるようになった。平和構築概念は「主流化」したのである。

2　上からの平和と下からの平和

　本論では、国連や国際社会による主導のもと、武力紛争中や紛争終結後の国や地域に対して実施される平和構築を「上からの平和」（peace from above）と呼ぶ。これに対置されるのは、草の根平和構築（grassroots peace-building）を柱とする「下からの平和」（peace from below）である。

　上と下は相対的な概念である。トップには国連と国際社会が位置しており、

ボトムには「ふつうの人びと」がいる。両者のあいだには、当該国の政府、武装組織、国際NGO、ローカルNGOなど、様々な主体が存在する。地方行政府は、トップから見れば下であるが、人びとにとっては上に位置している。

私はかつて内戦が進行中であったスーダン（図1）を対象に「上からの平和」と「下からの平和」を対比させて論じたことがある（栗本 2000a）。1999年当時、北東アフリカの地域機構

図1　スーダン全図

である「開発のための政府間権威」（Inter-Governmental Authority for Development, IGAD）によるスーダン内戦の和平調停が進行していたが、和平への展望はまったくひらけていなかった。IGADによるもののほかにもさまざまな「上からの平和」がすでに試みられていたが、実りのある結果は生まれていなかった（栗本 2000b）。1983年に勃発した内戦の死者はすでに200万人に達していた。スーダン政府軍とスーダン人民解放軍（Sudan People's Liberation Army, SPLA）とのあいだの戦闘だけでなく、1991年に分裂したSPLAの主流派と反主流派の抗争が進行していた。さらに内戦の政治状況下で、政府側、SPLA主流派側、SPLA反主流派側に複雑に分断された民族集団間と民族集団内の武力紛争が頻発し、内戦は錯綜した様相を呈していた。

こうしたなかで、1999年に2月から3月にかけて、内戦の主要な当事者であるディンカ（Dinka）人とヌエル（ヌアー、Nuer）[4]人のあいだで大規模な平和会議が開催され成功したというニュースが流れた。この「ウンリット・ディンカ－ヌエル平和和解会議」（Wunlit Dinka-Nuer Peace and Reconciliation Conference）[5]の組織と運営に重要な役割を果たしたアメリカ人の長老派教会牧師ウィリア

第 I 部　平和をつくる

図 2　南部スーダン
州名は2005年以降のもの

ム・ローリー（William Lowrey）が、会議の直後に来日したさいに京都で直接お会いできる機会があった[6]。そのときに、会議直後のまだ生々しい話しを聞き、資料一式をいただいた。ローリーは、後述する1994年のアコボ平和会議でも活躍した平和構築の専門家である。また、2000年2月から3月にかけて、ケニアの首都ナイロビで、エリート層の南部スーダン人たちと話し合ったさいに、ウンリット会議に代表される「人びと同士の平和」（people-to-people peace）あるいは「草の根平和プロセス」（grassroots peace process）に大きな希望が託されていることを実感した。原野のただなかで開催されたウンリット会議には1千数百名が参加し、1週間以上にわたって徹底的に話し合った末に合意に達した（図2）。そして、和解儀礼や浄化儀礼など、ディンカとヌエルが共有している文化的伝統がフルに活用された。会議は、犠牲獣の肉の共食や歌と踊りも伴う祝祭でもあった。ウンリット会議は、「伝統」をも包みこんだ、ローカルな草の根民主主義の理想的な体現であるように思えた。終わりの見えない混迷のなかで、こうした試みは、たしかに空を覆う暗雲の切れ目から射す一条の光であった。拙論のなかで「下からの平和」の重要性を強調した背景には、以上のような事情があった。

　その後、スーダンの情勢はおおきな転換をとげた。2002年からは本格的な和平交渉が開始され、2005年1月にはナイロビで包括和平合意（Comprehensive Peace Agreement, CPA）が調印され、スーダン内戦はついに終結した。CPA は、スーダン政府の政権党である国民会議党（National Congress Party, NCP）とスーダン人民解放運動（Sudan People's Liberation Movement, SPLM）とのあいだの合意である（栗本 2005）。CPA に基づいて、スーダン全体には SPLM も参加した

た国民統一政府が樹立される一方で、南部スーダンにはSPLMが実権を握る政府が樹立され、SPLAはこの政府の正規の軍隊となった。2011年1月に実施された住民投票の結果、南部スーダンがスーダンから分離独立することが決定し、同年7月に新主権国家、南スーダン共和国が誕生した（栗本 2006; 2011a）。

平和構築と同様、平和や人間の安全保障に関する国際協力の分野で、脱冷戦の時代である1990年代以降に主流化した概念に人道的介入（humanitarian intervention）がある。平和構築と人道的介入は重なりあう概念であるが、ここでは平和構築を人道的介入の手段のひとつと位置づけておく。人道的介入も、上からの平和構築と同様に対象の国や地域の外部と上から行われる（最上 2001）。

人道的介入や平和構築は、崇高な理念に基づく美しい概念だと考える人はおおいかもしれない。私自身は、この二つの概念にかかわるイデオロギーと実践について批判的な立場をとってきた（栗本 2011b; 2012）。その第一の理由は、上からの介入が永続的平和、社会の安定、持続的な経済発展といった所期の目的を達成できない、つまり成功したとはいえない事例が多々あることだ。第二のより根本的な理由は、介入する側とされる側のあいだに非対称な権力関係が存在すること、そしてそもそも介入が基づいているネオリベラリズム的なイデオロギーは、ある種のタイプの民主主義的体制と市場経済を対象の国や地域に画一的に押しつけるものであり、正当であるとは思えないことである。日本語の文献で、こうした明確な批判的立場に立って書かれたものはそれほどおおくない[8]。しかし、英語文献ではすでにおおくの優れた批判的研究が刊行されている（Duffield 2001; Kennedy 2004; Paris 2004）。

「上からの平和」は、政治学、法学、国際関係論や開発研究の領域である。それに対して、「下からの平和」に関わることが可能な学問領域があるとすれば、それは人類学、あるいは人類学的志向をもった地域研究だろう。当該国や地域を専門的に研究している人類学者は、複雑な民族構成や地域社会の動態に関する詳細な知識を有している。こうした人類学者のなかには、武力紛争を当事者の視点に立って見ることができる、つまり人びとがなぜ、いかに戦ったのか、いかに敵と味方に分断されたのかを十分に理解している者がおり、草の根

レベルの平和構築プログラムの立案や遂行、および評価に建設的に関わる可能性がある。

　さて、CPA 後の南部スーダンは、人道的介入と平和構築の巨大な実験場であり（栗本 2011b: 132-134）、この問題を考えるうえでは、格好の対象であると言える。20年以上の長期にわたり、250万人と言われる死者と数百万人の難民・国内避難民を生み出した内戦のあとで、国家と社会を再建・復興することは、困難な大事業であることは容易に想像がつく。CPA が調印され内戦が終結し、南部スーダン政府が樹立された2005年以降、国連と国際社会の介入のもとに大規模な平和構築事業が実施されている。南部スーダン政府自体も石油収入に由来する１千数百億円規模の年間予算を持っており、その何割かを戦後復興と開発に充当することができた。この状況は、2011年の独立後も変わっていない。

　国連と国際社会そして南部スーダン政府および南スーダン政府がこれまで実施してきた広義の平和構築事業のほとんどは、インフラと国家機構の確立と整備を対象とするものである。つまり「上からの平和」は、器（うつわ）としての国家の建設（state-building）に集中しており、器の中身というべき国民の建設（nation-building）を対象とするものはほとんどない。とりわけ、スーダンのように「国家と社会の乖離」が顕著であり、住民の多数が国民として正当な扱いを受けたことがなく、人びとにとって国家とは暴力的で外在的な権力機構にすぎないところでは（栗本 2012: 56-59）、国家建設だけに集中すると、永続的な平和と安定した社会がもたらされるとは考えにくい。

　私は、「上からの平和」による国家建設の事業が必要ではないと主張しているわけではない。新国家にとって、整備された道路網や学校と病院、行政府や立法府の建物は不可欠であり、行政機構と法と秩序を維持するための制度の整備も必須であることは言うまでもない。しかし、器と中身は両方がそろってはじめて意味を持つ。内戦時に分断され敵対する状況に置かれていた人びとの状況を変革するための取り組みが、2005年以降なおざりにされてきたことは、平和構築の全体性にとっておおきな不十分点である。内戦終結後の新国家における国民建設とは、社会の再構築と再創造のことにほかならない。これが実現しなければ、国民建設の事業も目的を達成することはできない（栗本 2012）。

「上からの平和」には大規模な予算が必要である。しかし見方を変えれば、予算さえ投入すればインフラの整備は容易であり、行政機構や法制度の整備も既成のマニュアルにしたがって遂行すれば達成できる。それに対して「下からの平和」は、コストはかからないが、手間がかかる。「現地」の事情に精通した専門家が必要であり、すべての事例に適用できるマニュアルは存在しない。「下からの平和」がなおざりにされがちなことの背景には、こうした要因もある。

内戦時にずたずたになった社会を再建すること、これこそ「上からの平和」と「下からの平和」が接合されるべき課題であり、草の根平和構築が真価を発揮すべき領域である。問題は、CPAによって南部スーダンに平和がもたらされたとは言えないことだ。たしかにスーダン政府軍とSPLAとのあいだの戦闘は終結した。けれども、CPA以降もヌエル人、ディンカ人やムルレ（Murle）人が居住する上ナイル地方のジョングレイ州や上ナイル州では、年間の死者が1,000名を越すような激しい武力紛争が発生し、独立後も継続している。これらの紛争には内戦時代にはない新たな要因もある（栗本 2011b: 134-139）。人びとが現在も武力紛争の犠牲になり続けているのは、内戦時代に構築された民族集団間と民族集団内の分断と敵対関係および遺恨が、政府によっても国連や国際NGOによっても、正当な考慮の対象となることなく、放置されてきたことの代償であると言える。

3　内戦と南部スーダンにおける平和構築

なぜ南部スーダンで草の根平和構築が必要なのか、そしてその成否がなぜ地域全体の平和と安定に決定的な影響を与えるのか、この問いに対する答えは単純で明快である。それは、内戦中に草の根レベルの人びとがお互いに戦い、殺しあったからだ。スーダン政府軍とSPLAは、内戦の主要な当事者であったが、内戦は両者のあいだだけで戦われたわけではない。組織された軍隊に限っても、政府側には政府軍のほかに民族集団単位で組織された「部族民兵」と1989年以降組織された「大衆防衛軍」（Popular Defence Forces）があった。

SPLAのほうは1991年8月に司令官であったリエック・マチャル（Riek

Machar）が最高司令官ジョン・ガラン（John Garang）に叛旗を翻して主流派と反主流派に分裂し、両者は戦闘状態に入った。いわば内戦のなかの内戦が始まったのである。主流派と反主流派は、本拠地の場所にちなんでそれぞれトリット派（SPLA-Torit）、ナシル派（SPLA-Nasir）と呼ばれた。SPLA ナシル派は敵であるはずのスーダン政府と同盟関係を結び、主流派との戦いを継続する一方で、SPLA 統一派（SPLA-United）さらに南スーダン独立運動／南スーダン独立軍（South Sudan Independence Movement/South Sudan Independence Army, SSIM/SSIA）とめまぐるしく名称を変更しつつ、個別の司令官に率いられた諸武装集団へと分裂していった（栗本 1996; Nyaba 1997; Johnson 2003）。

　草の根レベルでの人びと同士の戦いに貢献したのは民兵である。スーダン政府は、SPLA の主流を構成していたディンカ人と牧草地や水場をめぐって伝統的に敵対関係にあった諸民族集団を武装し民兵として組織した（De Waal 1993）。政府が組織した民兵は、内戦が民族紛争の様相を呈することの主要な要因となった。また、SPLA 反主流派の指導者リエック・マチャルをはじめとする司令官の多くは、ディンカ人と敵対関係にあるヌエル人だったため、主流派と反主流派との争いにはディンカ対ヌエルの民族紛争という側面も生じた。さらに、ヌエル人 SPLA 将兵の全員が反主流派を支持したわけではなく、主流派にとどまった者もいたので、内戦にはヌエル人同士の戦いという側面も加わった。スーダン政府は SPLA 内部の分断、および人びととのあいだの分断を巧みに利用し、対立を煽るとともに SPLA 主流派に敵対する集団に武器弾薬を供給した（Johnson 2003; 栗本 1996）。

　こうした過程で、軍隊や武装集団に組織されていない一般の村人たちにも自動小銃などの小火器が広く普及することになった[12]。もともと SPLA と民兵は武器弾薬の管理も厳格ではないゆるやかな組織だったので、司令官は支持基盤を強化するため武器弾薬をばらまき、兵たちは生計の手段として武器弾薬を食糧や家畜と交換したからである。これらの武器は、自衛だけでなく攻撃や掠奪にも使用された。

　1991年11月に生じたヌエル人の部隊によるディンカ人の虐殺は、内戦中の最悪の事件であった。SPLA ナシル派の指導者であったリエックは、同盟関係に

あった武装集団を動員し、南下してSPLAトリット派を攻撃するように命じた。最初の攻撃目標は、ジョン・ガランの出身地である上ナイル地方南部のコンゴル（Kongor）地域とボル（Bor）地域であった。この作戦は、SPLA主流派と反主流派のあいだの戦闘ではなく、重度に武装した指揮系統の不明確な数千名のヌエル人群集による、ディンカの村人あるいは非戦闘員に対する一方的な殺戮と掠奪となった。2週間ほどのあいだに約2,000名が殺され、数万頭の牛と多数の女性と子どもがヌエル人の戦利品となった。コンゴルとボル地域は荒廃し、約10万人のディンカ人が掠奪をまぬがれた牛を連れて南方へと避難した。この人たちは、内戦終結後までエクアトリア地方各地で国内避難民として、そしてウガンダとケニアで難民として暮らすことになった。避難できずに故郷に居残らざるをえなかった人びとと、数百キロメートルにおよぶ徒歩での避難を余儀なくされた人びとのなかには、飢えや病いで死んだ者も数千人いたと言われている（Nyaba 1997: 97-98 ; Scroggins 2004: 257-265）。

「ボルの虐殺」は、内戦中に民族集団間で発生した最大の惨事であり、トリット派とナシル派双方のSPLA関係者にとっておおきな衝撃であった。ジョン・ガランの独裁的な体制に不満を抱いていた将兵のあいだに広まりつつあったナシル派への支持は、この事件で一挙にしぼんでしまうことになる。ナシル派は、ゲリラ組織の民主化や南部スーダン人の解放といった「大義」のために旗揚げしたという信用を失ってしまったのである。この事件以降、スーダン内戦にもともとあった民族集団間の紛争という側面は、より一層顕著になった。虐殺の賠償や和解は、事件から20年ちかくが経過した現在でもいまだに達成されていない。これは平和構築上のおおきな問題であるが、政府も国際機関もなんの取り組みも行なっていない[13]。

　スーダン内戦は多元的であった。政府軍とSPLAとの戦いは、もっとも重要ではあるが、ひとつの側面にすぎない。国内各地で、そして村あるいは地域コミュニティから民族集団に至る社会の様々なレベルで、内戦は戦われたのであった。つまり、スーダン内戦においては、政府軍とSPLAが殺しあった一方で、南部スーダン人同士が殺しあったのだった。だれが敵でだれが味方なのかは、状況に応じて変化し、合従連衡が繰り返された。社会は幾重にも走る錯

綜した分断線によって、敵と味方に複雑に分断された。内戦前には、ときには対立しつつも共存し、紛争が生じた場合には調停するメカニズムも機能していた民族集団間と民族集団内の関係は、共存や調停が想像しにくい、全面的敵対関係へと変質した。平和なときなら、牛一頭が掠奪されても、いさかいの結果人間一人が殺されることがあっても大事件であり、地域の首長はただちに調停のメカニズムを発動することができた。

　ここでの「首長」(chief) には、行政首長 (government chief) と伝統首長の2種類がある。行政首長とは、植民地時代に原住民法廷 (native court) あるいは首長法廷の責任者として整備された役職で、司法権と警察権を有し、地方行政の末端を担っていた。伝統首長は、植民地化以前から存在していた政治的リーダーのことである。いずれも慣習法に基づいて紛争の調停を行なう。まず、首長は傷害や殺人を犯した者の身柄を保護する。これによって、被害者の側が加害者に報復する危険が防止される。それから賠償の支払いの調停が開始される。殺人の場合、結婚のときに花婿側から花嫁側に支払われる婚資と同額、つまり花嫁というひとりの人間と等しい価値をもつ賠償が支払われることになる。その額は社会によって異なるが、牛数頭から数十頭である。慣習法による調停は、加害者を処罰することより、賠償の支払いによって加害者側と被害者側の関係が修復され、被害者が被った損失も回復することを目的としている。この意味で、慣習法によって実現する正義は、懲罰的ではなく修復的であるといえる。調停を締めくくるのは、加害者側と被害者側双方の出席のもとに執行される賠償の支払いと、それに続く和解儀礼と饗宴である。殺人事件の場合は、加害者側が提供した牛が供犠され、和解のための儀礼的演説が行なわれ、最後に料理された犠牲獣の肉を双方がいっしょに食べる。これによって両者のあいだの遺恨は洗い流され、いったん壊された関係は修復する。

　それに対して内戦中は、村々が焼き払われ、数百頭の牛が奪われ、数十人が殺されても、調停じたいが不可能になり、遺恨だけが蓄積していった。これは、殺された側が殺した側に復讐し、さらにそれがつぎの復讐を生むという、際限のない報復闘争が継続する「暴力の連鎖」状態である。また、蓄積したのは遺恨だけではない。南部スーダンのおおくの民族社会では、殺人を犯した者は、

流された血のゆえに「穢(けが)れた」状態になると考えられている。これは殺人者と接触した人に病気などの災厄をもたらす危険な状態である。これを避けるためには浄化儀礼が必要である。内戦の状況下では、あまりに多くの殺人がおこなわれたために、また自動小銃を使用した戦闘ではだれがだれを殺したのか不明であることがおおいために、浄化儀礼のシステムが麻痺してしまった。その結果、穢れは蓄積する一方になってしまったのである。南部スーダンにおいて平和構築の活動が対象とすべき社会・文化的状況とは、こうした遺恨と穢れが山積した、道徳的に危機的な状況なのである。

　ところで、内戦中には内戦後より一層困難な状況であったにもかかわらず、1990年代後半からSPLA支配地域において多数の草の根平和構築の試みが行われていた。それらは、人びと同士の平和、草の根平和プロセス、あるいはローカル平和プロセス（local peace process）などと呼ばれていた。その代表例が、先に述べたウンリット・ディンカーヌエル平和和解会議である。まったく外部からの支援を受けずに組織されたものもあるが、多くは南部スーダンのキリスト教会組織が仲介し、国際NGOなどの支援を受けて実施された。そのほぼ全容は、2006年に公刊された報告書『スーダンにおけるローカル平和プロセス』(Bradbury *et al.* 2006) で知ることができる。イギリス国際開発省の委託を受けた4名の専門家が実施した調査の成果であるこの報告書は質の高い有益な資料である。

　内戦中の解放区で会議を開催することは容易なことではない。水道や電気がないのはもちろんのこと、道路状況は最悪である。町で開催される場合でも、宿泊施設や会議場はほとんどない。大規模な平和会議になると、数百名が数日間以上寝食をともにすることになる。こうした場合は、十分な食料と水、炊事道具と薪を調達し、野営地を設営する作業が必要となる。ロジスティックの仕事だけでもたいへんである。多数の会議はこうした困難を克服して開催されたのだった。

　報告書によれば、内戦中に100以上の平和会議が開催されている（表1）。たとえば、民族集団間と民族集団内の武力紛争が頻発していた上ナイル地方では内戦中に38件、内戦が終結した2005年に6件の会議が開催された。上ナイル地

第Ⅰ部　平和をつくる

	2005年まで	2005年
エクアトリア地方	19	5
上ナイル地方	38	6
上ナイル地方とバハル・エル・ガザル地方	12	
バハル・エル・ガザル地方	16	3
バハル・エル・ガザル地方と北部スーダン	15	1
南部スーダン一般	8	
計	108	15

表1　2005年までに開催された「ローカル」な平和会議の数
ブラッドベリーほかの報告書に掲載されたリスト（Bradbury *et al.* 2006: 147-175）から筆者作成。

方とバハル・エル・ガザル地方にまたがる会議、つまり、前者のヌエル人と後者のディンカ人のあいだの平和会議は、内戦中に12件開催されている。エクアトリア地方をみると、内戦中に19件、2005年に5件であった。

　南部スーダンにおける草の根平和構築の問題は、第一にこのプロジェクトが不十分にしか実施されなかったことにではなく、多数の会議が組織され、和解や平和的共存に関する合意や宣言に至ったにもかかわらず、少数の例外を除いて草の根レベルの平和が実現しなかったことにある。第二の問題は、内戦中の蓄積や経験が内戦後に継承されなかったことだ。これは、SPLM/SPLAと国際・ローカルNGOが、CPA後の戦後復興と開発という大状況のなかで、草の根レベルの平和と和解よりも、もっと緊急で重要であると、彼ら自身も国連と国際社会も考えた課題、つまり国家建設という課題に精力を注ぐようになったからだと、私は考えている。

4　アコボ会議からウンリット会議へ

　本節では、内戦中に実施された代表的な草の根平和会議について考察する。
　ボルの虐殺では団結した東部ヌエルランドのヌエル人は、1993年以降、ロウ（Lou）と東ジカニィ（Eastern Jikany）とのあいだの激しい武力紛争に見舞われ

ることになる。古典的民族誌『ヌアー族』の用語に従えば、ロウは「部族」であり、東ジカニィは、ガージョク、ガーグワン、ガージャクという三つの部族から構成される諸部族である。それぞれの部族は、一次セクション、二次セクション、さらに場合によっては三次セクションにまで分節化している（エヴァンズ＝プリチャード 1978）。

　東ジカニィとロウのあいだの武力紛争は、乾季（11月から3月まで）である1993年のはじめに勃発した。ソバト（Sobat）川沿いにあるジカニィのウラン（Ulang）村近郊でロウの男たちが魚獲りをしていた。ジカニィの男たちがやって来て、獲物の魚を没収すると主張した。この地域はジカニィの領域ではあるが、ロウの魚獲りの権利を否定することは慣習法に反する行為であった。口論は闘いへと発展し、ロウの男3名が射殺された。地域の首長は慣習法に反して、殺人者たちの身柄を拘束し、被害者の家族と賠償の支払いの交渉を始めることをしなかった。また、遺体の引き取りも拒否され、埋葬されることなく放置され、野獣と野鳥の餌食となった。これらも慣習法にもとる措置であった。この事件が引き金となって、ロウ・ヌエルは報復のための攻撃を組織し、東ジカニィ・ヌエルは報復に対する報復を敢行した。1993年の雨季のあいだに、首長や教会の指導者たちによって和平の可能性が模索されたが成功せず、1993年から翌年にかけての乾季のあいだに紛争はより大規模なかたちで再燃した。東ジカニィとロウの全土に紛争がおよんだだけではない。この地域を支配するSPLAナシル派の司令官たちも、紛争を抑止するどころか、一方の当事者として支持基盤の人びとに武器弾薬を配給するとともに、兵を率いて攻撃に参加した。ヌエルランドの東部全域にわたって、殺戮と家畜の掠奪、村と収穫された穀物の焼き討ちが繰り返され、甚大な被害をもたらした（Lowrey 1997: 134-135）。ある調査によると、ジカニィ側とロウ側の被害は以下のごとくである。ジカニィ：死者857名、掠奪された牛24,428頭、破壊されたカヌー50艘、破壊された穀物1,300トン。ロウ：死者482名、掠奪された牛50,817頭。合計では、1,339名が死亡し、77,245頭の牛が奪われたことになる。紛争の結果、避難民になった人びとの合計は約15万人であった（Lowrey 1997: 138）。べつの資料には死者約1,200名と記されている（Johnson 2003: 118）。これは、たんなる「ローカル」

な紛争の域をはるかに超えている。

　東ジカニィとロウの紛争の背景には、当時の内戦状況のなかでロウ・ヌエル人が置かれていた苦境がある。ボルの虐殺以降、ロウと南隣りのボル・ディンカ人との関係は完全に断絶し、乾季の放牧地や漁場をボル・ディンカとの境界地域に求めることも、ケニアからボルの町まで輸送される人道援助物資の配給を受けることも不可能になっていた。したがって、北方のソバト川流域に居住し、牧草地や漁場に恵まれた、かつ政府軍が支配する下流のマラカル（Malakal）の町から生活物資の供給のあった東ジカニィランドに向かわざるをえなかったという事情があった（Johnson 2003）。

　SPLAナシル派の指導者、リエック・マチャルは、1994年5月にアコボの町を訪問した。そのさいに、ロウ・ヌエルの女性たちは彼の無策ぶりを激しく非難し、迅速に対応しないと自分たちも男たちの戦列に加わって、紛争をさらに激化させるつもりだと迫った。リエックは平和会議の開催を決定し、キリスト教会とヌエルの首長たちに協力を呼びかけたのだった（Lowrey 1997: 135-136）。実際に会議の準備と運営をになったのは、ウィリアム・ローリーとアコボ出身のヌエルのベテラン政治家で地元の人びとの信頼も厚い、マイケル・ワル・ドゥアニィ博士（Dr. Michael Wal Duany）であった（Bradbury et al. 2006: 38）。

　このアコボ平和会議は、1994年7月31日から2週間にわたってアコボの町で開催され、500名ちかい公式代表団と、約1,500名のオブザーバーが参加した。公式代表団は、ヌエルのすべてのセクションの代表と、隣接する他の10民族集団の代表から構成されていた。オブザーバーの多数は東ジカニィとロウのヌエル人たちであったが、国際機関や国際NGOの専門家も含まれていた。毎日の会議は、長老派教会牧師の祈祷で始まり、締めくくられた。参加者たちは、夜には焚き火のまわりに集まり、非公式の討論を続けた。最終的な合意は文書にされ、公式代表団の全員とオブザーバーの一部の人たちが署名し拇印で捺印した。

　会議での合意事項のうち重要なものは以下のごとくである。1）会議以前に生じた殺戮、掠奪と破壊の罪の大赦、2）伝統的な首長法廷の復興、3）SPLAナシル派が執行していた裁判権の剥奪、4）合意を実施するための警察

部隊の設置、5) 合意に対する違反の事例を裁く特別法廷の設置、6) ナシル派はトリット派との和平を達成すること。1) の大赦については、以下のようなヌエルの慣習法に基づく固有の論理を指摘しておく。上記のように死者の数はジカニィ側のほうが多い。しかし、牛の数を基準とするヌエルの賠償のシステム、つまり死者1名は30頭、破壊された屋敷ひとつは1頭、破壊されたカヌーは3頭、に基づいて計算すると、それぞれの被害は牛約75,000頭になりほぼ等しくなる。双方が大赦に合意した背景には、この被害の等価性の認識があった(Lowrey 1997: 138)。

　残念ながら、アコボ会議の合意の多くは実行されることはなく、東ジカニィとロウとのあいだの平和は確立されなかった。失敗の主要な理由は、SPLAナシル派に合意の実行を保障する意志と能力が欠如していたからである。会議の直後から、ナシル派は主要な司令官に率いられた武装集団へと四分五裂し、東ヌエルランドを統治する能力を喪失する (Bradbury *et al.* 2006: 39-40; Nyaba 1997; Johnson 2003)。

　結果的にはアコボ会議は失敗に終わったにもかかわらず、ウィリアム・ローリー自身は成果を高く評価している。その根拠は、紛争の当事者であるヌエルたちが、過去の歴史や伝統の記憶を呼び起こしつつ、平和と和解への強い意志を表明したことにある。こうした共通認識は、アコボ会議以降に、平和と和解への試みが粘り強く継続していくことの礎となった。

　1994年のアコボ会議は、その後の草の根平和和解会議のモデルとなった。その柱は以下のごとくである。1) コミュニティの道徳的権威が参加者の核を構成すべきこと。首長、伝統的な宗教指導者、女性グループの指導者、キリスト教会の指導者、そしてSPLAの行政と軍事の責任者が含まれる。2) 準備には数週間、会議そのものは2週間を要すること。3)「真実を述べるコミュニケーションを保障し、説明責任の手だて」としての女性の役割。4) 伝統文化に由来する紛争解決方法を活用すること。5) 近代的教育を受けたコミュニティ出身者の媒介者としての役割。6) 外部からの支援は最小限にすること。7) 達成された合意を実施するための諸制度を確立すること (Bradbury *et al.* 2006: 39)。

　内戦中の草の根平和構築において、キリスト教会はきわめて重要な役割を果

たした。東ヌエルランドでは長老派教会の影響力がおおきいが、他地域では聖公会（イギリス国教会、スーダンでは Episcopal Church of Sudan、ECS と呼ばれる）とカトリック教会が重要である。SPLA 支配下のスーダンには新スーダン教会評議会（New Sudan Council of Churches、NSCC）という諸宗派の全国組織が存在した。NSCC は1990年代後半から積極的に草の根平和構築に取り組むようになり、とくに1997年のイェイ（Yei）会議において、SPLA トリット派が NSCC による平和構築のプログラムを支援することが正式に決定して以降、取り組みは加速化した。1999年のウンリット会議は、いわばその頂点であったと言える (New Sudan Council of Churches 2004; Bradbury *et al.* 2006)。

　NSCC が重要な役割を果たした背景には、南部スーダンの社会において、キリスト教会はほとんど唯一の市民組織であり、人びとが信頼して自分の身柄をあずけ、民族集団の境界を越えて結集できる場は教会しかないという事情があった。

　NSCC が本格的に平和構築活動を開始するのと並行して、欧米の国際 NGO による支援も始まった。また、アメリカ政府は2002年にスーダン平和基金（Sudan Peace Fund）を設立し1千万ドルを拠出して南部スーダンの「コミュニティ間対話」に要する費用に充当した（Bradbury *et al.* 2006: 6）。この基金を実際に運用したのは PACT という国際 NGO であった。

5　草の根平和構築の問題点と可能性

　独立後の南スーダンにおいて、草の根平和構築は未完の大事業である。内戦中には「上からの平和」が不在の状況下でさまざまな「下からの平和」の試みが行われ、一定の成果をあげつつあったにもかかわらず、内戦終結後は「上からの平和」が優越し、「下からの平和」がなおざりにされてきたのは憂慮すべき状況である。

　私は、過去10数年間のあいだに、草の根平和構築に直接かかわった多くの南部スーダン人や国際 NGO のスタッフたちと話し合う機会があった。また、2003年12月から翌年1月にかけては、草の根平和構築の現場に実際にかかわる

機会もあった。オランダに本部があるパックス・クリスティ（Pax Christi）は、その名前が示すようにキリスト教会系の平和構築を専門とする国際 NGO である。この組織は2000年からエクアトリア地方でさまざまな事業を実施していた。私は外部評価を委託され、2003年12月15日から2004年1月13日にかけてフィールドワークを含む調査する機会を得た。そのうち、12月15日から19日にかけては、ケニア北西部のロキチョキオで開催された「東岸エクアトリア草の根会議」に出席し、12月22日から1月5日までの約2週間は、SPLA 支配地域であるエクアトリア地方東部の各地を車で旅して関係者にインタヴューした。私にとっては、1986年以来、17年ぶりにこの地域に足を踏み入れる機会であったとともに、内戦の影響と平和構築の実態を現場で見聞する貴重な機会となった（Kurimoto 2004）。

　この報告書でも論じたことだが、草の根平和構築は、その地域を支配している武装組織との合意と連携がなければ成功しない。独立後の状況では、この武装組織は南スーダン政府に相当する。つまり、上からのアプローチと下からのアプローチが接合されない限り、草の根レベルの和解と平和は達成できないのである。また、草の根平和構築は、所期の目的が達成されるまで、粘り強く繰り返し実施されなければならない。その過程でつきまとうやっかいで微妙な問題は、いったいだれが「草の根」を代表しているのかという問題である。この問題を軽視した介入は、逆に新たな紛争の原因になることがある。

　南部スーダンは、20世紀のはじめから現在に至るまで、人類学的研究の豊かな蓄積のある地域である。この伝統を草の根平和構築に活用することは可能だろうか。また、内戦と民族紛争をテーマに調査研究を行っている人類学者が草の根平和構築に貢献できることはあるのだろうか。私は、この二つの問いに対する答えは肯定的であると考えている。政府や国際機関の政策決定者が人類学的な知識や情報をどう活用するか、これは彼／彼女らの関心しだいだ。つぎに、人類学者は媒介者として草の根平和構築プログラムの構想、実施と事後のフォローアップに関わることが可能である。この場合の媒介者とは、さまざまな紛争の当事者、政府や武装組織、国際 NGO とローカル NGO などのあいだを仲介する役割のことを意味する。これは綱渡りのような困難で微妙な仕事である。

また、一般的に媒介者は中立であることを要求されるが、現地に深くかかわっている人類学者ほど必然的に中立ではなくなる。現地にかかわっている度合いが深いほどよい媒介者になる条件を備えていると考えられるので、これは根本的な矛盾である。

以上のような複雑性と矛盾を考慮すると、媒介者として草の根平和構築にかかわること自体が、人類学的フィールドワークの場であり、人類学的実践そのものであると言える。

最後に、私は上からの人道的介入と平和構築には批判的な立場をとっているが、本論の冒頭で引用した篠田による国連の平和構築活動の要点は正しいと考えている。すなわち「平和構築活動は、ある社会の平和を永続化させるための『包括的かつ統合的な戦略』を作成するための概念枠組み」であり、その活動分野は政治・社会・経済・文化など多岐にわたり、「紛争の表層的現象ではなく、『根本原因』に焦点をあてることを、その本質とする」（篠田 2003: 21）ということである。草の根平和構築は、紛争の根本原因に焦点をあてた包括的かつ統合的な戦略の、必須の構成要素であるべきだ。南部スーダンに限らず、現在の世界でいまだに解答が見出されていない問題は、以下である。すなわち、包括的で統合的な戦略はだれがいかにどこで構築するのか、その過程に当該する国や社会の代表——当然、「草の根」の代表も含まれる——がいかに主体性と決定権をもって参加できるのかという問題である。永続的な平和、あるいはたんなる戦争や組織的暴力の不在ではない積極的平和を実現するには、上や外からの押しつけではなく、人びと自身の主体的意志に基づいて、下からあるいは内から平和を志向するつよい力が必須であることは言うまでもないだろう。たしかなことは、上からのアプローチだけでは、平和は実現しないということである。

注

1) http://www.unrol.org/files/A_47_277.pdf Butros Ghali, *An Agenda for Peace: Preventive Diplomacy, Peacemaking and Peace-Keeping*, UN Doc. A/47/277, S/24111 (17 June 1992).

2) http://www.mofa.go.jp/mofaj/gaiko/oda/seisaku/taikou.html

3) http://www.jica.go.jp/activities/issues/peace/approach.html
4) オックスフォード大学の社会人類学者、エヴァンズ＝プリチャードとリーンハートの古典的研究によって、人類学を学ぶ者にとってはヌエルとディンカは説明不要であろう。どちらも西ナイル系の言語を話す牛牧畜民（より正確には農牧民。漁撈にも従事する）であり、多数のSPLA将兵を輩出した。独立後の南スーダンにおいても、ディンカ人とヌエル人は、政府と軍隊の主要ポストを占めている。
5) ウンリットとは、会議が開催された村の名前であり、バハル・エル・ガザル地方と上ナイル地方の境界、ディンカランドとヌエルランドの境界に位置する。
6) 紹介の労をとってくださった大阪学院大学のマイケル・シャクルトン助教授に感謝する。
7) 南部スーダン（Southern Sudan）は、スーダン共和国の南部地域の名称である。2011年7月に南スーダン共和国（Republic of South Sudan）として独立した以降は南スーダンと呼ぶ。
8) 例外として、最上（2001）や阿部（2010）がある。
9) もちろん皆無ではない。アメリカなどが行なっている新聞社やFMラジオ局に対する支援、およびラジオ受信機の無料配布などは、メディアを通じた公共空間創成の試みとして重要である。経済の分野では、JICAなどが職業訓練によって生計維持の支援を行なっている。
10) ムルレは、スルマ系（Surmic）の言語を話す牧畜民である。
11) 内戦中、SPLA支配下の南部スーダンは、エクアトリア、上ナイル、バハル・エル・ガザルの三つの地方（region）から構成されていた。これは、植民地時代以降の行政区分を踏襲したものである。地方の下位単位は郡（county）であった。CPA以降は、各地方は州（state）に分割された。各州には知事を長とする行政府と立法府である州議会が置かれている。
12) 内戦中に武装組織のメンバーではない非戦闘員、あるいは一般の村人の武装の度合いはおおきく増大した。とくに広く出回っているのはカラシニコフ突撃銃（AK47）であり、南部スーダン各地で「一人一挺」の状況になっているといっても過言ではない。価格も低下し、エクアトリア地方東部では、内戦直前の時期には自動小銃一挺の価値は牛30頭であったが、内戦末期には牛1頭、現金では200米ドル程度になっていた。
13) 事件の責任者であるべきリエック・マチャルは、CPA後の南部スーダン政府と独立後の南スーダン政府の副大統領を務めている。2011年8月、彼は、ボルの虐殺に対する謝罪を行なったと報道された。その後、リエック副大統領の主導で、国民和解委員会が設立された。

■参考文献
阿部浩己
　　2010『国際法の暴力を超えて』岩波書店。
エヴァンズ＝プリチャード
　　1978『ヌアー族―ナイル系一民族の生業形態と政治制度の調査記録』向井元子訳、岩波書店。
栗本英世

1996 『民族紛争を生きる人びと―現代アフリカの国家とマイノリティ』世界思想社。
2000a「『上からの平和』と『下からの平和』―スーダン内戦をめぐって」『NIRA政策研究』13（6）：46-49。
2000b「継続する内戦と成果のない和平調停―スーダン内戦をめぐるさまざまなアクター」武内進一編『現代アフリカの紛争―歴史と主体』pp.357-383、アジア経済研究所。
2005「スーダン内戦の終結と戦後復興」『海外事情』53（4）：2-21。
2006「戦後スーダンの政治的動態―包括的平和協定の締結から一年三ヵ月を経て『海外事情』54（4）：2-21。
2011a「南部スーダン住民投票―スーダン現代史の歴史的転換点に立ち会って」『AFRICA』51（2）：26-31。
2011b「コミュニティから平和を創る―南部スーダンの現場から」藤原帰一・大芝亮・山田哲也編『平和構築・入門』pp.126-150、有斐閣。
2012 「新国家建設とコンフリクト―南スーダン共和国のゆくえ」冨山一郎・田沼幸子編『コンフリクトから問う―その方法論的検討』pp.35-69、大阪大学出版会。

篠田英朗
2003 『平和構築と法の支配―国際平和活動の理論的・機能的分析』創文社。

東大作
2009『平和構築―アフガン、東チモールの現場から』岩波書店。

最上敏樹
2001『人道的介入―正義の武力行使はあるか』岩波書店。

（欧文文献）
Bradbury, Mark, Ryle, John, Medley, Michael and Sansculotte-Greenidge, Kwesi
    2006 *Local Peace Processes in Sudan: A Baseline Study*. Commissioned by the UK Government Department for International Development. London and Nairobi: The Rift Valley Institute.
De Waal, Alex
    1993 Some Comments on Militias in the Contemporary Sudan. In Daly, M.W. and Sikainga, Ahmad Alawad (eds), *Civil War in the Sudan*, pp.142-156. London: British Academic Press.
Duffield, Mark
    2001 *Global Governance and New Wars: The Merging of Development*

and Security. London: Zed Books.

Johnson, Douglas H.

   2003 *Root Causes of Sudan's Civil Wars*. Oxford: James Currey.

Kennedy, David

   2004 *The Dark Sides of Virtue: Reassessing International Humanitarianism*. Princeton: Princeton University Press.

Kurimoto, Eisei

   2004 A Report of the Evaluation Survey on Peace-Building Programmes in the East Bank, Equatoria Region, South Sudan, Sponsored by Pax Christi Netherlands.

Lowrey, William

   1997 "Passing the Peace": The Role of Religion in Peacemaking among the Nuer in Sudan. In Wheeler, Andrew (ed.) *Land of Promise: Church Growth in a Sudan at War*, pp.129-150. Nairobi: Paulines Publications Africa.

New Sudan Council of Churches

   2004 *Building Hope for Peace Inside Sudan: People-to-People Peacemaking Process, Methodologies and Concepts among Communities of Southern Sudan*. Nairobi: New Sudan Council of Churches.

Nyaba, Peter Adwok

   1997 *The Politics of Liberation in South Sudan: An Insider's View*. Kampala: Fountain Publishers.

Paris, Roland

   2004 *At War's End: Building Peace after Civil Conflict*. Cambridge: Cambridge University Press.

Scroggins, Deborah

   2004 *Emma's War: Love, Betrayal and Death in the Sudan*. London: Harper Perennial.

■課　題

(1) スーダン、ルワンダ、旧ユーゴスラビアなどで、1990年代以降なぜ異なる民族がおたがいに殺し合うようになったのか考えてみよう。

(2) 複数の民族が平和的に共存している多民族社会の例を見つけてください。そして、紛争が発生している社会とのちがいについて考えてください。

(3) 「上からの平和」と「下からの平和」という言葉を聞いて、なにを連想しますか。

第Ⅰ部　平和をつくる

(4) 南スーダンで草の根レベルの平和を実現するには、だれがなにをすべきであると思いますか。

■**推薦図書**
栗本英世　1996『民族紛争を生きる人びと─現代アフリカの国家とマイノリティ』世界思想社。
　スーダンとエチオピアでフィールドワークを行なった著者が「現場」で経験した内戦と民族紛争のリアルな民族誌。
藤原帰一・大芝亮・山田哲也編　2011『平和構築・入門』有斐閣。
　平和構築の入門書として最適。栗本の「コミュニティから平和を創る─南部スーダンの現場から」も所収。
東大作　2009『平和構築─アフガン、東ティモールの現場から』岩波書店。
　国連による平和維持・構築活動の全体像が簡潔に記述されているとともに、その問題点と限界が、現地取材に基づいて説得的に分析されている。

第 3 章　東ティモールにおける非暴力の思想
　　　　〈ナヘビティ〉

辰巳慎太郎

■本章の目標
　平和構築に関わる諸問題において、アウトサイダー（外部者）が陥りやすいバイアスについて理解する。

■キーワード
　平和構築、和解、移行期の正義、市民運動、東ティモール

1　はじめに

　戦争や国家的暴力の被害者と、その支援者としての市民運動との間にある認識や行動のギャップは、あまり議論されていないのではないだろうか。その理由はおそらく、支援者は被害者に寄り添い、被害者の視点にたつというのは当然だからだ。仮に被害者と支援者のあいだに何らかの誤解があるのであれば、支援者の側が認識や行動を改めるだけのことである。
　ところが開発援助や人権の問題を調査する人類学者は、被害者と支援者による認識の隔たりをしばしば指摘してきた。そして人類学者は「実は問題の理解や解決の仕方がこのように違う」と説明する。それに対し支援者は「個人よりも集団の利益を重視する共同体の論理だ」「極めて少数派の視点だ」と批判する。実践的な人類学と市民運動のあいだの建設的対話、相互理解はあまり進んでいない。
　人類学と市民運動の根本的なすれちがいは、どちらも「当事者〈インサイダー〉」の視点に寄り添っていると主張する点にある。この違いは、対象となる当事者のなかの「誰の声に耳を傾けるのか」という問題なのかもしれない。

そして人類学の失敗は、「共同体の論理」として、それを常にローカルな価値や文化として主張してきたことにある。

本章の試みは、これまでこの類の議論で人類学が依拠してきた文化相対主義を持ち出すことなく、支援者と当事者のあいだにしばしば生じうる「問題の理解」の隔たりを明らかにすることにある。事例として南洋の小さな島国、東ティモールでおこった紛争と、その後の平和構築をめぐる諸問題をとりあげ、紛争当事者（もしくは被害者）と支援者それぞれの認識と行動を比較することからはじめる。その際、紛争当事者のことを便宜的に「インサイダー」、支援者のことを「アウトサイダー」と呼ぶ。

長年の植民地支配と独立闘争を経て2002年5月、東ティモール民主共和国は正式に独立を果たし、同年9月に国連191カ国目の加盟国となった。マレー語で「東（Timur）」を意味するティモール島は、その名が示す通り東南アジアのマレー半島から巨大な弧を描いて連なるスンダ列島の東端に浮かぶ、東西に約470キロ、南北は最大で110キロ程の島である。オランダとポルトガルは1859年、ティモール島の分割領有とその境界を定めた。以降、島の西半分はオランダ領となり、アジア・太平洋戦争終結後はインドネシア共和国の一部となった。東半分は1942年から1945年の日本占領期をのぞき、1975年までポルトガル領であり続けた。ポルトガル本国の革命とともに、東ティモールにも分離独立の機運が高まるが、その独立宣言直後、インドネシア軍による占領、制圧されることになった。

24年に及んだインドネシア支配への抵抗闘争を経て念願の独立を果たしたレジスタンスの指導者たちは、インドネシアとの、そして反独立派との和解の問題において、「ナヘビティ」という言葉を用いた。ビティとは、東ティモールの公用語であるテトゥン語でヤシの葉などで編んだ長方形の敷物、ござを意味する。ナヘビティとは「敷物に座る」という意味である。この言葉の起源は決して古いわけではない。インドネシア軍による侵略を受ける前、1974年の内戦後にひろまった。そして、インドネシアからの独立の是非を問う1999年の住民投票前後から再び、独立派と反独立派の和解を進める際に頻繁に用いられた。これは、対立する集団の指導者たちが武器を置き、ひとつの大きな敷物に座り、

ともに食事をし、過去のわだかまりを捨て去るための「場」を意味する。つまりナヘビティとは、和解に到達するための話し合いの場であり「プロセスであり手段」であるという（Babo-Soares 2004）。

しかしながら、このナヘビティという言葉に象徴される新政府の対話的方針は、東ティモール民族解放を支援してきた国際的な市民運動から、過去の人権侵害に真摯に向き合わない、インドネシアに対する弱腰な新政府の「言い訳」にすぎないと批判を受けた。インドネシアの「人道に対する罪」を裁く国際法廷の設置をのぞまず、賠償も求めない。そして破壊、略奪、殺人を犯した反独立派民兵たちへの恩赦法案までも提出した指導者たちの宥和的態度は、経済的な結びつきの深い隣国インドネシアに対する政治的妥協と、支援者からみなされた。

これに対し東ティモールの指導者たちは、これは「東ティモール独自の文化である」と主張してきた。マリ・アルカティリ初代首相は「恩赦は東ティモールの文化」と述べ、ノーベル平和賞受賞者で現大統領のラモス・ホルタは「国際法廷の設置が真実と正義にいたる唯一の道だとは思わない」と、刑事訴追をともなわない解決策を支持した。

被害者の立場に寄り添い、加害者の「裁き」を求める国際的な市民運動と、「赦し」による宥和政策をとる東ティモールの指導者たち。以下、東ティモールの民族解放を支援してきた市民運動や、正式独立までの行政支援をおこなった国連暫定行政機構の認識と行動、そして東ティモール新政府や和解委員会の認識と行動をそれぞれ紹介する。これにより両者にどのような隔たりがあるのか、そしてどうすれば両者に真の相互理解がうまれるのか考えてみたい。

2　〈アウトサイダー〉の視点と行動——被害者に寄り添い、加害者の裁きを求める

2.1　住民投票と騒乱

紛争後の平和構築に関わる諸問題をテーマとしたある本で、1999年9月におこった東ティモールの騒乱について紹介する以下の文章を読んでほしい。

第Ⅰ部　平和をつくる

「1999年9月。南洋の小国、東ティモールの首都ディリには黒い煙が立ちこめていた。ミリシアと呼ばれる民兵が街中を破壊し、人々を殺戮し、火を放ったのだ。世界中を震撼させた、同時多発テロが発生するちょうど2年前のことである。事の発端は、8月におこなわれたインドネシアからの独立を問う住民投票だった。
　当初、インドネシアのハビビ大統領および国軍は、東ティモール住民はインドネシアへの帰属を望むものと高を括っていた。ところが蓋を開けてみると、78.5％もの圧倒的多数で独立が可決されたのである。併合派住民が民兵化し、破壊活動をおこない、大暴動につながったのである。その後、オーストラリア軍を中心とする多国籍軍が投入され、国連の統治を経て、2002年5月に正式独立したのは周知の事実である」（大門 2007: 124）。

　これは1999年におきた東ティモールの騒乱に関する人道支援関係者の一般的な理解であり、事実関係として間違いはないように思える。1997年のアジア通貨危機は、インドネシア経済にも大きな打撃となり、これを契機として学生を中心とした反政府運動が高まり、32年間続いたスハルト政権が1998年に崩壊した。副大統領から昇格し大統領となったユスフ・ハビビは1999年1月、東ティモールの特別自治案を提唱し、もし住民が自治案をのぞまない場合、独立を容認すると発表した。国連の仲介により国際法上主権を有していたポルトガルと、インドネシアの間で交渉がおこなわれ、1999年5月、国連がこの独立の是非を問う住民投票の実施を決議、投票監視をおこなう国連東ティモール支援団の派遣を決定した。
　ハビビ大統領の独立容認発言前後から、反独立派民兵組織が東ティモール各地でうまれた。これらの民兵組織は東ティモール人によって構成されていたが、実際にはその背後でインドネシア国軍が資金、武器の供与、そして訓練に関与していた。これら反独立派の武装グループは住民投票のはじまる前から各地で独立支持者に対する脅迫行為、なかには独立派住民の虐殺に発展したこともあり、その多くの事件でインドネシア国軍の関与があったと疑いがもたれていた。
　1999年8月30日に住民投票が実施され、国連東ティモール支援団は9月4日、住民の78.5％が独立支持という結果を発表した。その直後より、反独立派民兵による殺人、破壊・略奪行為が激しさを増し、この期間の死者は1300人以上、相当数の東ティモール住民（後日、東ティモール人口の約3分の1に相当する約27

第3章　東ティモールにおける非暴力の思想〈ナヘビティ〉

万人と報道される）が戦火を逃れ、インドネシア領西ティモールにおける難民生活を強いられた。

　以上が、〈アウトサイダー〉である国連や市民運動の立場からみた、東ティモールの紛争の理解である。1999年におこった全ての暴力行為は反独立派民兵とその背後にいるインドネシア国軍によって引き起こされたものであり、国連の役割は独立派住民の保護、そして住民投票が平和裏に実施されるべく独立派と反独立派の和解を仲介することだと考えられていた。そして国際的な市民運動のネットワークは、独立派住民を保護しないインドネシア国軍、警察を非難していた。

2.2　国連による人権侵害調査と反独立派の刑事訴追

　国連安全保障理事会は9月15日、東ティモールのための多国籍軍創設を決議、東ティモール国際軍は9月20日に東ティモールに上陸し治安回復にあたった。インドネシア議会は10月20日、東ティモールの分離を決議し、インドネシア国軍は10月30日に遂に撤退し、24年間に及ぶ軍事占領に終止符をうった。安保理は10月25日に国連東ティモール暫定行政機構（UNTAET）設立を決議、独立に向けた暫定行政を開始した。

　国連が最初に取り組んだことは、住民投票後におこった人権侵害に関する真相究明であった。国連人権委員会は1999年9月28日、住民投票後におきた破壊と虐殺に関する事実を調査するための人権侵害調査団の設置を可決し、同年11月より調査を開始した。その報告のなかで同調査団は、インドネシア国軍の体系的な関与があったとし、国際法廷の設置の必要性を提言した。

　インドネシア政府も独自に調査委員会を設置した。2000年1月31日に提出されたその最終報告書においても、破壊と虐殺にインドネシア軍の関与が指摘されており、国軍司令官をはじめとする32名の軍・政府関係者が、大量殺害、拷問、レイプ、強制移送に直接、間接に関与していたと報告された。同委員会も国際法廷の設置を勧告したが、コフィ・アナン国連事務局長（当時）はインドネシア政府の対応を評価し、インドネシア国内での刑事訴追手続きを尊重する声明を発表した。

他方、UNTAETは、首都ディリ地裁に、1999年1月1日から1999年10月25日の間に東ティモールでおこった重大犯罪を管轄する特別判事団を、そして検察局に国際専門家によって構成される重大犯罪捜査部を設置した。この「1999年1月1日〜10月25日」という期間の設定は、住民投票の実施が決まったあと活発になった反独立派民兵による人権侵害を想定したものだった。重大犯罪捜査部による起訴は81件、被告369名（インドネシア国軍高官39名、警察高官4名、ティモール人兵士60名を含む）にのぼった。しかし、そのうち281名は国外、すなわちほとんどがインドネシア領に逃亡中であったため裁判は実施されず、判決が下されたのは52名にとどまった（有罪50名、無罪2名）。この結果について判事のひとりは「末端のティモール人のみを裁き、彼らに命令を下した人々を裁かないのは不公正だった」と、制度上の欠陥を指摘している（Burgess 2004: 140）。

2.3　国際法廷の設置を求める市民運動のネットワーク

長年にわたり東ティモールの民族解放闘争を支援し、インドネシアによる不当支配と人権侵害を告発してきた国際的な市民運動は、一貫してインドネシアの戦争犯罪を裁く国際法廷の設置を国連に対し呼びかけてきた。しかし前述したように、当時のコフィ・アナン国連事務総長は、インドネシアにおける司法プロセスを尊重する方針を示した。

インドネシアのメガワティ大統領（当時）は2001年、東ティモールでおこった過去の人権侵害を裁く特別人権法廷を設置した。当初は、国軍司令官が起訴されたことから、国軍の体系的な関与が明らかにされることが期待された。しかし、ごく限られた虐殺事件のみが対象とされ、のちに国軍司令官の起訴も撤回された。

この特別人権法廷は国軍関係者および反独立派民兵18名の裁判を実施し、そのうち6名に対し有罪判決を下した。しかし、2004年8月に東ティモール軍管区司令官をはじめとする4名の有罪判決が覆され、さらに11月には反独立派民兵組織アイタラクの指導者エウリコ・グテレスの減刑（懲役10年から3年に減刑）と、アビリオ・ソアレス元東ティモール州知事の無罪が決定した。

これら反独立派指導者に対する判決は、独立派の指導者たちの意向にも沿っ

ていたといわれる。とくにソアレスに対しては、より直接的に人権侵害の責任を持つ軍将校らのスケープゴートにされているという同情論が独立派の指導者サイドにもあった。刑が確定したあとに最高裁判所で違憲立法審査の請求を行うためには、新しい証拠が必要となるが、提出された証拠のなかには、当時の大統領で元レジスタンスの指導者であるシャナナ・グスマンからのソアレスの無罪を訴える書簡も含まれていた。こうして当時の治安に重大な責任があったとされるインドネシア政府関係者全員の無罪が確定した。

2.4　市民運動による問題の理解──インドネシアの侵略と植民地化

　国際的な市民運動が求める国際法廷は、単に住民投票後の騒乱の責任を問うだけではない。24年にわたるインドネシアによる植民地支配そのものを問うことを求めている。以下、インドネシアによる東ティモール支配がいかに凄惨極まるものと国際社会に伝えられてきたか紹介したい。

　ポルトガルの植民地であった東ティモールにおいて民族主義運動が高まったのは、1974年4月のポルトガル本国における革命を契機としていた。これは他のアジア諸国に比べて半世紀以上も遅れている。東ティモールにおいて民族主義運動の出現が遅れた理由は、他の植民地と比べて現地住民を対象とした近代教育の開始が遅かったことが影響していると考えられる。東ティモールに近代教育が本格的に導入されたのは1960年代以降であり、1970年代の民族主義運動の中核を担ったのは、この宗主国による近代教育を受けた最初で最後の世代である。カトリック神学校やリセウ（中等・高等課程）を卒業した若者たちが中心となり反植民地運動を展開し、1974年の本国の革命と同時にさまざまな政党が誕生した。

　1974年という年には多数の政党が誕生した。なかでも支持を集めていたのが、自治領としてポルトガルの連邦制のなかにとどまることを主張した「UDT（ティモール民主同盟）」と、即時独立を主張した「フレテリン（東ティモール独立革命戦線）」である。UDTの指導者や支持基盤は、ポルトガル人県知事や、伝統的な主張など従来の支配階層であった一方、フレテリンは植民地政庁の下級役人や学生が多かった（松野 2002: 47）。ちなみに第三の勢力としてインドネシ

アとの統合を主張する「アポデティ（東ティモール人民民主協会）」も同年誕生したが、UDT、フレテリンに比べると少数派勢力にすぎなかった。

　二大勢力であるフレテリンとUDTは1975年1月、併合を企むインドネシアを警戒し、独立に向けて連立を組むことで合意した。しかし、インドネシアの工作によりUDTは、連立を一方的に破棄し、同年8月に首都ディリでクーデターをおこす。クーデターは失敗し、9月末にはフレテリンの勝利が決定的となり、UDTとアポデティの各党員、支持者たちはインドネシア領へと避難した。その数は約4万人といわれている。1975年11月28日、シャビエル・ド・アマラル党首は東ティモール民主共和国の独立を宣言した。

　しかし、フレテリンによる独立宣言からわずか10日後、インドネシア国軍は1975年12月7日、東ティモールへの全面侵攻をおこなった。攻撃を事前に察知したフレテリンは、市街戦を避け早々に山岳地域へと避難し、その後数年間にわたりインドネシア国軍と激しい戦闘を繰り広げた。この過程で多くの民間人も虐殺された。インドネシア政府は1976年7月に東ティモール併合を宣言、その後もインドネシア軍は内陸部への掃討作戦を展開し、徐々にフレテリンを追いつめ、1978年11月までにほとんどのフレテリンの党員が投降した。その後、投降した党関係者、家族のキャンプを中心に飢餓がひろがり、死者は10万人に達したといわれる。

　フレテリンなどの抵抗勢力やその家族、支持者、またはその疑いをかけられた人たちには逮捕、尋問、拷問、処刑が待っていた。1991年のサンタクルスにおける虐殺事件[1]が明るみになって以降、カトリック教会や市民運動のネットワークを通じて、インドネシア国軍による東ティモール住民への暴力の実態が伝えられるようになった（高橋・益岡・文殊　1999: 24）。

　女性たちが受けた性的拷問も明らかになった。1996年、ティモール人女性ではじめて大使館に逃げ込み亡命したオディリア・ビクトルは「女性もこの戦争の犠牲者だと自分で訴えたかった」と亡命の理由を語った。「侵略前（オディリアの）姉は既に結婚しており出産間近でした。……侵略後、夫は殺され、姉はインドネシア空軍兵士の『現地妻』にされ、インドネシア兵の子どもを生みました。この兵士は国に妻がいて、6ヶ月の任務が終わると姉と子どもを残し帰

りました。性的奴隷にされている女性はたくさんいます」（高橋・益岡・文殊 1999: 26）。

1990年代後半には東ティモール内の地下組織によって入手された拷問の証拠写真が国連の人権委員会やマスコミを通じて発表された。女性の拷問写真も多く、あまりの残酷さにメディアではなかなか掲載されることがなかったが、市民運動のネットワークを通じて、ひろく支援者がその過酷な実態を理解することになる（高橋・益岡・文殊 1999: 26-27）。

こうして国際的な市民運動による情報収集がおこなわれるなか、インドネシアのスハルト体制下において東ティモールでおこなわれた家族計画プログラムの実態も明らかにされた。国連人口基金は1989年、スハルト大統領に「国連人口賞」を授与した。世界銀行の融資により1985年、東ティモールの村々に「家族計画センター」が建設された。避妊方法として主に注射が使用されたが、1987年から1989年にかけて、女子生徒に予防接種という名目で避妊薬が接種される事件がおきた。使用された薬はアメリカの製薬会社が開発した「デポ・プロヴェラ」で、欧米では発がん性や催奇形性、不正出血や月経異常の副作用に関して安全性が確認されないため、使用が禁止されている薬品だった（高橋・益岡・文殊 1999: 26-27）。

これらの人権侵害に関する記述は、1990年代以降、国際的な市民社会で共有された情報のごく一部にすぎない。東ティモールの独立が達成された今でも、過去の重大な人権侵害の加害者が責任を問われない限り、真の「和解」はありえないと支援者たちは考えている。過去の人権侵害の被害者の心情に寄り添い、東ティモール国内の人権団体と連携しつつ、国際法廷の設置を求め、同時に被害者の心情をかえりみない東ティモール新政府の指導者たちを批判し続けてきたのである。

3 〈インサイダー〉の視点と行動——加害者を受け入れ、自己の過ちを認める

以上、〈アウトサイダー〉として国連や国際的な市民運動の支援者たちが、東ティモールにおける過去の人権侵害をどのようにとらえ、対応してきたかを

みてきた。次に、当事者である東ティモールの人々自身が、過去の問題をどのように理解し、解決へと取り組んだのかみてみたい。

3.1　CAVR の真相究明プログラム

　住民投票後の騒乱から9ヶ月経った2000年6月、UNTAET 人権部門の支援を受け、NGO 関係者、カトリック教会、そして共同体の指導者などが集まり、「移行期における正義（Transitional justice）」の仕組みづくりを検討するワークショップを開催した。このワークショップにおいて、南アの真実和解委員会のような過去の人権侵害を調査し和解を促進するための独立した委員会を設置することが提言としてまとめられた。これを基礎として2002年1月、「受容真実和解委員会（Comissão de Acolhimento, Verdade e Reconciliação de Timor Leste: CAVR）」が設立された。

　「受容真実和解委員会」という名称を決めるにあたって、「真実」と「和解」のほかに「受容」という言葉をつけたところに、同委員会の独自性がみられる。委員の間に、東ティモールの和解のプロセスの独自性をあらわす言葉として、ポルトガル語の *Acolhimento* をいれたいという意見があった。この言葉は「歓待」や「赦し」という意味合いを持つ多義的な言葉である。

　CAVR 設立に先立ち、カトリック司祭で人権活動家のジャシント・アルベスが上級政策顧問となり委員の選出を開始した。委員の選出にあたって国内外の人権活動家、そしてラモス・ホルタらが評議員となり委員の選出に関与した。CAVR には南アの真実和解委員会のメンバーをはじめ国際法の専門家や NGO 関係者が顧問として参加しているものの、委員長には東ティモールの人権 NGO 元代表のアニセト・グテレス・ロペス、その他6名の委員が選出された。

　2002年4月に活動を開始した CAVR の活動プログラムは、(1)真相究明、(2)住民主体の和解プログラム、(3)政府への提言の3部門にわかれている。真相究明プログラムは、「1974年4月25日から1999年10月25日までの政治的紛争ですべての党派によって犯された人権侵害」に関する調査を実施し、記録することを目的とし、全国で7,824件の証言を集めた。証言はすべて証言者自身が自由に物語る形式で記録された。証言の収集とならび、真相究明プログラムの中心

第3章　東ティモールにおける非暴力の思想〈ナヘビティ〉

となったのは国民公聴会の開催であった。公聴会では実際に、過去の人権侵害の被害者、加害者が聴衆の前で証言をおこない、その様子は国営テレビおよびラジオ放送を通じて中継された。

3.2　1975年内戦の真実

　国連やインドネシアの調査委員会とは異なり、CAVRの調査は「1974年4月から1999年10月までのすべての側による人権侵害行為」と定めているように、インドネシア国軍および反独立派民兵の責任によるものだけでなく、レジスタンス側や1974年の内戦期における人権侵害についても対象としている。国連暫定行政が訴追の対象としたのは、1999年1月以降に限定されたもので、それは反独立派民兵による暴力行為を暗黙の前提としていた。海外の市民団体が求める国際法廷の被告は「インドネシア」であり、1975年12月にはじまるインドネシアによる軍事占領、そして1999年9月の騒乱における反独立派民兵の行為の責任であった。

　以下、CAVRの真相究明によって明らかにされた過去の事実関係のなかで、〈アウトサイダー〉の視点では語られることのなかった問題に目を向け紹介する。

　既に述べたように1975年5月、一度は独立へ向けて手を結んだフレテリンとUDTが、UDTによる一方的な連合破棄というかたちで決裂、このUDTのクーデターに端を発する内戦は、東ティモール全土へあっという間にひろがった。しかし、武力衝突の様相は、地域がことなればまったく異なる政党同士が手を結んでいたことを、UDTの指導者であったマリオ・カラスカラオンは証言している。

> 　地域が異なればまったく異なる方法で我々は動いた。アトサベでは我々UDTはフレテリンと組んで、アポデティと戦っていた。しかし、サメのアポデティは我々UDTと手を組み、フレテリンと戦っていた。ディリではフレテリンとアポデティが組み、UDTと戦っていた（国民公聴会におけるマリオ・カラスカラオンの証言）。

　この証言にあるように、一般にUDTとフレテリンの対立としてみられていた1975年内戦でも、両者は地域によっては手を結びインドネシアとの統合を主

張するアポデティと対峙するなど、異なった様相をみせていた。CAVRによれば地方における争いは、古くからの親族集団間の確執や個人的な怨恨に起因する緊張関係が、当時の政党イデオロギーによる対立というかたちをとって暴力へと発展していた（CAVR 2005: Ⅲ: 42）。多くの死者が出たのはそうした地方においてであり、とくにリキサ、エルメラ、アイナロ、マヌファヒ、マナトゥトゥなどの地域で暴力は激化していた。フレテリンの軍事組織ファリンテルの指揮官のひとりであったロジェリオ・ロバトは、こうした地方で繰り広げられた暴力行為について次のように証言している。

> ときに暴力は政治的動機にもとづく行為ではなく、既に以前からその土地に存在していた問題に動機があった。私が知っている例では、ある対立はつまるところ女友だちの奪い合いであり、当事者にとって内戦は復讐の好機として捉えられていた。フレテリンはUDTの捕虜を殺し、UDTはフレテリンの捕虜を殺した。党は捕虜殺害に指示を出したことがなければ、市民に対する暴力を容認していたわけではなかった。ただ誰もコントロールすることができなかったのだ（国民公聴会におけるロジェリオ・ロバトの証言）。

CAVRの国民公聴会において、UDTとフレテリンの指導者たちは、囚人の殺害や一般住民に対する暴力を容認する政策は持っていなかったが、全国に散らばっている幹部の行動をコントロールする能力がなかったと証言している（CAVR 2005: Ⅲ: 43）。

当時の普通の人々による残忍な行為は、今日にいたるまでティモール社会に深い傷を残している。CAVRはこの内戦における殺人に関する348件の報告を受け、この内戦における死者は1,500人から3,000人とCAVRは推計している。その多くがフレテリン側の行為によるものとCAVRはみている（CAVR 2005: Ⅲ: 43）。

3.3　反独立派民兵の物語

CAVRの「住民主体の和解プログラム」は、脅迫などやむをえない事情によって反独立派民兵に参加した人々を村に再び迎え入れることを目的としていた。窃盗や放火、殴打など比較的軽微の犯罪の加害者と被害者の和解が対象であり、

第 3 章　東ティモールにおける非暴力の思想〈ナヘビティ〉

加害者が自身の出身村に戻ることを助け、加害者と被害者、そして共同体の関係を修復する狙いがあった。

　この和解プログラムは、伝統的な和解儀礼の形式を採用しながらも、その内容は指導者間の協議ではなく加害者と被害者が直接対話をするという点で、まったく新しい試みであった。当初1,000人を目標数として開始した和解プログラムには、最終的に1,379人の加害者が参加を希望し、全国で4万人がこの和解プログラムに参加した。

　私がスアイという国境近くの町で知り合ったアタイという男性も、和解プログラムに参加し出身村に戻った元反独立派民兵のひとりである。アタイはラクサウルという反独立派武装グループのメンバーだった。

　アタイは16人兄弟姉妹の10番目の子どもとして、商業を営む華人の血を引く家系に生まれた。父はポルトガル領ティモールの生まれだが、母はオランダ領東インド（後のインドネシア）の出身だった。姉たちの多くは現在もインドネシア側で暮らしている。母親の出身や、東西ティモールを行き来し商業を営んでいたことから、父親はインドネシアとの統合を主張するアポデティ党を支持していた。

　アタイは1974年に小学校を卒業、神学校に進みたかったが叶わず、1975年には内戦となったため、家族でインドネシア領西ティモールへと避難した。1975年末にインドネシア軍が侵攻し、事態が落ち着いた1976年に家族で東ティモールに戻った。

　東ティモールに戻った後は役場の公務員として働いた。仕事といっても頼まれた書類を届けたり、掃除をしたりという程度の仕事だった。1978年に結婚し、それから妻の実家のある村にずっと住んでいる。

　1999年の騒乱で、アタイの村のほとんどの世帯がインドネシア側に避難し、その半数近くが独立後もインドネシアにとどまった。この村は1974年当時、アポデティ党の支持者が多い村の一つであり、多くの住民が住民投票の際にもインドネシアとの統合支持に投票した。しかし1996年以降、そのほとんどが独立支持に変わっている。レジスタンスの地下組織であるCNRMは1996年、「アピル」とよばれる一種の債券を発行することで抵抗運動を支える資金を集めて

いた。その債券は、独立が達成された後に仕事や家などが供与されることを保証するものだった。そのためにほとんどの世帯がこの債券を購入した。しかし騒乱の時に家とともに全てを焼失してしまうことになった。

　この村が独立派を支援していることが知られ、1999年1月以降、反独立派による脅迫の対象を受けるようになる。アタイもラクサウルの本部に呼ばれ、組織に加わるように強要された。経済的な事情もあるが、家族を守るためにも拒否することなどできなかった。アタイは山岳地域に派遣され、水や食糧の運搬を担うことになった。住民投票後の騒乱において、教会に避難していた住民と司祭の虐殺にラクサウルが関与したとの話をきき、メンバーとともにインドネシア側へと逃げた。

　東ティモールには2001年に戻ってきた。かつて公務員や軍・警察関係者だった東ティモール人は、インドネシアであれば再雇用の可能性もあるためインドネシアにとどまっていた。にもかかわらずアタイが東ティモールに戻ることを決心したのは、先に戻った兄弟たちがアタイのせいで差別を受けていることを耳にしたためである。

　国境でPKFに拘束され、午後には国連警察に引き渡された。警察で14日間拘留された後に釈放された。釈放後、ラクサウルの他のメンバーやマヒディのメンバー6人とともにCAVRが主催する和解プログラムに参加した。和解プログラムでは自分の罪を告白し（誰を殴ったのかなど）、そして被害者はそれに対する感情を吐露し、最後には謝罪を受け入れてくれた。そして参加者全員で、慣習法に従い豚を屠り、ともに食事をした。そしてCAVRから解放証書を受け取った。独立支持者であった兄のとりなしもあり、和解プログラムは問題なくおわった。

　スアイに戻ってきてからは、たいした仕事にありつくことができない。唯一の仕事は2003年1月に日本のPKFのプロジェクトで働いたことだ。道路や橋の修復を9日間手伝い、1日5米ドルもらった。「小学校しか出ていない私のような人間は、東ティモールでは仕事を得ることができない」と彼は言う。

　CAVRのプログラムに参加した人たちはアタイを受け入れたが、プログラムに参加しなかった人々のなかには彼のことをいまだに快く思っていない者も

いる。アタイによると彼だけでなく、彼の子どもに対する差別もあったようだ。アタイの息子は教会での洗礼を受けさせてもらえなかった。いつのまにか洗礼を受ける子どもの名簿から名前が削除されたのだ。司祭がそんなことをするとは思えないので、他の誰かがしたのだと思うと彼は語った。そうしたこともあり、将来のことを考えアタイは息子を遠く離れた東部の町に住む叔父のもとへおくったが、それから間もなくして息子は湖で溺れて亡くなった。

4　裁きでも、赦しでもなく

　アタイのような経験をした反独立派の人々はけっして少数ではない。住民投票前から現在にいたるまで、反独立派についてはインドネシア軍との関係ばかりが強調され、加害者のイメージが強いので見過ごされていることがある。それは、インドネシア時代末期から独立後までこの時期、反独立派は圧倒的なマイノリティであったという事実である。独立派が勢いを増すなか、にわかに独立派を名乗り始めた若者たちによる暴力行為も存在していた。とくにジャワやバリからの移民世帯は身の危険を感じるようになり、住民投票前後に多くの移民が往くあてのないまま東ティモールを離れている。そうした彼らの住居は略奪、放火の対象となったが、実行犯は特定されないし捜査もされなかった。

　紛争当事者の一部である独立派の指導者もまた、反独立派が置かれた状況をよく理解している。スアイの町で私がインタビューしたある独立派の元リーダーのひとりも、独立派を名乗ることで免罪符になるような国連行政下の東ティモールの状況について疑問を呈していた。

　東ティモール国連監視団に当時勤めていた東（2010）は、住民投票前、本来は中立であるべき監視団は明らかに独立派寄りとみられる行動をとっていたと指摘している。結果として反独立派武装勢力の憎しみは、独立派住民というよりも国連に向けられることになった。住民投票後の騒乱でも第一の標的は国連に雇用されて働いていた独立派ティモール人であった（東 2010）。

　国際的な市民運動にしても同様で、反独立派側の犯罪行為のみ訴え続けることによって、反独立派の感情を逆撫でし、態度を硬化させる要因となってきた。

独立後の東ティモールに関する報道、記述では、反独立派の人々の視点について語られることがほとんどなかった。インドネシア／東ティモールという図式のなかでは東ティモールが少数集団ということにあるが、東ティモールという枠組みのなかで考えると圧倒的多数派である独立派に対し少数派である反独立派住民となる。

　和平のプロセスにおいて国連や市民運動の関与が不要というわけでは決してない。長年にわたり市民運動が情報を集め、東ティモールの人権侵害の実態を伝えてきたからこそ、今日の独立があるともいえる。国連の存在が、犯罪の抑止力として作用しているのは事実である。

　このように考えると、裁きなのか赦しなのかという二者択一的な問題のたて方そのものが問題に思えてくる。この意味において、独立派の指導者たちが恩赦法案を提出した際に、「恩赦はティモールの文化」と説明しようとしたことにも責任がある。

　アウトサイダーとしての支援者と、インサイダーとしての当事者が共有すべきことは、裁きか赦しといった「結果」ではなく、解決すべき問題をどのように理解するのかという「プロセス」であると考えることはできないだろうか。1975年の内戦後、1999年の騒乱後にひろまった「ナヘビティ」という概念は、まさにこのプロセスを共有する作業である。被害者と加害者、互いに争った者同士が「一枚の敷物に座る」。ここには相手を裁く、相手を赦すといった意味は含まれていない。互いに耳を傾けるための「場」にすぎない。

　CAVRによる真相究明も、互いに耳を傾け、紛争と対立のコンテクストを共有するという作業であった。CAVRが2005年に発表した最終報告書「Chega!（もう二度と同じ過ちは繰り返さない）」は、被害／加害の複雑さ、東ティモールの争いの多元性を見事に記録している。残念ながら報告書が明らかにしたことは、東ティモールの人々と、グローバルな支援者との間で十分に共有されているとはいえないのが現状だ。

　「裁判外紛争処理（ADR: Alternative Dispute Resolution）」、すなわち裁判にたよらないかたちでの問題解決法が注目を集めている。とくに民事訴訟などでは積極的に実施されるようになってきた。紛争後社会の裁きをおこなわない試み

として、CAVRのような真実和解委員会もこれに該当するといえるだろう。ただし、被害者の心情に寄り添おうとする人権の立場は、こうした加害者への宥和的対応に批判的である。南アの真実和解委員会が証言をおこなった加害者への恩赦特権を持っていたことは、犯した罪は償われるべきと人権団体から批判を浴びてきた。東ティモールのCAVRは、こうした国際世論の流れのなかで、重大な人権侵害の加害者への恩赦特権は持たずに、和解実践プログラムは軽犯罪に限定された。この背景には、赦すこと、和解することは果たして正義なのかという議論がある（石田 2011；高野 2009）。しかし、裁きか赦しかという議論の前に、「他者の声に耳を傾ける」という大切な態度を、ナヘビティの思想から学ぶことができる。

5　おわりに

　アウトサイダーとしての国連や市民運動がみてきたものと、当事者であるティモールの指導者たちのまなざしからみえてくるものをみてきた。双方がみてきた「真実」は異なっている。もしくは何を優先すべきかが異なっている。国連や市民運動が目撃したのは、「インドネシアと反独立派の暴力」である。したがって国連の使命は独立派の保護であり、市民運動のそれはインドネシアの「人道に対する罪」の裁きを求めることである。
　他方、当事者である東ティモールの独立派がみてきたものは、同じ「ティモール人同士の争い」である。1975年内戦では独立派の名による殺害が多数おこなわれた。1999年の住民投票前後にも独立支持者による反独立派やインドネシア人に対する差別、暴力は存在した。国民統合と治安維持のためにも、東ティモール新政府指導者にとって優先すべきは、長い戦争で分断され、憎しみが残る共同体の和解であった。
　インサイダーとアウトサイダー、どちらがみてきたものも真実であり、どちらの考えがより正しいとはいう事ができない。しかし、少なくとも、アウトサイダーである国連や市民運動の取り組みが、当事者たちの目指すことの障害になってきたことは否定できない。

平和構築論という分野は、原則として〈アウトサイダー〉が何をするべきかを議論する政策科学である。平和構築という新しい概念、特にこの概念が国連諸機関や「北」の国々の外交政策と結びついて語られる時、「途上国」の紛争当事者には解決できない問題に、「先進国」の専門家が第三者として取り組むというイメージがつきまとう。私たちは民族紛争や宗教紛争、国家による暴力をニュースとして受け止めたとき、問題は既にそこにあるものとして、当事者間ではもはや解決できない問題として理解し、であるからこそ、外部者として平和実現のために何ができるのかを考える。

市民運動は、政策科学としての平和構築論よりも、〈アウトサイダー〉としての自覚が薄いため、事態はより複雑である。もし当事者＝被害者と問題の理解に不一致があれば、もはや連帯すべき人々ではなく、批判すべき対象となる。運動自体が、運動内部の〈他者の声〉の存在を認めがたい傾向があるためかもしれない[2]。

人類学者もまた〈アウトサイダー〉としての自覚が希薄である点では市民運動と似ている。人類学は、その内部においては他者理解をめぐる慎重な議論を繰り返しながら[3]、開発や人権に関わる問題となれば、自信をもって当事者の声を代弁する傾向がある。こうした人類学者のダブル・スタンダードもまた、人類学と市民運動の断絶を生んでいる。

裁きと赦しの二元論を克服するのは、まずは何よりも問題の背景となるコンテクストを共有することである。たとえ困難であっても加害と被害の複雑さを理解しようと努めること。問題を悪化させないためにも、加害側（と思われる）の立場を配慮した上で平和実現に向けたプロセスを実践することである。

「加害者の声に耳を傾ける」という行為は、真の意味での非暴力の平和運動ではないだろうか。1975年の内戦後、そして1999年の騒乱後の東ティモールで盛んに使われたナヘビティという言葉は、まさに加害者の声に耳を傾けるという意味で解釈すべきだろう。非暴力の思想は常に、抑圧された人々自身から生まれるのはなぜだろうか。家族を奪われ、土地を奪われた人々の闘いは、同じ暴力を用いないからこそ、多くの人々の共感を生んできたのは間違いない。ただ、この非暴力の思想を、単に実体的な暴力の行使の有無で受け取ってはいな

いだろうか。敵対者を過度に刺激しない言葉や態度も「非暴力」である。このことは平和運動のなかで十分に議論されてこなかったのではないか。本章では国家や加害者に「圧力」をかけることが問題を悪化させる事例についてみてきた。我々は当事者の非暴力の思想からもっと学ぶべきことがある。文化相対主義の立場から、異なる価値やアプローチを提示することに終始するのではなく、当事者たちの主体的な平和運動に注目し、支援者との真の協働へと導くこと、ここにこれからの実践的な平和の人類学の役割がある。

注

1) 1991年11月12日、東ティモール州の州都ディリのサンタクルス墓地にて、秘密警察によって射殺された若者の追悼のために集まっていた数千人の若者たちに軍が発砲、多くの若者が殺害された。この映像がジャーナリストによって海外に伝えられ、東ティモールの現実が大きく知れ渡ることになった。死者273名、行方不明者255名、負傷者376名、大半が20歳以下の若者だった。

2) ただし、運動内部の他者性にいちはやく気づき、その問題を議論してきたのはフェミニズム運動である。フェミニズムは、その運動の中で西欧中心主義的な語りへの第三世界の女性からの批判に直面し、運動の中の多様性の問題に向き合ってきた。その歴史から、多様な立場や理解をこえて、いかに共闘してゆくか、その戦略を学ぶ意義は大きい。

3) 人類学では1980年代を中心に、それまでの調査法と民族誌の記述についての批判的議論が盛んになった。マリノフスキーにはじまる参与観察という現地調査と民族誌の記述の持つ問題性——例えば単独調査から得られるデータの検証不可能性、情報提供者がアクセスできない言語による記述、人類学者と情報提供者との権力関係、男性人類学者によるジェンダーバイアスなど——が指摘され、これまでの人類学的調査と文化記述実践を根底から問い直す作業がおこなわれた経緯がある(クリフォード&マーカス 1996、クリフォード 2003、Abu-Lughod 1991など)。

■参考文献

(邦文文献)

東佳史
    2010「民主的選挙は「民主主義」建設に貢献したのか？—東チモールの事例から」『人文コミュニケーション学科論集』9:1-12。

石田慎一郎編
    2011『オルタナティブ・ジャスティス—新しい〈法と社会〉への批判的考察』大阪大学出版会。

クリフォード、ジェイムズ

2003『文化の窮状──二十世紀の民族誌、文学、芸術』太田好信ほか訳、人文書院。
クリフォード、ジェイムズ＆マーカス、ジョージ編
　　　1996『文化を書く』春日直樹ほか訳、紀伊國屋書店。
大門毅
　　　2007『平和構築論──開発援助の新戦略』勁草書房。
高野さやか
　　　2009「裁判」日本文化人類学会編『文化人類学事典』pp.604-605、丸善。
高橋奈緒子・益岡賢・文殊幹夫
　　　1999『東ティモール──奪われた独立・自由への闘い』明石書店。
松野明久
　　　2002『東ティモール独立史』早稲田大学出版部。

(欧文文献)
Abu-Lughod, Lila
　　　1991　Writing Against Culture. In Fox, Richard (ed.) *Recapturing Anthropology*, pp.137-162. Santa Fe, NM: School of American Research Press.
Babo-Soares, Dionisio
　　　2004　Nahe Biti: The Philosophy and Process of Grassroots Reconciliation (and Justice) in East Timor. *The Asia Pacific Journal of Anthropology* 5 (1): 15-33.
Burgess , Patrick
　　　2004　Justice and Reconciliation in East Timor: The Relationship Between the Commission for Reception, Truth and Reconciliation and the Courts. In Schabas, William A. and Darcy, Shane (eds.) *Truth Commissions and Courts: Tension Between Criminal Justice and the Search for Truth*, pp.135-158. Kluwer Academic Publishers.
Comissão de Acolhimento, Verdade e Reconcilição de Timor Leste (CAVR)
　　　2005　*Chega! Final Report of the Commission for Reception, Truth and Reconciliation in East Timor*.

■課　　題
(1) 支援者と被害者のあいだに認識と行動の隔たりがあるような他の事例を探しなさい。
(2) ナヘピティという非暴力の価値について、南アの「ンブントゥ」やガンディーの「サティヤーグラハ」、そして沖縄の阿波根昌鴻の非暴力運動などと比較して

考えてみよう。

■**推薦図書**

阿波根昌鴻　1973『米軍と農民―沖縄伊江島』岩波書店。
　もっと注目されてもいい、沖縄の平和運動家の非暴力思想。息子の命を奪い、土地も奪った米軍との闘いについて綴った自伝的エッセイ。米軍との農地返還交渉の際には、決して暴力を用いず、相手を刺激しないよう言動に配慮し、そして米軍の論理をも理解しようという態度は、少しずつ米軍との関係を変えていく可能性を示していた。同じく阿波根氏の『命こそ宝―沖縄反戦の心』(1992年、岩波書店)と併せて読んでほしい。

ダワー、ジョン　1999『増補版 敗北を抱きしめて―第二次大戦後の日本人』上、下、岩波書店。
　戦争の「加害者」であり「被害者」でもあった「日本人」が敗戦をどのように受け止め、占領下を生きたのか。教科書では知ることのできない歴史が、ベトナム反戦運動世代の歴史学者によって描かれる。現代の紛争を生きる人々の視点を理解する上で、まずは日本の人々が戦後復興のなかで「平和」を思い描いたのか考えてみるのもよい。戦後日本における思想状況と市民運動を理解するために、小熊英二『〈民主〉と〈愛国〉―戦後日本のナショナリズムと公共性』(2002年、新曜社)もおすすめ。

第 4 章　歴史の他者と出会い直す
——ナチズム後の「和解」のネットワーク形成

小田　博志

■**本章の目標**
　ナチズム後のドイツの市民社会組織の活動を通して、「歴史の他者」との「和解」がいかになされるのか、それを人類学的にどう捉えるのかを学ぶ。

■**キーワード**
　和解、歴史の他者、ネットワーク、関係性、媒介

1　序　　論

1.1　研究の目的・意義・背景

　歴史的な暴力によって分断された人と人とが、いかに出会い直し、つながってゆくのか。本論の目的は、この問題を、ナチ支配後のドイツ市民から発する「和解」を目指した活動を例に明らかにしていくことである。戦争や植民地支配などの歴史的な暴力の後に、その当事者たちが互いの関係性を、敵対的なものから共生的なものへと変えることが「歴史和解」である。本論は、非国家アクターによる歴史和解の実践を明らかにする点で、平和研究への独自な貢献となるであろう。ここでは、歴史の流れの中で、異なった集合的な運命をたどることになった人々を「歴史の他者」（鵜飼 1997: 415）と呼ぶが、そうした他者たちの出会いとネットワークとを論じる点で、これは人類学における関係論的アプローチを押し進めるものである。

1.2　理論的テーマ——プロセスとしての「和解」

　ここでは平和を関係論的に捉える（本書第1章参照）。つまり他者との関係性

において平和を考える。平和という広い領域の中でも、本章が焦点を当てるのは「和解」であり、特に歴史的な暴力の後の「歴史和解」である。ドイツの戦後の外交政策として「和解」を跡付けた政治学的研究（Gardner Feldman 2012）がある一方で、文化人類学では主に各地の「真実和解委員会」の研究がなされてきた（阿部 2007；本書第3章）。両者のあいだに違い（ヨーロッパ／第三世界、外交／内政）はあるものの、「和解」を政策として扱っている点では共通している。これに対し、本章では「市民社会」レベルで自発的に行われる「下からの和解」をみていく。こうしたボトムアップなプロセスを、バル＝オンは「平和構築の十分条件」（Bar-On 2002: 110）と評価している。「和解」は文脈によってさまざまに定義される（Gardner Feldman 2012: 1–11）。ここでは和解を結果としてよりもむしろプロセスとして捉える。つまり、反目関係にあるアクターが、いかに出会い直していくのか。個別の出会い直し同士がさらにどうつながっていくのか。このプロセスをヨーロッパの現場で明らかにしていこう。

1.3　方法論――つながりを追う

　平和を関係論的に捉えるためには関係論的アプローチが必要になってくる。ここでの方法論はエスノグラフィーであり、特に「つながりを追う[1]」、すなわち異なったアクター間の関係の生成の流れを追うことに重点を置く。本研究が対象とした実践は複数の現場に広がっており、そのためこれは多現場エスノグラフィーとなった。

　本論の記述は、二層の語りを織り合わせている。第一の層は、著者の「私」が対象と出会い、つながっていくプロセスである。第二層は相手の側がつながりを形成していくプロセスである。これによって、相手の側のつながりは、所与のモノのように存在しているのではなく、研究者である私がつながることで浮かび上がってくるという、調査現場のリアリティを表現しようとした。ここで採用するデータおよび記述の様態は「ナラティブ（語り）」である。関係論の立場では、ナラティブは語り手の「内面」の表出としてよりも、その語り手が形成していく関係性の跡と捉えられることになる。

第Ⅰ部　平和をつくる

1.4　調査の対象——行動・償いの印・平和奉仕

　ベルリンに本部を置く、キリスト教プロテスタント系の民間団体「行動・償いの印・平和奉仕」(略称 ASF)がここでの調査対象である。この団体の出発点にある目的は、ナチ不法の被害を受けた人々への「償い」を行動に移し、「和解」と平和とを実現することである。そのために長期と短期のボランティア活動を支援・調整することが活動の柱となっている。長期ボランティアとして年間約180人の、主に18から27歳までの男女が13カ国に派遣され、ホロコースト生存者とその子孫の支援、「記念の場 (Gedenkstätte)」でのガイド、障害者・高齢者・難民などのケア、政治教育・反レイシズム活動などに従事する。短期ボランティアはサマーキャンプに参加する。2012年にはドイツ内外の33箇所の会場で、一箇所あたり12名程度の参加者が2、3週間共に生活しながら、奉仕作業や歴史の学習を行った。

　ベルリンの本部の他に、ASF はボランティア派遣先の13カ国に現地オフィスを構えており、総計35人の常勤職員が雇用されている。財政規模は年間約4億数千万円であり、主な財源は、寄付金、キリスト教会における献金、ドイツ連邦政府からの補助金、ドイツ・プロテスタント教会からの補助金などである。

1.5　調査の概要

　2005年の渡独時に私がこの団体について知ってから、計7度の渡欧において、職員やメンバーとのインタビュー、機関誌・文献などの収集、記念式典への参加などの形で調査を重ねてきた。1度の渡欧は通例2—3週間であるが、2009年には半年間のサバティカル研修の拠点をベルリンとし、この団体について重点的に調べた。ドイツ以外でも、ポーランド、チェコ、フランスでこの団体と関わりのある個人や施設を訪ねた。さらに2009年にチェコのテレジエンシュタット強制収容所跡で開催されたサマーキャンプに1ボランティアとして参加した。

2 「行動・償いの印」が形成するつながり

2.1 ドイツ歴史博物館の特別展

その頃、私はドイツのキリスト教会における難民保護について調査をしていた。2005年9月のベルリン滞在中、ドイツ歴史博物館にたまたま立ち寄って、特別展「1945年—戦争とその帰結」を見学した。第二次世界大戦後の初期には、「和解（Versöhnung）」の取り組みが民間やキリスト教会のレベルで行われ、若い世代の国境を越えた接触と出会いが敵対関係の解消を促したという内容に関心を引かれた。日本ではヴァイツゼッカー大統領の演説のようにドイツの政治家の言動は知られているが、このような草の根のレベルの動きが、政府の動きよりも先行していたということは驚きであった。この調査旅行の間、行く先々で多彩な和解や対話の草の根のイニシアティブに接し、そのことと特別展の内容とが響き合うように感じた。1年後の訪独で、この団体の事務局長と面談した。これらのつながりをたどっていく中で、これから述べる世界が浮かび上がっていった。

2.2 ベルリンでの始まりと最初の接触

戦後13年目の1958年4月、ベルリンでドイツ福音主義教会総会[9]が開催された。そこでロター・クライシヒ[10]はある団体の設立を呼びかけた。

> われわれドイツ人が第二次世界大戦を始めた。すでにそのことでわれわれは他の人々よりも、計り知れない程の人間の苦難に対する罪を負うことになった。ドイツ人は神に対する冒涜的な反逆[11]において、何百万人ものユダヤ人を殺戮した。われわれの内生き残った者で、それを望まなかった者は、それを防ぐために、十分なことをしなかったのだ。和解があまりにも少ないために、われわれはいまだに平和を手にしていない。われわれの暴力で苦しんだ人々に、われわれの手と資材で［…教会や病院など］公共の役に立つとして望まれるものを、和解の印として建てることをお許しいただくようお願いしたい。（Kammerer 2008: 12）

これが承認され「行動・和解の印」という名の団体が設立された。この名称

に対して、クライシヒの友人ミュラー＝ガングロフ[12]が批判を加えた。クライシヒは書きとめている。「彼［ミュラー＝ガングロフ］は、この行動の名称を償いの印と変えていくべきだと提案した。それは、償いは罪人から発するが、和解は本質的に双方向的で、被害者の承認無く"［和解の］印"ということは考えられない、というもっともな理由からだった」(Kammerer 2008: 14-15)。

そしてこの年の内に団体名は「行動・償いの印」に変更された。「和解」[13]を冠さない和解運動となったのである。この名称変更は些細なものではない。和解は、他者の承認を要するという認識が、その語を削ることで刻み込まれたからである。他者の承認無く和解は成立しないと認識することは、言い換えると、自己の行為の判断を他者に委ねるということである。

この他者に対する「謙虚さ (Demut)」は、最初のシンボルマーク[14]にも表された。これは「Sühnemännchen（償い君）」という愛称で呼ばれ、横向きの人物が、背をかがめながら両手を前に差し出して、何かを捧げているように見える。こうした他者への姿勢は、罪を負っているという意識から形づくられた。

この出発の時点で、クライシヒに何らかの具体的な組織や実施プランはなかった。ナチ時代の抵抗で培った「告白教会」の人脈があるのみだった。歴史の他者と出会い直すという企てに、ほぼ徒手空拳で乗り出すことになった。

最初のボランティア作業は、設立の1年後に実現した。クライシヒは設立の呼びかけで、活動希望地域としてまずポーランド、ソ連、イスラエルを挙げたが、それらとの接触は外交的理由から妨げられた。その代わりに、オランダと

図1　初代ロゴマーク「償い君 (Sühnemännchen)」
Aktion Sühnezeichen Friedensdienste e.V. 蔵。

ノルウェーへの道が開かれた。オランダでは休暇用バンガローが、ノルウェーでは障害者施設の建設がドイツ人ボランティアの手で建設された。最初の接触には仲介者が関わっている。オランダとノルウェー共に、ナチス時代に抵抗運動に関わった人物が、償いの印と現地社会との間で橋渡し役をした。

　イスラエルでの活動は1961年まで待たなければならなかった。同年のアイヒマン裁判のために、イスラエルに向かうはずのボランティア・グループはオランダに行き先を変えた。そこにアムステルダム出身のラビが来て、一行にヘブライ語を教えてくれた。このラビがイスラエルに宛てて推薦状を書いてくれたため速やかに本来の目的地に向かえるようになった（ASF 2007: 116）。

　最初の接触の際に、反独感情が常に立ちふさがったわけではないと、ASFの元事務局長ハマーシュタインの夫人は述べる。「ナチ政権前のドイツを知っているユダヤ人は、ドイツの優れた面を知っているし、ドイツ人との友好な関係も経験している。しかし子どもの頃すでに戦争状態だった人は、ドイツについて悪い経験しかしていないから、戦後も嫌悪感や拒絶的な姿勢をもつ傾向にあった。[15]」

　最初期の建築仕事は、次第に方向を変えていく。「償いの印」が西と東に分離して活動するようになってからは、西のASFは記念の場での歴史教育や、交流センターの設立に力を注ぐようになる。後者の代表例が1986年にポーランドで完成した「オシフィエンチム／アウシュヴィッツ国際青少年交流センター」である。東のASZは例えばユダヤ人墓地でのサマーキャンプに、ホロコースト生存者の証言を聴く時間を取り入れていく。「歴史の他者」との出会いの比重が大きくなっていったのである。

2.3　50年後の「承認された和解」

　ASFの創立50周年記念行事は、2008年4月30日から5月3日まで、ベルリンの国際会議場「世界の文化の家」を主会場に開催された。この行事には、多数の元ボランティアと各国のプロジェクト・パートナー[16]が参加した。3日目の式典は千人収容の大ホールで行われた。この式典では、ゲストが祝辞を順に述べていった。ドイツ連邦共和国大統領、ドイツ福音主義教会常議員会議長、カ

トリック教会大司教、在独ユダヤ人中央評議会会長に続き、ASF のプロジェクト・パートナーを代表してプラハ・ユダヤ人コミュニティのミヒャエラ・ヴィドラコヴァが登壇した。

　1936年に生まれチェコのプラハに住むこの女性は、大多数がドイツ人の聴衆に向けて、ドイツ語で、このように語り出した。「親愛なる友人のみなさん (Liebe Freunde)！　私がたった今みなさんにどう呼びかけたかお気づきになりましたか。『親愛なる友人のみなさん！』これ以上何も話さなくても、この二つの言葉だけで大切なことは言いつくせるとさえ私は思っております。」そして、「私自身の和解への道のり」を語っていった。1942年12月、5歳のときに両親と一緒にテレジエンシュタット強制収容所に移送されたが、幸運にも生き延びることができたこと。解放後、自らの親族や友人の多くが殺されたとわかり、ドイツ人を宿敵として憎み、ドイツ語を一言も喋るまいと心に誓ったこと。しかし両親が60年代から「償いの印」に協力しており、その縁で、自分もドイツ人ボランティアに話をするようになっていったこと。そしてその中で、ドイツで多くの深い友情が育まれていったこと。

　このスピーチの後、会場は大きい拍手で包まれた。私自身深い感動を覚えた。私の前にいた聴衆はすすり泣いているようだった。それは、ASF の長年に及ぶ償いの活動が、一人の「歴史の他者」によって受け入れられ、そして「和解」が承認されたということへの感慨だったのだろう。私はこの承認され、実現した和解について調べたいと思った。

　会場には各現地事務所のブースが設けられていた。チェコのブースで私はアルトゥア・ラドヴァンスキーの回想録『それでも私は生き延びた』(Radvanský 2006) を購入した。ラドヴァンスキー (1921–2009) はヴィドラコヴァと共に「償いの印」に協力したホロコースト生存者である。その証言をボランティアが録音、文字化して、編集したものがこの本であった。

　以上の手がかりから、私はチェコで ASF のボランティアとユダヤ人コミュニティとがどうつながっていったのかを辿っていった。

2.4 チェコのつながり
2.4.1 共働の継承

「償いの印」とチェコとのつながりで、必ず名前が挙げられるのがラウシャー夫妻、特に妻のイルマである。この夫妻はミヒャエラ・ヴィドラコヴァの両親であり、テレジエンシュタット強制収容所生存者である。1966年にASZ一行が、リディツェとテレジエンシュタットを訪ねたときに、ラウシャー夫妻との面識が生まれた（Kammerer 2008: 125）。妻のイルマは教師であり、テレジエンシュタット強制収容所においてユダヤ人の子供のために地下学校を開いていた。この「教師であること」が「償いの印」との関わりの背景にもあると、娘のミヒャエラは考えている。「私の母が他の人たちよりもずっと早く意識していたのは、［ドイツ人の］新世代が、前の世代のようにならないように教育を始めなければならないということでした。」[17]

イルマは夫と共に、ベルリンやプラハのユダヤ人墓地などで開かれるサマーキャンプに出向いて、自らの体験を若いボランティアたちに伝えていった。また、ASZの年次大会への参加、『月報』への投稿を通して、ドイツ側参加者に強い印象を残すと共に、他のチェコのユダヤ人をも「償いの印」との共働に引き込んでいった。それが実の娘のミヒャエラであり、アウシュヴィッツをはじめ6箇所の強制収容所を生き延びたアルトゥア・ラドヴァンスキーであった。

ミヒャエラ・ヴィドラコヴァは当初、両親が「ユダヤ人の敵ドイツ」に協力していることを不愉快に思っていた。しかし両親の縁で、「償いの印」と接触する機会がたびたびあり、次第に「ドイツ人」に対する憎悪がゆるんでいった。彼女が「特別な出来事」として語るのが、1974年に東ベルリンのユダヤ人コミュニティを訪ねた際、両親と落ち合うためASZの事務所に立ち寄ったときのことである。「白髪の男性が私に話しかけてきて、私がラウシャーの娘だとわかると、長く話し込むことになったのです。（…）その話を聞いていると、何か穏やかな流れが私の額に流れ込んでくるように感じました。このひとがロター・クライシヒ博士でした。その人柄とカリスマによって私は納得しました。過去を変えることは残念ながらできなくても、和解の道が未来のための最善の選択ということをです」（Vidláková 2009: 185）。この意図せざる出会いが、ミヒャ

エラに強い影響を及ぼした。さらに、休暇旅行の帰り、一夜の宿のためたまたま立ち寄ったASZのサマーキャンプに受けいれられ、結局3日間滞在して、ボランティアたちと話をした。このようにミヒャエラは両親の跡を継ぐことになった。

その後、欧州の東西対立が終わりチェコは民主化された。ASFから長期ボランティア派遣の照会が来たとき、ミヒャエラはプラハ・ユダヤ人コミュニティの役員を務めていた。高齢者のケアのために人手が必要である一方、コミュニティ内部には反対意見が根強くあった。理由の一つは、多くがホロコースト生存者である高齢者が<ruby>ドイツ人ボランティア<rt>・・・・・・・・・</rt></ruby>と接するのは心の負担になるのではないかということ。二つ目は、キリスト教の宣教のようなことをされるのではないかという懸念であった。ラドヴァンスキーらと共に説得をした結果、長期ボランティアの受けいれが認められた。この最初のボランティアがホロコースト生存者たちに何を意味するか未知数であった。

1993年にやってきたボランティア、フリーデマン・ブリングトは、「『［ホロコーストが］二度と起こらない』という新しい希望をもたらしてくれた。このボランティアがどのようなことをしたのかについて、ミヒャエラはこう語っている。「フリーデマンは好青年で、どんな仕事でもよろこんでやりました。窓拭き、掃除、医者への同行、そして話を聴くことです。これがもっとも難しいことだったでしょう。聴くことで彼は苦しみました。でもそのように人に胸の内を話すこと、そして、ドイツ人が<ruby>聴く耳<rt>・・・</rt></ruby>をもっていたことは、人々の心にもよいことでした。フリーデマンと会った老人たちは、過去の記憶に縛られることから解放され、今を生きられるようになったでしょう」(傍点著者)[18]。

アルトゥア・ラドヴァンスキーは、ラウシャー夫妻を介して「償いの印」の人々と出会った。「彼らがしていることは、それまでに会ったドイツ人とは違い、説得力があると感じた。」そしてプラハのユダヤ人墓地でのサマーキャンプ受けいれ役となり、自らの体験をボランティア達に語った。その中にブリングトがいた。ASFとの共働で「特別の頂点」は長期ボランティアの受けいれであった。上述の本でラドヴァンスキーは、「かつてドイツ人から悲惨極まりない目にあわされた老女たちが、［ブリングトの］熱心な仕事ぶりだけでなく、その

温かい聴く姿勢によって、彼に心を開いたのです。(…) そのときから、行動・償いの印のボランティアは皆よろこんで受けいれられるようになりました」と語っている (Radvanský 2006: 99)。

2.4.2 サマーキャンプへの参加

2009年8月、私はASF主催のテレジンでのサマーキャンプに参加した。テレジエンシュタット強制収容所跡で、14人[19]が2週間寝食を共にした。チェコ側のプロジェクト・パートナーは「テレジン記念館（Terezin Memorial）[20]」である。目が覚めると強制収容所内という環境で、ASF伝統の肉体作業（草抜き、雨どいの掃除、塀の塗料剥がしなど）を半日行い、残りの時間で歴史の学習や交流を経験した。私が特に印象深かったのは、「番号から名前へ」というワークだった。参加者がいくつかの班に分かれ、それぞれ一つの番号を選んで、資料を使ってその番号に相当する人物について調べることが課題であった。番号とは強制収容所への移送番号である。私の班は「L520」を選んだ。これはヘルガ・ヴァイスという人のもので、少女時代に収容所内の様子を絵に描き、解放後は画家になった。このワークを通して、一つの番号からある人生が浮かび上がっていき、その人と知り合ったような経験ができた。これは強制収容所で人間から人間性を剥ぎ取られていくのとは逆のプロセスである。またヴィドラコヴァを招いて、その証言を聴く時間も設けられた。

エクスカージョンとしてプラハに足を延ばし、ユダヤ人コミュニティとの交流が行われた。その帰りには、ナチスにより村民が虐殺されたリディツェ[21]を訪問した。私はそこで日本軍により同様に村民が虐殺された、中国の村、平頂山のことを思い出した。

このサマーキャンプには、ASFの長期ボランティア志願者が何人か参加者していた。それらのドイツ人青年と話をすると、国民の義務として兵役をするか、その代替に民間奉仕をするかという選択[22]は、そのライフコースの中で、切迫したもののように感じた。また「和解のため、償いのため何かをしたい」というよりは、「海外でボランティアをしたい」という関心がまずあって、その結果ASFの長期ボランティアが選ばれることがあるようだ。

2.4.3　加害者の孫／被害者の孫

　ヴィドラコヴァとラドヴァンスキーが評価するプラハで最初に長期ボランティアをした人に、ぜひ会いたいと思い、テレジンからベルリンに戻る帰路、ドレスデンに立ち寄った。フリーデマン・ブリングトは1972年に当時東独のドレスデン近郊で生まれた。現在は、ネオナチの浸透に対抗するためのコンサルティングをする「文化オフィス・ザクセン」の職員である。その事務所の一室で2009年8月17日にインタビューを実施し、長期ボランティアとして彼が経験したことを尋ねた。

　姉の影響でブリングトはASZのサマーキャンプに参加するようになった。プラハのユダヤ人墓地の清掃をするサマーキャンプで、ラドヴァンスキーのその親しみを感じさせる、分け隔てない話し方に特に感銘を受けた。この出会いが長期ボランティアとしてチェコに行く一つのきっかけとなった。

　1993年、23歳のときにプラハに長期ボランティアとして行ったとき、彼はどこに泊まり、何をするのかも知らなかった。ユダヤ人コミュニティの社会福祉部門で、在宅の高齢者の訪問が任せられた。食事の配達や、住居の清掃や買い物への同行などが仕事の内容だった。ブリングトは最初チェコ語が喋れず、クライアントたちは「私とドイツ語を話すことに不安をもっている」ようだった。

　合わせて2年間、彼はボランティアとして働いたが、定期的に世話をしたのは8から10人の高齢者だった。週に1回の割で自宅を訪ねて、半日ないし全日滞在した。では、何をしたのか——。

　　私がきっかけとしてやったことは、とても実際的なことでした。窓拭きです。ユダヤ人コミュニティの間で、"窓拭きをしてくれる人がいる"と私のことが口コミで伝わっていきました。これがきっかけとなり"ホロコースト"とか"ショア"とは違うレベルで、お年寄りたちと容易にコミュニケーションが取れるようになったのです。このやり方は私が意識的にしたのではなくて、自ずとそうなっていったのです。他の人なら別のきっかけがあり得たでしょう。
　　すぐにわかったことは、窓拭きは本題ではなくて、口実だということでした。私が窓拭きだけして帰ったことは一度もありません。窓拭きの後、休憩をとり、コーヒーとケーキが出され、会話をしました。そして会話が重要なのだとすぐにわかりました。それはお年寄りたちの、私が何をしているのか、何がしたいのかということへの好奇

第4章　歴史の他者と出会い直す

心でしたし、また、私の方も、その人たちの話を聴きたかったのです。
　ホロコーストに関する話——死、暴行、虐待、自分の家族の死に関する体験の話を、毎日、何時間も聴き続けることが、私にはかなりつらくなりました。そこでASFの友人に話を聴いてもらったり、イスラエルのヤド・バシェム（ホロコースト資料館）に行ってセミナーを受けたりして、距離を取るようにしました。
　その後、クライアントの高齢女性たちとユダヤの伝統料理を一緒につくるようにしました。そのとき、ホロコーストの前と後の話をより多く聴くようにして、双方で耐えられる範囲を探りました。

　ホロコーストの話を真剣に聴くことが、生存者とブリングトとの間のつながりを育んだ。そこで窓拭きのような実際的な作業がその媒介、つまり「平和資源」となっている。作業のために共に過ごす時間が、過去の暴力的な体験を打ち明けられるだけの慣れと信頼を生み出している。そして「コーヒーとケーキ」もまた、コミュニケーションの媒介として働いた。
　話を聴いて共に苦しむことで、ブリングトと高齢者との関係は親しいものになっていった。それは祖母と孫のような家族的な関係性であった。ブリングトの活動を取材したあるテレビ局が、番組の題名を「期限付きの孫」としたくらいである。けれどもブリングトはそれに腹立ちを覚えた。

　私は被害者の孫になりたいのではなく、加害者もしくは共犯者の孫にとどまるのです。私ができることといえば被害者の声を聴き、彼女たちの運命を真剣に受けとめて、"二度と起こさない"ための責任を引き受けることです。
　プラハのお年寄りとの家庭的な関係を、私は実の祖母との間で経験したことがありません。祖母にどうしてナチとヒトラーを熱烈に支持したのか、と私は問いただしました。彼女がナチを信奉していたことは話しましたが、同時に、自分は何も知らなかったと言うのです。彼女は戦後、熱心なキリスト教信者になりました。それは、信奉の対象を置き換えただけのように私には思えます
　祖母は過去に率直に向き合おうとしませんでした。彼女のこの生き方は、彼女の周りの人間に、非常に多くの責任を押しつけることになりました。私は彼女のために何もできず、私は自分のために何かができるだけです。それが分かり、自分ができることとできないことを区別するまでに、長い時間を費やしました。

　ブリングトとプラハの高齢者との間の関係性には二面性がある。孫のように

受けいれられる親密性と、「加害者の孫」としてボランティアに従事する公共性である。それゆえに、ブリングトの存在は、ホロコーストを生き延びた人たちに希望と癒しをもたらした。ヴィドラコヴァが言うように、ホロコーストが「二度と起こらない」という希望である。加害者の側の新しい世代にホロコーストの体験を伝え、親しく交流することが、被害者に「希望」をもたらすということは、私がブダペストで話をしたアウシュヴィッツの生存者にも言えることだ。

このブリングトの活動は、ラウシャー夫妻と償いの印とのつながりの流れの中にある。ヴィドラコヴァとラドヴァンスキーが尽力して、プラハ・ユダヤ人コミュニティが門戸を開いた。またASZとチェコの教会組織（ボヘミア兄弟団のプロテスタント教会）とのつながりから、ブリングトのプラハでの住居も見つかった。こうしたネットワークを資源として、この長期ボランティアは成立し、そしてそこからまた新たなネットワークが生成していった。ブリングトが関わってテレジンに国際交流センターが設けられ、ASFのチェコ事務所が開かれた。さらにボランティアの派遣と受けいれを行う団体「セルヴィタス」およびドイツとの交流を促進するための「ブリュッケ／モスト（＝架け橋）財団」が立ち上がった。後の二者にはヴィドラコヴァが参加している。

2.5　他者たちのネットワーク

2005年の出会いから始まって、調査を進める私の前に、ASFが形成するネットワークが浮き上がってきた。その国境を越えた（トランスナショナルな）広がりと人材の層の厚さには感嘆を禁じえない。それは「歴史の他者たち」がつながり、共働する「他者たちのネットワーク」である。ここまでで記述したのは、そのごく一部に過ぎない。注意すべきはそのネットワークはASFという団体の内側に閉じていないことである。そうではなく、それは「歴史の他者たち」――13のプロジェクト実施国におけるパートナーとの間で、徐々に張り巡らされていったものである。他に、このネットワークにおける重要なノード（結節点）に、ヨーロッパ各地の「記念の地」がある。アウシュヴィッツ、テレジエンシュタット、ブヘンヴァルト等の強制収容所跡や、ヴァンゼー会議が開催された館などである。ASF

はこれらにボランティアを派遣している他、その教育部門の職員の多くがASFの元ボランティアである。

3　結論と考察

3.1　他者を迎えいれる「余地」を空ける

　巨大な暴力によって分断された「歴史の他者たち」が、いかに出会い直し、つながるのか。歴史和解というテーマと関わるこの問いを、ドイツ系の民間団体「償いの印」の活動を例に考えてきた。この団体の発足当初の主な活動は、公共的な建物の建築であった。しかし、現場との関わりを経て、新しく加わっていった内容があった。「記念の場」の整備、交流センターの建設、ユダヤ人墓地の清掃、時代の証人（Zeitzeuge）の話を聴く場の設定などである。こうした種々の活動が共通して指し示しているのは、歴史の他者の声を聴く場ということである。この力点の変化の中で、現地の人々との共働関係が生まれていった。この点で顕著なのがチェコの事例である。長期ボランティア受けいれのプロジェクトを、ナチス党員の子孫と強制収容所生存者とが協力して実現に導いた。

　この変化は、ASFの歴史の中で突如現れたのではなく、揺籃期の動きに潜在的に含まれていた。一つは設立年における「和解の印」から「償いの印」への名称変更である。これは、他者の承認の部分を空けるということであった。もう一つは最初のロゴマーク「償い君」に表された、他者を前にした謙虚さである。発足時の方向づけが、ASFのその後の展開の動因として働いていった。

　このプロセスに通底していると私が考えるのは、歴史の他者と出会う「余地を空ける」ということである。この「余地を空ける」とは、自己の判断や意図をストップして、他者の声を受けいれる空間を開くということである。ナチス期には、ナショナリズムとレイシズムによって人々は分断され、非人間化された他者に対して暴力がふるわれた。他者の声が聴かれる余地はそこにはなかった。これに対して、交流センターのような施設、記念の場での証言集会、「窓拭き」のような作業、あるいは回想録の出版を通して、具体的な歴史の他者と[23)]

出会い、その話が聴かれる「余地」が開かれた。

　この「余地」は、自己の側にはなく、自己がその手前で立ち止まる場である。また他者の側にも属さず、他者がその他者に向けて自らを語る場である。自己と他者のどちらの側にも属さず、誰のものでもない、つまり自己同一性(アイデンティティ)や所有の外にあって、領土化から免れている場。自己と他者のあいだで開かれる境界的(リミナル)な場。こうした「余地」において、人々は既存の集合的同一性(アイデンティティ)を超えて出会い、つながり直すことが可能になっている。「余地」は分断された「歴史の他者たち」の出会い直しを媒介している。

　レヴィナスは主体性を「他者を迎えいれること／歓待（hospitality）」として規定した（レヴィナス 2005: 26）。ASFの事例では、他者を迎えいれる以前に、それが可能となる空間を空けること、言い換えると、他者を迎えいれる「余地を空ける」ことに行為主体性(エイジェンシー)が発揮されている。この実践と和解との関係について、さらなる比較研究が必要である。ASFはキリスト教系の運動であるが、それが宣教（他を同に取り込む）とは根本的に異なる他者との関わり方をもたらしたことは、キリスト教史においても特異なことである。

　「歓待としての主体性」というレヴィナスの規定は、文化人類学における歓待論（モーガン 1990：第2章）と人格論（モース 1976など）との接点に位置づけられる。つまりそれは歓待的な人格である。ASFの事例はそれを示していると思われる。その人格の特徴は、自己によって充満しておらず、他者のための「余地」の部分が空いていることである。いわば他者のための席が「空席」となっている。

　「余地」を媒介にして、歴史の他者の間にどのような関係性が生まれたのだろうか。それは、例えば「ドイツ人」と「ユダヤ人」の区別はありながら、具体的な個人間の「友情」関係でもある。そしてホロコーストを「二度と起こさない」という公共的な目的に向けた共働の関係性である。そこでは具体的な出会いと対話を通して、ステレオタイプな他者表象が解体され、他者は具体的な顔と名前がある存在として人間化されている。ガーゲンは日常の場の個人間における「一次の道徳性」と、社会的に構築された集団間における「二次の道徳性」とを区別しているが（Gergen 2009: 364）、ASFとそのパートナーとの間で

生じている関係性には、この二つの次元がゆるやかにつながり合っている。集合的な他者間の関係でありながら、個人間の親密な関係でもある。それは、「歴史の他者」の間での、顔の見える公共的共働というべき関係性といえる。

3.2　ネットワーク形成

　ASF の運動は、局所的なつながりにとどまらず、個別のつながりがつながり合って、広範で、層の厚いネットワークを形成するにいたっている。各地の湧き水が互いにつながり、大河を形づくるように。そのため各地で他者と出会うための「余地」がつくられている。また制度的・財政的基盤が確かで、人が入れ替わっても同様の事業が継続される仕組みとなっている。何がそのネットワーク形成と組織化を促進してきたのだろうか。ここでは二点指摘したい。一つは、この団体がナチズムとの取り組みを目標として設定したことである。ナチズムによって被害を受け、分断された他者は広範囲に渡る。その人々との和解が目指され、ベルリンから多くの触手が伸ばされるように、複数の現場とのつながりがつくられていった。もう一つは、社会的・政治的な環境因である。プロテスタント教会の支援、および「和解」を公式の外交方針（Gardner Feldman 2012）とするドイツ連邦共和国政府の助成を受けて、ASF は制度的に継続することができた。また ASF の長期ボランティアは、良心的兵役拒否者の代替・民間奉仕として、ドイツ政府により法的に認められてきた。さらに追い風となったのは、冷戦の終結と東西ドイツの統一である。このマクロな環境の変化は、ヨーロッパ規模でのボランティア活動を容易にした。東アジアを振り返ると、歴史和解の運動がこれほどのネットワークを形成しえていないように思われる。そこには冷戦構造がいまだに継続しており、政治的布置がトランスナショナルなネットワークの形成を妨げている。ここで単純な「日独比較」をすべきではない。ASF も冷戦下の不利な立場において、徐々に穴をうがち、根を張る努力を続けていった。それが境の無いヨーロッパを生み出す、一つの原動力ともなった。そうした努力は東アジアの各地でも続けられている。

3.3 展望──平和論への「他者」の導入

　以上の知見が、和解と平和の研究に示唆することは何だろうか。ASFの事例で顕著なのは、他者の承認を得てはじめて和解ないし平和が成就すると考えられている点である。既述のように、この他者のための「余地」が空けられたことが、むしろ他者とのつながりの形成に促進的に働いている。政治学の立場から、ドイツ政府の外交方針として「和解」を位置づけるガードナー・フェルドマン（Gardner Feldman 2012）の議論には、歴史の他者を前にして「和解」を語ることへのためらい、あるいは和解が成立しないかもしれないという疑いが抜け落ちているように思われる。それは、「和解」を団体名から削除したASFに対し、「和解」を外交方針として宣言するドイツ政府の自己充足的な「不倫理性」を批判する視点をもたないということである。

　ASFの事例が和解・平和論に示唆する点はここにある。それは平和の研究に「他者」の概念を導入することである。また、日本でよく言われる「歴史認識」の議論は、往々にして、国ごとに閉じた形で歴史の認識があるという前提に立っている。けれどもASFの場合、「歴史認識」に先んじて「他者認識」が意識された。具体的な歴史の他者と出会って、その声を聴くことが実践されたのである。

　ASFが活動の現場でまさに向き合ったのは、自らとは違う歴史を生き、痛みを負った他者である。そしてその他者との関係性が常に問われてきた。その現場の経験において培われ、蓄積された平和の技法と知恵（平和資源の活用、平和のインフラの建設、歴史の他者とのつながり方）は、さらに研究されるに値する。

　ASFの事例は、歴史の中で刻まれた分断に抗して、人と人とがつながっていく力の強さを例証している。その力を「コネクティヴィティ」と名づけるならば、以上の事例研究は、そのための研究分野を開く端緒となるように思われる。コネクティヴィティの概念は、人類学においては、既存の集団の境界を越えてつながりが生成するプロセスの研究を促すだろう。また、他者との関係性としての平和に関して、コネクティヴィティはその基盤となる能力と位置づけられ、平和研究の方向性を示すものともなるだろう。

3.4　課題——レイシズムの克服と植民地の他者との出会い直し

　ASF の活動がはらむ限界や問題点もまた数多い。和解の主体は誰と誰か？「ドイツ人」として生まれることが、すなわち「加害者」としての「罪」を負うことになるのか？　このような和解の主体の問題が一つある。また、パレスチナ問題に対する姿勢も、ユダヤ人とイスラエルへの償いを出発点に据えたこの団体に、絶えずジレンマをもたらしている。[24]

　ここでは、植民地の他者との出会い直しということを、ASF の、また「歴史和解」一般の課題として指摘したい。ドイツは第二帝政期に植民地帝国であった。例えば、アフリカには「南西アフリカ（現ナミビア）」や「東アフリカ（現タンザニア）」などの植民地を領有していた。現地住民の抵抗を鎮圧すると称して、今日では「ジェノサイド」にあたる行為を当時のドイツ軍は行った。それに対する賠償請求が当事者の子孫から起こされている（永原 2009）。こうしたことは ASF の中で議論されていない。小菅によると、ドイツの歴史和解において「線引き」の戦略が取られた（小菅 2005: 43）。ASF は「ナチズム」で線引きして、活動を限定した。ここで思い起こす必要があるのは、ナチスによるホロコーストの思想的後ろ盾がレイシズムであり、その発生は植民地主義と密接に関係していることである。ナチスのニュルンベルク人種法制定に影響を与えた解剖学者・人類学者オイゲン・フィッシャーは、その人種理論をドイツ領南西アフリカにおける研究から発展させた。これから導かれるのは、レイシズムに基づくナチスの犯罪を根本的に克服するためにも、視野を植民地主義にまで広げる必要があり、その犠牲になった植民地の他者との出会い直しが課題として検討されるべきということである。しかし現状では、植民地期の他者は認識の域外に置かれたままである。償いと和解はナチスの被害者に対するもの、植民地の他者へは開発援助という分業体制がドイツではみられ、ASF もそれを結果として追認している。植民地の他者の声が聴かれる「余地」が空けられるのか。もちろんこれはひとり ASF にのみならず、日本も含めた（旧）帝国主義国にも向けられるべき問いである。

第 I 部　平和をつくる

注

1）　ラトゥールはアクター・ネットワーク論の方法論的原則を「アクターを追う」こととした（Latour 2005: 12）。生成の動きを追うという発想を共有しつつ、ここではアクター間の「つながり」に焦点を当てる。「つながりを追う」は「縁を追う」とも言い換えられる。「縁」という日本語は、単に関係だけでなく、個人の意志を超えて関係を生じさせる力を含意することがあり、偶発的な出会い・つながりが人生に影響する力を表現するに適している。
2）　ドイツ語では Aktion Sühnezeichen Friedensdienste、英語では Action Reconciliation Service for Peace と表記。ドイツの東西分断によって、この団体も1991年まで分かれており、東の団体名は Aktion Sühnezeichen（略称 ASZ）であった。分離時代の東を ASZ、西を ASF、91年以後を ASF と略す。汎用的な名称としては「償いの印」が一般的な他、ASF も用いられる。
3）　国籍は問われないが、生活拠点がドイツであることが条件となる。
4）　アメリカ合衆国、イギリス、フランス、ベルギー、オランダ、ノルウェー、ドイツ、チェコ、ポーランド、ベラルーシ、ウクライナ、ロシア、イスラエル。
5）　Gedenken には「記念する、追悼する」、Stätte には「場所、地」の意味がある。歴史的な出来事を想起する場所ということだが、戦争やナチズムとの関連で頻繁に使われ、強制収容所跡は典型的な Gedenkstätte である。Gedenkstätte には説明板、博物館、記念碑などの人工物が設置されることが多い。文脈に応じて「史跡」「記念館」「記念施設」「追悼の場」などと訳すのが適当な場合がある。
6）　ベラルーシのみウクライナ・オフィスが兼ねている。
7）　2012年の収入は、3,700,561.40ユーロ（1ユーロ＝120円として約4億4千4百万円）、2013年の予算3,964,330.00ユーロ（約4億7千6百万円）。
8）　チェコ語ではテレジン。
9）　Synode。ドイツ福音主義（プロテスタント）教会の最高議決機関に当たる。
10）　Lothar Kreyssig（1898-1986）：第二次世界大戦前から戦中は裁判官を務めた。ナチス期には障害者に対する「安楽死」政策の担当官を告発して、裁判官を解任された。戦後はキリスト教会の職務に就いた。
11）　クライシヒはキリスト教信仰を背景に、神との関係で罪と和解を考えていた。そこに、後述のように、人間としての他者との和解の概念が加わる。神との和解と人間との和解の二重性は、償いの印の活動を複雑に彩ってゆく。
12）　ベルリン福音主義アカデミー会長。
13）　ドイツ語の「和解（Versöhnung）」には、罪人がその罪（Schuld）の償い（Sühne）をすることで成立するという意味がある。さらにユダヤ・キリスト教の文脈において、この語は「神と人間との和解」を意味する。
14）　その後の団体の東西分離により、東はこれを使用し続ける一方、西ではオリーブの葉を意匠化したマークに変更された。
15）　2009年5月26日インタビュー。
16）　ASF のボランティアを受け入れる施設ないし人のこと。
17）　筆者宛2013年6月3日付電子メール。

18) 2009年8月2日インタビュー。
19) チェコで従事するドイツ人長期ボランティア2人がファシリテーター、12人（国籍はドイツ、ウクライナ、ベラルーシ、リトアニア、日本）が短期ボランティア。
20) 1947年チェコスロヴァキア政府により創設。90年代からASFの長期ボランティアを受けいれている。ボランティアはドイツ語圏からの訪問客のガイドをしている。
21) 占領下のチェコで1941年にナチス高官ハイドリヒが暗殺され、その犯人と関わりがあるとのぬれ衣を着せられたリディツェ村の約500名の住民のほとんどが虐殺ないし強制収容所に送られた。
22) 2011年にドイツの徴兵制が事実上廃止されたため、この制度は無くなった。
23) 2.3で紹介したラドヴァンスキーの本（Radvanský 2006）自体が、他者と出会う「余地」である。歴史上の暴力を何らかの"問題"として"議論"の対象にする前に、それを被った当事者の前で立ち止まり、その言葉を聴き、その立場に身を置こうとすること。これもまた「余地を空ける」実践である。
24) この点に関する団体内部の議論は例えばKammerer（2008: 234-243）にまとめられている。

■参考文献

（邦文文献）

阿部利洋
    2007『紛争後社会と向き合う―南アフリカ真実和解委員会』京都大学学術出版会。

鵜飼哲
    1997『抵抗への招待』みすず書房。

小菅信子
    2005『戦後和解―日本は〈過去〉から解き放たれるのか』中央公論新社。

永原陽子
    2009「ナミビアの植民地戦争と「植民地責任」―ヘレロによる補償要求をめぐって」永原陽子編『「植民地責任」論―脱植民地化の比較史』pp.218-248、青木書店。

モーガン、ルイス・ヘンリー
    1990『アメリカ先住民のすまい』古代社会研究会訳、岩波書店。

モース、マルセル
    1976『社会学と人類学2』有地亨・山口俊夫訳、弘文堂。

レヴィナス、エマニュエル
    2005『全体性と無限（上）』熊野純彦訳、岩波書店。

(欧文文献)

Aktion Sühnezeichen Friedensdienste e.V. (ASF) (Hrsg.)
 2007 *Franz von Hammerstein - Widerstehen und Versöhnen.* Berlin: Aktion Sühnezeichen Friedensdienste e.V.

Bar-On, Dan
 2002 Conciliation through Storytelling: Beyond Victimhood. In Salomon, Gavriel and Nevo, Baruch (eds.) *Peace Education: The Concept, Principles, and Practices around the World,* pp.109-116. Mahwah, NJ: Lawrence Erlbaum Associates.

Gardner Feldman, Lily
 2012 *Germany's Foreign Policy of Reconciliation: From Enmity to Amity.* Lanham, MD: Rowman & Littlefield Publishers.

Gergen, Kenneth J.
 2009 *Relational Being: Beyond Self and Community.* Oxford: Oxford University Press.

Kammerer, Gabriele
 2008 *Aktion Sühnezeichen Friedensdienste: Aber man kann es einfach tun.* Göttingen: Lamuv Verlag.

Latour, Bruno
 2005 *Reassembling the Social: An Introduction to Actor-Network-Theory.* Oxford: Oxford University Press.

Radvanský, Artur
 2006 *Trotzdem habe ich überlebt: Lebensbericht eines Menschenfrendes.* Dresden: ddp goldbogen.

Vidláková, Michaela
 2009 Rede. In Stellmacher, H. und Trautmann, R. (Hrsg.) *Friede dem Fernen und Friede dem Nahen: Erinnerungen an Irma und Jiří Lauscher.* Berlin: Metropol Verlag.

■課　題
(1)　日本および東アジアで、「償いの印」のように歴史和解を目指した市民活動があるか調べてみよう。
(2)　日本とドイツとは、第二次世界大戦に対する責任の取り方でよく比較されるが、いかに比較されてきたのか、またそこにはどのような問題点があるかを調べ、考察しよう。

(3) 「歴史の他者」の声を聴こう：自分たちにとって「歴史の他者」とは誰かを振り返り、そこに属する具体的な人物と会ったり、その話の映像や文字の記録に接してみよう。

■推薦図書

石田勇治　2005『20世紀ドイツ史』白水社。
　ドイツ近現代史の第1人者による通史。日本とドイツの比較も述べられている。ナチス以後のドイツの歴史に関してより詳しくは同著者の『過去の克服―ヒトラー後のドイツ』（2002年、白水社）がある。

熊谷徹　2007『ドイツは過去とどう向き合ってきたか』高文研。
　ミュンヘン在住のジャーナリストによるルポ。ASFも取材されている。

小菅信子　2005『戦後和解―日本は〈過去〉から解き放たれるのか』中央公論新社。
　歴史和解を理論化するための手がかりを与えてくれる。

第Ⅱ部　平和を伝える

第 5 章　中米グアテマラにおける内戦の記憶と和解

関　雄二

■**本章の目標**
　内戦後の社会において描かれる将来像の違いが、記憶への執着と忘却の対立を生む様子を理解する。
　内戦の記憶をとどめる運動の意味と方法を問い、記憶をめぐる対立を乗り越える可能性を探る。

■**キーワード**
　グアテマラ、内戦、記憶、ミュージアム、壁画

1　ポスト内戦期の社会における記憶の問題

　中米の小国グアテマラは、古代マヤ文明の遺跡と豊かな自然環境という観光イメージとは裏腹に、悲惨な内戦、大量殺戮、民族浄化を経験した国である。内戦が終了して17年以上たつ現在でもなお、事件の首謀者らの逮捕、訴追、被害者への補償などがマスコミで報じられる。
　本章の目標とするところは、世界各地で繰り広げられる悲惨な民族虐殺の要因を一般化することではなく、むしろグアテマラ特有の社会的背景を指摘し、その中でミュージアムや壁画といった装置を媒介に社会的記憶の回復と平和構築を目指すNGOや先住民の行動を人類学的に描き出すことにある。そこでは、ミュージアムという西洋流の装置の導入に対する先住民の反応、その後のミュージアムが機能不全を起こした要因、ミュージアム撤去を契機に先住民やNGOが、近年新たに獲得しつつあるさまざまな政治的手法を駆使しながら、ミュージアムとは別の形で記憶回復を求めていく点などを語る。その意味で、

本章では、平和の思想を伝える場として、展示などに焦点を絞って分析されることの多いミュージアムにまつわる活動や出来事を、和平協定後も続く民族差別や虐殺を直視せず忘却に傾く社会状況に抵抗する先住民やNGOによる記憶回復運動の一局面、一通過点としてとらえる。これにより最終的に平和構築といわれるものが、不断の社会的、政治的交渉の過程の結果生まれるというよりも、その交渉過程そのものであることが浮かび上がってくるはずである。

　まず、記憶を研究する意義を示しておきたい。近年、記憶への関心は世界各地で高まりつつある。イスラエルの文化人類学者エアル・ベン-アリは、記憶ブームの原因として、先進国を中心にアイデンティティ危機が起き、その反動として過去に固執する動きが顕在化したこと、そして、これまで周辺に追いやられてきた集団が自立性を主張し、いわゆる「アイデンティティ政治」が行われるようになり、記憶が争点となってきたこと、さらには現在の紛争への不安から、過去の紛争や戦争に対する関心が喚起されたことなど3点をあげている（ベン-アリ 2010: 4-5）。このうち筆者自身の関心は第2点にある。ここでいう、政治と結びつく記憶とは、個人の心理レベルを超えながらも、いわゆる歴史と呼ばれるようなマクロレベルに至らぬ中間段階に位置する社会的記憶を指す。

　一方で、ベン-アリのように記憶を歴史に至る前段階として発展論的にとらえるのではなく、むしろ現代の記憶はすべて歴史性に絡め取られているという見方もある。フランスの著名な歴史学者であるピエール・ノラは、元来記憶は民族集団の生活や儀礼に認められるように、社会の中に無自覚に組み込まれ、その社会編成を促す原理であったが、現代では失われたという立場をとる（ノラ 2002）。しかも、その喪失感の過程で、現代の社会が過去から作り出したものとして歴史があり、この歴史性の枠組みの中でのみ、断片的な記憶が扱われると指摘した。そこでノラが注目するのは、歴史性の中で扱われる「記憶の場」である。記憶が共同体原理として機能しているならば、あえて場を設けずともよい。しかし喪失したのならば、記憶を歴史に位置づけるためにも、場所の設定が必然となるからだ。

　このように両者には立場の違いがあるものの、記憶が多様かつ集合的、集団的で、語りやモノ、あるいは空間、図像などを介した実践によって形成され、

変化していくことを認めている点では共通している（ノラ 2002: 32; ベン-アリ 2010: 2）。この場合のモノとは、書物、歌や詩、写真や絵画などのグラフィック媒体のほか、記念碑や聖堂、通りなどの命名慣行などが想定される。筆者自身は、それらに加え、強力な記憶装置としてミュージアムがあると考えている。とくに歴史系ミュージアムの場合、記憶を喚起する物質とグラフィックや文字による説明を展示で示し、ときには学芸員の解説までが伴う点で、記憶生成に関する実践が凝縮した空間といえるからである。

1.1 記憶形成装置としてのミュージアム

　事実、ミュージアムは、絵画、古代遺物、自然資源などを保存し、展示する施設として西欧近代に誕生した後は、国家の起源や成立理由を説明する記憶生成装置として発展を遂げ、国民形成をイデオロギー面で支えてきた。さらに今日では、その守備範囲を拡大しつつある。たとえば前世紀の世界大戦下で起きた非人道的（戦争はすべて非人道的ともいえるが）事件の数々は西欧社会に動揺をもたらし、人権という普遍的概念の普及を促す契機となった。と同時に、事件を追悼、あるいは惨劇を抑止するための装置としてミュージアムの有効性に関心が集まり、メモリアル・ミュージアム建設がブームを迎える（Williams 2007）。これには国立施設も含まれるが、被害や差別にあった民間団体による運営を実現させる例も少なくなく、とくに後者の場合、事件に加担してきた国への異議申し立てがミッションとなるケースも目立つ。ミュージアムは、国家の記憶装置としてのみならず、市民やNGOなどによる社会的記憶の構築空間としても機能しているのである。これは記憶ブームの要因としてとりあげた第2点に関わる。

　この傾向は、発展途上国でも認められる。世界大戦後に植民地下にあった国々が独立して以来、国民統合の象徴としての国立ミュージアムは築かれ続け、現在でも先進国は国際協力の名の下でその建設に援助を惜しまない。また、西欧社会と同じような内戦、大量虐殺を経験した途上国の中では、ポスト内戦期に入り、復興を旗印にしたNGOの活動が活発化し、内戦や紛争に関わる西欧流のメモリアル・ミュージアムの建設を始めるところが出てきているのである。

1.2 西欧近代の介入と主体的実践

　たしかに、西欧流の記憶装置であるミュージアムを無批判に導入することは、対象社会で育まれてきた多様な記憶のあり方を否定するようにも見える。この表象や記憶の剥奪という問題は、人類学におけるポストコロニアル研究において早くから指摘されてきた（太田 2001; 池田 2002）。太田好信や池田光穂がグアテマラを例に指摘するのは、表象や記憶の発言を奪われたかに見える先住民の姿ではなく、抑圧されたポストコロニアル的状況下でも主体的な態度や戦略を持ち続ける彼（女）らの姿に注目する視点の重要性である。筆者もこの姿勢には少なからず共感を覚える。

　すなわちミュージアムを例にとるならば、その建設自体を一方的な介入として捉えるのではなく、その空間で行われる実践とそれがつむぎだす実態に目を向けるべきなのである。本章で扱うような先住民の虐殺をテーマとしたミュージアムの場合、その記憶装置を導入するNGOと先住民の活動に注目し、どのような社会的現実を紡ぎ出そうとしているかを読み取ることがこれにあたろう。

　さらに付け加えておくならば、本章では、従来のミュージアム人類学の研究で欠落してきた設立や閉館にいたる過程にも関心を払っていきたい。記憶がモノや語りを通して生成され、他の記憶との相互交渉の末、再構築されていくとするならば、完成したものとそこでの実践に注目する従来のアプローチに限界があることは自明だからである。

2　グアテマラの内戦とその歴史的経緯

　この節では、本論でとりあげる中米グアテマラの概況と、そこでの虐殺事件の背景にあると考える土地所有問題を中心にした近代史を簡潔にまとめる。

2.1　グアテマラの概況

　グアテマラの国土面積は10万8889平方キロであり、日本の約3分の1にあたる。国立統計局によれば、人口は2011年現在で1471万3763人を数え（グアラマラ政府統計局HP）、世界銀行の資料では、2006年段階で、国民の51パーセント

は貧困層、15.2パーセントは極貧、先住民の75.7パーセントは貧困状態にある（Banco Mundial 2009: Cuadro 1）。

中米では1960年代以降、キューバ革命の影響を受けて左翼運動が起こり、これを自由主義陣営のアメリカ合衆国（以下米国）が介入するというイデオロギー的対立が長く続いた（狐崎 2000: 5）。グアテマラもその例外ではなく、1996年に国連の仲介でゲリラ側と政府とが和平協定を締結するまで30年以上わたって内戦が続き、その間20万人以上の死者・行方不明者（国連推定）、150万人の国内難民、15万人の国外難民を出した。ここには、1982年のわずか8ヶ月間に虐殺された7万5000人という数字も含まれる。被害者の多くはマヤ系先住民であり、国家による暴力の強度は、この虐殺がマヤ民族の絶滅を目的としたエスノサイドであるといわれるほど激烈を極めた。内戦の経緯について少し触れておこう。

2.2　土地問題の歴史

マヤ系先住民が暮らしていた今日のグアテマラ地域を征服したのはスペイン人であり、1524年のことであった。征服者や植民者スペイン人は、先住民の土地を接収し、先住民の労働力を搾取しながら一次産品輸出という基本的な経済構造を築いた（Jonas 1991: 13-20）。この状況は1821年の独立後も続き、スペインに代わって、イギリス、そして米国の資本による産業の寡占が強化される。

こうした状況に劇的変化が生じたのは、1944年のいわゆる十月革命である（Jonas 1991: 21-39）。少数の利権者による寡占体制、独裁的な政治に業を煮やした学生、市民が立ち上がり、政権に就いたハコボ・アルベンスは、1952年に農地改革を実施し、少数の利権者の手にあったフィンカ（大農場）内の未開墾地を接収した上で、農民や先住民の手に分配した。

またアルベンス政権は、労働環境の近代化を目指し、労働者の結束を許した。さらに外国資本に対抗すべく、さまざまな国家プロジェクトを推進したため、共産主義のレッテルが貼られ、米国の介入により1954年に転覆する。その結果、労働組合は解散させられ、零細農民が手にした農地は接収され、再び少数利権者の手に戻った。反対した労働運動家や先住民が弾圧されたことはいうまでも

ない。(Jonas 1991: 41-42)。

　こうして親米となったグアテマラ政府は、1960年にキューバと国交を断ち、反カストロ軍の軍事訓練場を米国に提供した。これに対し、国軍内部で不満が生じ、軍事蜂起未遂が起きる。クーデターに失敗したグループは、土地問題を抱えた東部地域に拠点を移し、共産主義者らと手を組んでゲリラ活動を開始する。これが近年まで続いた内戦の発端である。政府は軍と秘密協定を結び、米国の指導下、ゲリラ撲滅作戦を展開し、やがてはこれが民族浄化ともいえる数々の虐殺事件を引き起こしたのである (Jonas 1991: 57-71)。

3　パンソスにおける土地闘争と惨劇

　虐殺の中でも、比較的初期に起きたものとしてパンソス事件がある。アルタ・ベラパス県パンソス市は、グアテマラ中部低地に位置し、同名の郡の中心地である（図1）。県庁所在地コバン市から東に127キロほど離れ、カリブ海に注ぐポロチック川沿いにある。高温多雨の熱帯的環境にあり、周囲には熱帯林を切り開いた牧草地や農地が広がる。

　事件前の1973年の国勢調査によれば、パンソス郡全体の人口は2万5261人であり、パンソス市には1643人の人が集中していた。人口の95％以上はケクチ語を話すマヤ系先住民であり、生業は、バナナ、コーヒー、そして米の栽培であった（Fundación de Antropología Forense de Guatemala 2000: 32　以下 FAFG と記す)。

　事件が起きたのは、1978年5月29日のことであった。この日、フィンカが接収してきた共有地の返還を求めて、市役所前の広場に集まった700名とも800名ともいわれるマヤ系農民らに対して、グアテマラ国軍が発砲したのである（Moscoso 2006; Sanford 2003, 2009)。集会参加者には、パンソス市近隣の村々からかけつけた人々も含まれていた。当時の市長によれば、デモに恐怖を感じ、軍に出動を要請したという。事件後、30名ほどの遺体はトラックで運ばれ、秘密墓地に埋められた。

　その後も、軍による逃亡者の追跡は執拗で、リンチや殺戮は後を絶たず、森に逃げ込み、病気や毒蛇に噛まれて落命する者、また逃亡の際、川で溺れ死ぬ

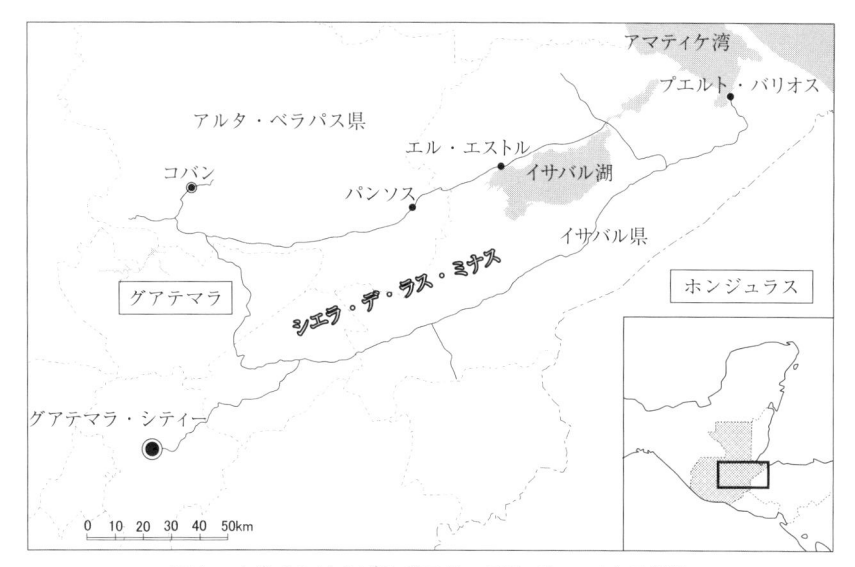

第5章　中米グアテマラにおける内戦の記憶と和解

図1　本章でとりあげるグアテマラ国パンソス市の位置

者も数知れなかった。1978年から83年までに市役所に死亡届が出された犠牲者の数は231名にのぼった（FAFG 2000: 47）。なお事件の19年後にグアテマラ法人類学協会は秘密墓地を発掘し、一部の身元を確認するとともに、生き残った集会参加者の証言を多数集めている（FAFG 2000: 36）。

　この事件の背景には、前節で述べた土地問題が存在する。パンソス市周辺は、カリブ海経由でバナナやコーヒーを欧米に輸出するためのルート上にあったため、早くから鉄道が敷設され、村の共有地もフィンカに接収されていたのである（FAFG 2000: 32-33）。

　やがて、10月革命が起きると、パンソスでも未開墾地の終身用益権が農民に与えられるなど、農民有利の状況が生まれた（FAFG 2000: 35）。しかし、革命が挫折すると、再び土地はフィンカの手に戻った。さらに、ゲリラ活動も到来し、63年には革命派ゲリラが市役所を占拠する事件も起きた（FAFG 2000: 35-36）。その後、国軍が駐留するようになると、ゲリラは一掃された。60年代半ばには牧畜が盛んになり、70年代には、近くで銅鉱山が開発される。住民は短期

雇用労働者として搾取され、共有地のさらなる接収も続いた。農民たちも手を
こまねいていたわけではなく、農地改革庁に窮状を訴えたが、問題はいっこう
に解決せず、これが広場での抗議集会につながるのである。

4　コミュニティ・ミュージアムの建設

4.1　プロジェクト組織

　事件の現場であるパンソス村にミュージアムを建設したのは、フェルナンド・モスコソが率いるNGO組織「平和のための歴史化」である。筆者は、2002年に国際交流基金の派遣によりグアテマラ国立人類学考古学博物館で研修を実施した折、当時館長職にあった彼と出会い、法医人類学者として虐殺被害者の秘密墓地の発掘に携わってきたモスコソの活動を知り、以来、このテーマを追究してきた。

　さて、モスコソの組織は、他の3つのNGOと「人権コンソーシアム」を結成し、「中米グアテマラ、アルタ・ベラパス県の3行政区に位置する内戦被害にあった村落共同体における平和の文化と社会的和解の推進」と名付けたプロジェクトをEUの財政支援の下で2002年3月より2005年2月まで実施した（Consorcio de Derechos Humanos 2005　以下CDHと記す）。

　このプロジェクトにおいて「平和のための歴史化」は、記憶の回復を中心に据えた活動を担当した。モスコソらの活動の根拠は、1996年にグアテマラ政府とグアテマラ革命連合との間で締結された「和平協定」に記されているという（Moscoso 私信）。これは、内戦下で起きた人権侵害や暴力行為の実態を知る権利と先住民のアイデンティティ保有の権利を示した条文のことであり、民主化と多文化共生を謳ったものである（Universidad Rafael Landivar y Misión de Verificación de las Naciones Unidas en Guatemala（MINUGUA）1997: 416）。

　3年間にわたって実施したプロジェクトは、大きく5つのサブプロジェクトより構成された。コミュニティ・ミュージアム（以下ミュージアムと呼ぶ）の建設、虐殺追悼モニュメントの建設、虐殺の記憶を残すための壁画制作、土地闘争の経緯を記したプレート設置、そして虐殺の証言を集める作業がそれらにあたる。

第 5 章　中米グアテマラにおける内戦の記憶と和解

本論では、このうちミュージアムのみを扱う（他の活動については関 2009参照）。

4.2　ミュージアムと住民参加型ワークショップ

　モスコソらはミュージアム建設の準備を用意周到に進めた。まず1年目（2002-2003年）には、パンソス市および周辺の村々で、住民にインタビューを重ね、生活文化、宗教などの情報のほか、内戦下での暴力の記憶を掘り起こす作業を行った（CDH 2003: 11-12）。また各村ではプロジェクトの趣旨説明会を開いた。さらに市の祝祭日に、日常生活を題材にした写真展を市保有施設の一角（後のミュージアムの外廊下）で開催し、文化伝統の大切さを訴えている。なお暴力の記憶については、最終的にミュージアムの展示に組み込まれたものの、部分的採用にとどまった。その理由は、記憶を掘り起こす作業自体の限界と言うよりも、展示の準備作業に関して、採用した住民参加の方法であった。

　住民参加とは、とくに対象を限定せず、活動への参加を呼びかけ、賛同の意を表明した住民を1年以上にわたりワークショップに招聘し、ミュージアムの基礎的知識の教授や意見交換を始めたことを指す。応募者の中から11名の住民が選抜され、新たにNGO組織「パンソスの歴史化委員会」が結成された。この組織の構成員は、「歴史の推進者」と名づけられた（CDH 2003: 12-13）。モスコソのNGO組織は、この新NGO組織「パンソスの歴史化委員会」に助言を与える立場にあった。パンソス村からは、初等教育学級の若手教師が9名、近隣の村からは、4名の若者が「歴史の推進者」となった。1人のラディーノ（白人と先住民の混血）を除き、他のメンバーは、いずれもケクチ系のマヤ系先住民である（Moscoso 私信）。

　「歴史の推進者」を対象にしたワークショップは、3年間で通算15回に及んだ。3ヶ月おきに半日ほどの時間を費やし、パンソス市においてスペイン語で実施されたため、ケクチ語話者のために通訳も同席した（写真1）。そこではミュージアム活動の基礎のほか、歴史や文化についての記憶を掘り起こし、記録する研修も実施された（CDH 2003: 12-13）。さらにモスコソらは、首都にある別のミュージアムに「歴史の推進者」を派遣し、ミュージアム展示の多様性を学ぶ機会を提供している。（CDH 2003: 13; CDH 2004: 41）。

第Ⅱ部　平和を伝える

写真1　ミュージアムの展示を企画する「歴史の推進者」メンバー
Ⓒ Historial para la paz

　2年目にはパンソス市が所有する建物の一角を無償で借り受け、展示場所とすることが決まる。3年目には展示計画がワークショップの中で練られ、地域の歴史、文化、そして自然という3つの展示テーマが決定する。「歴史の推進者」自身の主体的選択の結果である。テーマごとにメンバーも3分され、展示資料の収集が委ねられた（CDH 2004: 28）。とくに歴史テーマには、モスコソも悩んでいた内戦下の殺戮の証言や記録が組み込まれた。（Moscoso 私信）。これも「歴史の推進者」の決定であった。最終年度には、首都の工房に発注した展示具等を現地で組み立て、2005年1月29日には開館を迎えた。ミュージアムの名は、ワークショップにおいて「パンソス・ミュージアム」と決められた。

4.3　ミュージアムの展示

　貸与された約8メートル×5メートルの小さな空間のうち、NGO「パンソスの歴史化委員会」のオフィスを除く3分の2が展示空間にあてられた。導線は右方向に設定され、入口付近には、パンソス市の位置を示す地図や航空写真が置かれた。それに続き、最初のテーマである「自然」コーナーの展示が始まる。地元に生息する野生の動植物や農作物、薬草の写真パネルが並べられた。なおケクチ語表記は、各テーマの概要説明のパネルに限られた。

　「文化」のコーナーでは、現在の生活を示す多数の写真パネルや、この地域に典型的な木造家屋のミニチュア・ジオラマ、宗教的行事や言語分布地図のパネル、さらにはマリンバやハープなど楽器のミニチュア、機織り場面の写真と現物の織物などが展示された。

　最後の「歴史」コーナーでは、まずフィンカによるコーヒー栽培と輸送手段としての鉄道、そして大西洋岸の港に運ぶための船などが写真パネルに登場す

第5章　中米グアテマラにおける内戦の記憶と和解

る。こうした産業構造の提示は、すでに述べたように、この地域で起こる惨劇の背景を語る重要な部分である。そして最後に、パンソスの事件がとりあげられた（写真2）。犠牲者の遺体を運ぶトラック、秘密墓地の発掘場面の写真のほか、犠牲者の遺族、虐殺を免れた人々の証言パネルが置かれた。回転式のパネルの表には顔写真、裏面には、証言がスペイン語で記された。なお事件の概説パネルに限っては、ケクチ語の表記も認められた。

4.4　ミュージアム運営の停滞

写真2　ミュージアム内に飾られた虐殺の記憶パネル
写真を裏返すと証言を読むことができる。撮影　関雄二　2006年。

こうしてみると、その設立までの過程は、住民参加型の開発の成功例と見える。しかし、2006年より1年おきに3年にわたって筆者が実施してきた現地調査によれば、初期に見られた「歴史の推進者」の熱気は続かず、記憶の回復装置どころか、ミュージアムの維持すら覚束ないという状況がすでに2007年の時点で確認されている。この間、ミュージアムを訪れた人々へのインタビュー等は行っていないため、来館者にこの場所がどのように映ったのかについては不明であるが、ミュージアム周辺にある雑貨店、理髪店で聞いた話では、開館後2年もすると誰も関心を寄せなくなったという。私の調査期間でも来館者に出会うことはなかった。

確かにミュージアムの活動には特殊なスキルが必要である。だからこそ、数年かけてワークショップで鍛え上げ、共同で制作していく必要があった。そこでモスコソらが注目したのが、すでに一定程度の教育を積んだ若者であった。教師である彼らが、仲介者として生徒など来館者を巻き込んでいきさえすれば、運営はうまくいくはずであった。

しかし、「歴史の推進者」自身の発言によれば、現実には、教職や日常生活の忙しさのゆえ、ミュージアム活動はおろそかになっていったという。しかもNGO側が、平和を担う主体としての次世代にこだわるあまり、暴力の犠牲者、虐殺の遺族など、記憶の回復が必要な人々をミュージアム活動から排除し、彼らを展示される対象に限定してしまったことが裏目に出たようだ。確かに展示は虐殺ばかりではないが、事件後に生まれた「歴史の推進者」には、事件被害者が抱える当事者性が欠如していたといわざるをえない。調査2年目に、筆者が虐殺の犠牲者や遺族を招いてミュージアムで会合を開いた際に、これをとくに感じた。30年近くたった現在でも、感情を高ぶらせながら当時の模様を語り、自分らの村にもこうした施設が欲しいと訴え、ミュージアム活動に参加したいと主張する被害者や遺族と、弁解ばかりする「歴史の推進者」との間には、記憶に対する埋めようのない温度差が存在していた。

2007年以降、モスコソらはこの点を反省し、犠牲者の家族や遺族が組織する団体にミュージアム運営への参加を促す道筋をつけたが、その矢先にミュージアムは突如撤去される。

5 新たな記憶回復運動

5.1 展示の強制撤去

2009年5月14日、展示が強制撤去されたとの報がモスコソより筆者に伝えられた。この件について筆者が調査を実施したのは、4年後の2012年3月である。現市長、先住民団体、「歴史の推進者」、ラディーノ、NGO団体などから得た多くの証言からは、2009年に着任した市長（2011年に落選、以下前市長と呼ぶ）が、「歴史の推進者」らと調整することなく、撤去を強行したことが推測された。当の前市長からは、すでにそれ以前に撤去されていたとの説明があったが、さまざまな情報源が語る撤去の日付から考えると明らかに矛盾している。むしろ、前市長の側近として当時市役所に勤務していたX（先住民）が語るように、すでにミュージアムは機能不全に陥っていたため、撤去しても問題はないと前市長が判断したと考えるのが自然かもしれない。なおXは「歴史の推進者」の

第5章　中米グアテマラにおける内戦の記憶と和解

1人であった。

　前市長がインタビューにおいて強調したのは、パンソス市における経済発展と教育水準の向上の必要性である。この場合の経済発展とは、産業の導入や道路建設など古典的な雇用創出対策である。一地方首長の発言ながら、西ドイツをはじめ、戦後復興期に国民間の対立を回避するため時の為政者がとった政治的判断を想起させるところがある（オリック 2010: 60-62）。記憶回復への抑圧と言うよりも無関心、あるいは意図的にせよそうでないにせよ、いまわしい過去の忘却という戦略をとることで、前市長は経済発展を志向したとはいえないだろうか。

　村に事務所を置く別のNGO団体「コミュニティ研究と社会心理活動グループ」の当時の責任者であったC（首都生まれのラディーノ）および前出のXによれば、展示撤去後の空間は、農業関係のプロジェクトを実施したイタリアのNGO「国際協力」に貸与されたという。じつは、この組織は、「平和のための歴史化」がかつてコンソーシアムとして手を組んだNGOの一つである。ここからは、関与したプロジェクトを否定してでも、新たな企画で生き延びようとするNGOの負の側面とそれを利用した前市長の忘却戦略がうかがえる。

　ミュージアム撤去に対する先住民側の反応は素早かった。先住民団体「インディヘナ内戦犠牲者の夜明け」の代表であるBによれば、撤収直前までミュージアムの清掃は彼らが担当しており、撤収の情報を聞きつけるや、前市長に抗議し、阻止しようとしたという。また、Cは、Bや他の先住民団体「シエラ・デ・ラス・ミーナス、アルタ・ベラパス県パンソス、イサバル県エル・エストルの内戦の犠牲者、未亡人、遺児、難民組織」、そして「歴史の推進者」と組んで撤収品の行方を突き止め、リストを作成するとともに、倉庫に無残に放置された展示関係品の姿を写真に収め、モスコソに送った。

　さらにCらはこの暴挙をコスタリカの米州人権裁判所に訴えることも考えたが、旅費の都合がつかず、断念したという。その代わりに、市の広場を囲むように、新たなミュージアムや、内戦や虐殺関係の書籍を集めた図書室を配置する計画を市に提案したが、にべもなく前市長に却下されたという。

5.2　新たな歴史の記憶回復運動

　しかし、Cらはあきらめなかった。彼が所属するNGOは、前市長在任中の2010年に、オーストリアの財団より資金を得て、パンソス市の歴史的記憶や文化を回復する別のプロジェクトを実行している。プロジェクトでは、まず先住民、ラディーノ、初等・中等教育の教員、教育省関係者、フィンケーロ（フィンカ経営者）など75名を対象に、国の歴史とパンソスの地方史について8ヶ月ほど研修を行い、その後3つのサブプロジェクトを実行した。一つは、歴史と記憶関係の図書室の設置であり、もう一つは、鉄道や農園など歴史に関するミニチュア・ジオラマを学校ごとに制作し、市の祝祭時に展示するものであり、最後の一つが、市の講堂（正式名称は市サロン）の壁に市の歴史を描く壁画制作であった。かつてモスコソら「平和のための歴史化」が、パンソス市郊外の村で実施したものによく似ている（関 2009）。

　このうち壁画制作がとくに興味深い。制作にあたっては、エル・サルバドルのNGOの協力を仰いでフランス人の専門家を招へいし、5日間のワークショップを開催した。参加者各自の下絵をテーマごとにまとめ、右から左へと進む時間軸に沿って並べ、全作品を盛り込んだという（写真3）。

　壁画を見て最初に目に入るのは、花が咲き乱れ、豊かな実りを迎える農村生活の場面である。ここでは緑色が強調される。その次の場面は茶系の色彩が全体を支配し、虐殺と焼き討ち、逃げのびる人々、秘密墓地の発掘が描かれる。最後に再び緑の色調が優越する場面では、現在の平和な暮らしが登場する。虐殺場面でひときわ大きく描かれているのは、パンソス市広

写真3　パンソス市講堂の壁画
先住民、ラディーノらが協力して描いた。撮影　関雄二　2012年。

場での虐殺の際、抗議集団の先頭に立ち、最初に殺された女性リーダーの姿である。手には作物の他、筒状に巻かれた紙を持つ。おそらく土地の権利書であろう。

　前市長にしてみれば、講堂を無償で提供することで、展示の撤去に対する抗議を押さえ込むことができると判断したのかもしれない。しかし市の大きな催しが必ずこの空間で行われること、壁画プロジェクト参加者が必ずしも先住民被害者だけでなく、より広い範囲のコミュニティ構成員であったことを考えると、歴史的記憶を常に想起させる効果は、ミュージアム以上に大きく、図らずも記憶の回復運動に手を貸す結果となってしまった。

　2010年の7月に除幕式が行われ、約2千人が参加したようだ。式典では前市長も演説を行い、皮肉にも歴史の記憶の大切さを訴えたという。政治家にありがちな二面性と考えることもできるが、実際には、前市長を取り巻く当時の状況は厳しかったようだ。

5.3　政治運動との連携

　Cや複数のインフォーマントによれば、政権後半にあたるこの頃、前市長は、さまざまな場面で先住民と衝突していた。とくに、グアテマラ有数の企業がアルコール燃料の原料目当てにフィンカを買収し、小作農として暮らしていた先住民を強制退去させた事件で、警察の動員を命じたため、厳しい批判に晒されていた。なおCは先住民団体とともに、この抗議に加わったため暗殺の脅迫を受け、パンソスを退去し、現在は首都で活動を続けている。

　結局、2011年の市長選では、Cや先住民団体による政治運動の前に前市長は落選する。ここでも、反前市長グループの活動は活発であった。グアテマラでは、以前からあった地方自治に住民参加を促す法が2002年に改めて制定され、市民、農民、先住民が政治に参加できる環境が整備された（池田 2012）。身近な村や地区レベルのコミュニティ開発協議会が発足し、形式的には市開発協議会、県開発協議会、国開発協議会とつながるピラミッド状構造ができあがった。しかし現実の地方自治ではこのうち県レベルまでが重要とされる。

　パンソス市のコミュニティ開発協議会の一つを幹部として率いてきたB（ラ

ディーノ、反前市長派）によれば、パンソス市にはコミュニティ開発協議会が20あり、そこから選ばれた9代表が、上部組織である市開発協議会に参加するという。市開発協議会には市長や教育省関係者が参加し、市に関わる大きなインフラ事業などの実施について討議が行われる。いわば市長による一方的な政治的決定に介入し、修正することが可能な組織なのである。しかも市開発協議会で決定された事業の予算は、市を介さず、県開発協議会から直接支給されるため、市長の施策への反対ばかりか、独自の事業も実施可能であったという。

ミュージアム撤去や小作農追放事件でも、コミュニティ開発協議会から市開発協議会に出席する代表総数の過半数にあたる先住民5名が前市長を糾弾したとBは語った。もはや先住民の政治的発言と行動は侮れない段階にきていたのである。なお市長選挙に際しても、この5名を輩出した先住民団体は前市長に対抗する候補を推し、その当選に貢献している。

こうして振り返ってみると、ミュージアムは閉館を余儀なくされたとはいえ、歴史の記憶回復運動が完全に挫折したわけではないことがわかる。確かに先住民だけが立ち上がったわけではなく、その都度行動した人々も同一ではない。またNGOの存在も大きい。しかし、社会的記憶の生成装置の収奪に対する憤りが引き金となり、新たな記憶回復運動が、より大きな政治運動と関わり合いながら展開していったことは間違いない。こうしたポストコロニアル的状況を転換させる力を備え始めた先住民の主体的行動は、ミュージアム活動ばかりでなく、開館から閉館、そしてその後のプロセスを見て初めて理解できるのである。

6　結論にかえて——記憶をめぐる装置での実践と和解の可能性

ではこの一連の動きは、平和構築や和解について何をわれわれに語っているのであろうか。確かに社会的暴力の記憶の保存を求める集団と、それを抑圧、抑制する集団との利害の衝突は古くから見られる構図である（クラマー　2010: 196）。グアテマラの場合も、内戦下の大量殺戮は、現在でも国は部分的にしか認めておらず、記憶をめぐるせめぎ合いが見られる。国が虐殺を受け入れないのは、

それを指導し、現在も政治的権力を保持する軍部の生存基盤を揺るがしかねないからである。また、パンソス前市長と同様に経済や政治統合の立場から、忌まわしい社会的記憶の忘却を図る立場も根強い。バービー・ゼリザーの言葉を借りるならば、記憶同様に忘却は戦略的かつ重要な実践であるということになろうか（Zelizer 1995）。

　いいかえれば、記憶をとどめながら和解を模索する集団と、忘却により集団統合と社会発展が図られ、平和が得られるとする集団間に平和観の齟齬がある。では、なぜこれほどまでに記憶にこだわるのであろうか。じつは和平協定にある実態を知る権利の行使は、補償や訴追の問題にかかわっている。内戦や虐殺の犠牲者が存在する以上、その遺族に対して十分な補償がなされなければならず、そのためには実際に「犠牲者」を特定しなくてはならないのである。しかしながら、この特定は予想以上に難しい。軍による虐殺と考えられるパンソス市のケースでさえ、すべての被害者の遺体と死因が同定されているわけではない。さらに、グアテマラの場合、軍部が直接手を下さず、先住民コミュニティ内部に設けられた自警団組織に命じて隣人を殺めるケースが数多く見られた（モスコソ 2009）。ここでは、「加害者」が誰であるのかという別の問題も浮上する。紛争下において、二項対立的に集団を善悪に区分することへの矛盾は、多くの研究者が指摘しているとおりである（池田 2002; 脇田 2002）。

　同様の理由で、アメリカの社会学者ジェフリー・オリックも悲観的な見解を述べている。ポスト内戦期における加害者と被害者が生きている世代では、加害者を特定し、被害者とその遺族に犯罪を示す努力は徒労に終わる可能性が高いという（オリック 2010: 71-72）。むしろオリックが希望を見いだすのは次世代であり、そこでは過去の記憶を隠蔽するわけではないが、加害者と被害者を特定する作業を捨て、双方の声に耳を傾け、人間性を理解することが可能になると考える。補償や裁判といった利害関係の対立や憎悪に満ちた第一世代では、和解は形式的なものに過ぎないと考えるのである。

　具体的にオリックが想定するのは、南アフリカの真実和解委員会である。そこでは、正直に犯罪への関与を証言すれば恩赦が与えられた。オリックは、これ自体が当事者間の和解につながるかどうかは未知数としながらも、証言記録

自体は、次世代において別の意味を持つ可能性があるという。記録を通して、加害者の子どもは、親の犯罪を事実として受けとめる一方で、被害者・犠牲者の子どもは、加害者の苦渋に満ちた証言に接し、加害者が殺人モンスターではないことを知り、そこに人間性を見いだす。こうして子ども世代の感情的対立の解消が期待できるとした。

　しかしオリックの解釈には前提条件が存在する。彼自身も認めるように、証言を通じた和解は、犠牲者が多数派となり、政治的権力の円滑な移譲が行われた南アフリカだからできたのである。確かにグアテマラの場合も、和平協定に真相究明委員会の設立が盛り込まれ、1997年よりその活動を開始している。これにより、62年から96年までの武力紛争に関わる人権侵害と暴力が調査され、99年に12巻からなる報告書が提出された。しかしながら南アフリカのような政権移譲は起こらず、犠牲者の多数を占める先住民も弱者のままにある。また内戦に深く関与した軍部は、真相究明委員会の動きに強く抵抗し、責任者の特定や訴追につながる調査を禁じさせた（狐崎 2000: 8-9）。そこでカソリックの地方司教であったヘラルディ司教は、独自に「歴史の記憶回復プロジェクト」を組織し、全国のカソリック司教区の協力を得て聞き取り調査を行い、証言を公表するという大胆な行動に出たのである（歴史の記憶回復プロジェクト 2000）。しかし、結果公表直後にフアン・ヘラルディ・コネデラ司教は暗殺されてしまう。

　いいかえれば、グアテマラの場合、内戦を生み出した権力構造は維持され、次世代についての見通しさえも楽観的ではないのである。しかしそれでも憎悪による対立を乗り越え、人間性の理解に基づく和解を求めるというのならば、その実践に必要な記憶を補償や訴追にかかわらない別の方法で確保せねばならないことは自明であろう。くり返すが、罪の語りや犠牲者の証言記録の持つ意味は大きいとはいえ、立ちはだかる権力構造の中で握りつぶされる可能性は高く、また報告書だけだと、スペイン語を解さぬ者の割合が高いマヤ系先住民にとっては、社会的記憶形成の手段としての価値は限定的でしかないのである。その意味で本論で扱ったミュージアムや壁画など可視化装置を介して記憶を形成していく日常実践の有効性は高いと考えられる。

第5章　中米グアテマラにおける内戦の記憶と和解

しかも、すでに見てきたように、記憶の生成方法については、コミュニティ内の先住民だけに焦点をあてたミュージアム活動から、被害者・加害者の区別無く参加者を呼び込んだ壁画制作へと大きく転換している。いわば、憎悪の連鎖と固定化を生み出しかねない二元論的な善悪感からの脱皮が見て取れる。この手法こそが、前市長に代表される無視や忘却を武器とする人々を、オリックが言う人間性と向き合う場に導き出すことに成功した要因でもある。壁画制作は、本書で小田（第4章）が述べているような、異なる歴史をかかえる他者とつながるプロジェクトであり、結果として、他者とつながる場を創造したといえる。しかもそこには、NGOの方向転換ばかりでなく、変化する政治状況に適応しつつ主体的な決断を行う先住民の姿があった。問題は、この場が、他者とつながる場であり続けることができるかどうかである。このためには、フィールドに関わる人間の1人として、なにより筆者自身が、他者とのつながり方を模索していかねばならないことはいうまでもない。

■参考文献
（邦文文献）
池田光穂
  2002「政治的暴力と人類学を考える──グアテマラの現在」『社会人類学年報』28: 27-54。
  2012「地方分権における先住民コミュニティの自治──グアテマラ西部高地における事例の考察」『ラテンアメリカ研究年報』32: 1-31。
太田好信
  2001『民族誌的近代への介入──文化を語る権利は誰にあるのか』人文書院。
オリック、ジェフリー・K.
  2010「悔恨の価値──ドイツの教訓」関沢まゆみ訳、関沢まゆみ編『戦争記憶論──忘却、変容そして継承』pp.57-78、昭和堂。
クラマー、ジョン
  2010「トラウマの社会学──社会的暴力に関する記憶の想起、忘却、修正」河野仁訳、関沢まゆみ編『戦争記憶論──忘却、変容そして継承』pp.185-202、昭和堂。
狐崎知己
  2000「はじめに──歴史的記憶の回復」歴史的記憶の回復プロジェクト編『グア

テマラ　虐殺の記憶』飯島みどり・狐崎知己・新川志保子訳 pp.3-31、岩波書店。
関雄二
　　2009「大量虐殺の記憶装置としてのミュージアム」関雄二・狐崎知己・中村雄祐編著『グアテマラ内戦後　人間の安全保障の挑戦』pp.75-117、明石書店。
ノラ、ピエール
　　2002 [1984]「序論　記憶と歴史のはざまに」長井伸仁訳、ノラ、ピエール編『記憶の場』第1巻 pp.29-56、岩波書店。
ベン‐アリ、エヤル
　　2010「戦争体験の社会的記憶と語り」関沢まゆみ訳，関沢まゆみ編『戦争記憶論―忘却、変容そして継承』pp.1-21、昭和堂。
モスコソ、フェルナンド・モジェール
　　2009「グアテマラにおけるジェノサイドと正義―リオ・ネグロ村の女性と子供たちの場合」吉川敦子・関雄二訳，関雄二・狐崎知己・中村雄祐編著『グアテマラ内戦後　人間の安全保障の挑戦』pp.31-74、明石書店。
歴史的記憶の回復プロジェクト編
　　2000『グアテマラ　虐殺の記憶』飯島みどり・狐崎知己・新川志保子訳，東京：岩波書店。(Proyecto interdiocesano de recuperación de la memoria histórica (ed) *GUATEMALA: Nunca Más*. Guatemala: Oficina de Derechos Humanos del Arzobispado de Guatemala (ODHAG).)
脇田健一
　　2002「記憶の政治」荻野昌弘編『文化遺産の社会学』pp.91-112、新曜社。

(欧文文献)
Banco Mundial
　　2009 *Guatemala: Evaluación de la pobreza: Buen desempeño a bajo nivel*. Wahington D. C.: Banco Mundial.
Consorcio de Derechos Humanos
　　2003 *Informe Narrativo del Proyecto "Promoción de una cultura de paz y reconciliación social en comunidades afectadas por el conflicto civil en tres municipios del departamentos de Alta Verapaz, Guatemala, Centroamérica"*.
　　2004 *Informe Narrativo del Proyecto "Promoción de una cultura de paz y reconciliación social en comunidades afectadas por el conflicto civil en tres municipios del departamentos de Alta Verapaz, Guate-*

mala, Centroamérica".
    2005　*Informe Narrativo del Proyecto "Promoción de una cultura de paz y reconciliación social en comunidades afectadas por el conflicto civil en tres municipios del departamentos de Alta Verapaz, Guatemala, Centroamérica"*.
Fundación de Antropología Forense de Guatemala
    2000　*Informe de las investigaciones antropológico forenses e históricas: realizadas en las comunidades de Panzós, Belén, Acul y Chel*. Guatemala: Editorial Serviprensa C.A.
Jonas, Susanne
    1991　*The Battle for Guatemala: Rebels, Death Squads, and U.S. Power*. Boulder: Westview Press.
Moscoso, Fernando
    2006　*Museos comunitarios para la paz de Guatemala: El caso de Panzós*. Paper presented at the International Forum "Social Reconstruction in Post-genocide Guatemala", National Museum of Ethnology, Osaka.
Sanford, Victoria
    2003　*Buried Secrets: Truth and Human Rights in Guatemala*. New York: Palgrave Macmillan.
    2009　*La masacre de Panzós: Etnicidad, tierra y violencia en Guatemala*. Guatemala: F & G Editores.
Universidad Rafael Landivar y Misión de Verificación de las Naciones Unidas en Guatemala (MINUGUA)
    1997　*Acuerdos de Paz*. Guatemala.
Williams, Paul
    2007　*Memorial Museums: The Global Rush to Commemorate Atrocities*. Oxford: Berg.
Zelizer, Barbie
    1995　Reading the Past Against the Grain: The Shape of Memory Studies. *Critical Studies in Mass Communication* 12: 214-239.

グアテマラ政府統計局　2013年12月27日最終確認
　　http://www.ine.gob.gt/np/poblacion/index.htm

第Ⅱ部　平和を伝える

■課　題
(1) グアテマラで内戦や虐殺が起きた歴史的背景を理解しよう。
(2) 和平協定締結後のグアテマラにおいても続く暴力的行為の要因を考えてみよう。
(3) 集団の記憶をとどめる方法や装置にどんなものがあるか考えてみよう。
(4) 記憶への固執、あるいは忘却について、東西ドイツ統一、パレスチナ、従軍慰安婦、靖国公式参拝など、さまざまな問題を題材に考えてみよう。

■推薦図書
太田好信　2009『民族誌的近代への介入』（増補版）人文書院。
　　　　　2003『人類学と脱植民地化』岩波書店。
　　人類学におけるポストコロニアル研究の第一人者が、自らのフィールドであるグアテマラをとりあげながら、マヤ民族運動をとりまく世界を分析する。文化を独善的に切り取り、対象社会を文化の中に封じ込めてきたという人類学者に向けられた批判を乗り越え、いかに対象社会と向き合って生き、研究をしていくべきかを考えさせる好著である。

歴史的記憶の回復プロジェクト編　飯島みどり・狐崎知己・新川志保子訳
2000『グアテマラ　虐殺の記憶』、岩波書店。
　　グアテマラの虐殺とジェノサイドの真相究明のために、グアテマラ大司教区人権オフィスが出版した証言記録とその分析からなる。日本語版は原著からの簡約。被害者、犠牲者遺族の証言から浮かび上がってくる国や軍の組織的暴力行為とその仕組みが理解できる。

サラサール、ダニエル・エルナンデス　2004『グアテマラ　ある天使の記憶—ダニエル・エルナンデス‐サラサール写真集』飯島みどり訳、影書房
　　グアテマラ内戦の悲惨さを伝える写真家の作品集。歴史的記憶の回復プロジェクト報告書の表紙を飾る4枚一組の写真も「真実を明らかに」と題する彼の作品。虐殺された犠牲者の肩甲骨を天使の羽根に見立てたマヤ人男性が、両手で口、目そして耳を覆い、最後の1枚では声を発する姿を表現し、虐殺の存在を認めない軍や政府に対して抗議の姿勢を示している。暗殺されたヘラルディ司教の一周忌に、軍や国会など主だった施設に、この作品をゲリラ的に貼り出したことでも有名。来日し、広島で写真展を開催した。

ブルゴス、エリザベス　1987『私の名はリゴベルタ・メンチュウ—マヤ＝キチェ族インディオ女性の記録』高橋早代訳、新潮社。
　　内戦下のグアテマラから脱出し、マヤ先住民として民族解放闘争を続け、1992年にノーベル平和賞を受賞したメンチュウが、ベネズエラの人類学者であるブルゴスに生い立ちと闘争に至る経緯を語ったもの。この本の版権をめぐるブルゴスと

メンチュウの衝突、出版に関してメンチュウの主体的関与を認めない人類学者、メンチュウの証言そのものに検証を求めない現代社会を批判する人類学者の姿勢などについて論じた太田（2003、2009）の著作と併せて読むことを薦めたい。

ソンタグ、スーザン　2003『他者の苦痛へのまなざし』北條文緒訳、みすず書房。
アメリカの作家にして批評家のソンタグが、戦争写真について多面的に論じている。写真が表現する主体と客体との政治的・社会的関係、映像表現が人間の記憶との関係において持ちうる潜在性など、本書でとりあげるようなメモリアル・ミュージアムにおける展示を考察する際に参考になる。

映画『エル・ノルテ──約束の地』（グレゴリー・ナヴァ監督、ザイーデ・シルヴィア・グチエレス主演、1983年）
内戦下のグアテマラ、軍の手で両親を殺された兄妹が、エル・ノルテ、すなわち北のアメリカ合衆国に向けて脱出をする物語。グアテマラの内戦自体を理解する以上に、夢に見た北の地においても、同じような社会構造が見られ、そこに移民が組み込まれていく姿が捉えられている。現代社会全体に関わる問題を扱っている秀作。

第 6 章　平和博物館の〈再発見〉に向けて
——現代日本という場(フィールド)で考える／試みる

福島　在行

■**本章の目標**
　平和博物館の定義をめぐる議論にふれる。
　平和博物館を批判的に検討するための前提について考える。

■**キーワード**
　平和博物館、平和学、平和、展示、戦後日本

1　はじめに

　「平和」を消極的な意味で捉えるのではなく、その動的可能性を人類学的に探るというのが、本書の母体となった研究会の目的であった。平和学が「平和」という言葉を戦争との対比から解き放とうと努力してすでに相当の月日が経つが、現在でも平和を戦争との対比で捉えることが広く行われている。それに対し「平和」をその狭い枠に閉じ込めることへの批判的意識がこの研究会にはあった。

　私は「平和博物館」と呼ばれる施設に直接・間接に関わりながら、特に現代日本の「平和博物館」を民衆運動史の視角から研究してきた。「平和」という言葉を冠したこれらの施設に対しても、先ほどの批判的意識は働いている。「平和」を名に含む「平和博物館」はいかにあるべきか。狭い意味での平和を超えた「平和博物館」の可能性はどのように構想されうるのか。「平和博物館」はこの問いに対してどの程度開かれており、また今後どのような可能性を持ちうるのか。このような問いが「平和博物館」に対して発せられていると、私は受け取っている。

第6章　平和博物館の〈再発見〉に向けて

　では、本書の中で私は何を課題とすべきか。私はあくまで自分を広い意味で「平和博物館」(とそれを支える運動) の中にいる人間と理解しており、また他者からもそのように見なされていると受け取っている。そのような私としては、「平和博物館」に向かって発せられている先ほどの問いに対して、「平和博物館」の側から応答を試みることを、さしあたりの課題としたい。

2　日本の「平和博物館」

2.1　「平和博物館」の〈発見〉＝層として成立
　大枠の課題はいま示したが、具体的にはどのような作業が必要か。
　まず「平和博物館」がいかなる施設なのかの確認が必要である。私は日本の「平和博物館」を中心に研究してきており、またその研究には地域的・歴史的文脈を考慮に入れることが重要との立場に立つ。本稿でも日本の「平和博物館」を念頭に置いて検討を進めたい。
　2008年8月10日付『中日新聞』が特集「平和博物館へ行こう！」を組んだように、「平和博物館」という言葉が人目にふれる機会も増えた。しかし日本での「平和博物館」という名称の使用は比較的新しく、「平和博物館を創る会」が1980年代に使ったのが最初とされる。だが、「平和博物館」の形成にとってより重要なのは1990年代である。この時期には「平和博物館」が「平和博物館」として形成されるに当たって重要な動きが少なくとも二つ存在した (福島・岩間 2009)。
　第一は「平和博物館」を自認する施設や関係者によるネットワーク化の試み――①国際平和博物館ネットワーク (1992年)、②日本平和博物館会議 (1994年)、③平和のための博物館・市民ネットワーク (1998年) ――である。
　第二はガイドブックの出版である。「戦後50年」にあたる1995年に2冊 (歴史教育者協議会 1995; 西田・平和研究室 1995)、続く1997年に1シリーズ (荒井・早乙女 1997)、「平和博物館」のガイドブックが出版された。つまり、この時期にはガイドブックを刊行できるほど関連施設が存在するようになっていたのである。掲載館のすべてが「平和博物館」ではなく、戦争に無批判的な館も情報

第Ⅱ部　平和を伝える

として掲載されたが、書籍のシンパシーは明らかに「平和博物館」の側にあった（歴史教育者協議会 1995: 4）。

　この二つの動きが示すように、日本においては1990年代に「平和博物館」が〈発見〉され、層として成立した。

2.2　日本の「平和博物館」認識その一

　1990年代に形成された日本の「平和博物館」認識には二つの方向性が存在している。

　第一は、主に15年戦争を対象とし、戦争を批判的に捉え（少なくとも肯定せず）、民衆の被害を展示することで「戦争体験」の「継承」を試みる施設、という認識である。周知のように15年戦争をいかに捉え、描くかは戦後日本（とそれを取り巻く国際社会）において常に緊張をはらんだ問題だった。1990年代では元日本軍「慰安婦」のカミングアウトに端を発した動きを中心に展開し、「平和博物館」に関しては、特に公立館で日本の「加害」をいかに展示する／しないかをめぐる問題として顕在化・争点化された（福島・岩間 2009）。「平和博物館」は必ずしも一枚岩ではなく、重点の置き方や出来事の描き方には温度差も存在する。しかし、前史である1970年代の空襲・戦災を記録する運動が、建設すべき資料館を「戦争資料館」ではなく「平和資料館」として提示したように（福島 2012）、あるいは1980年代の戦争展運動が「平和のための」という言葉を冠したように（福島 2007）、1990年代においても、例えばガイドブックが紹介すべき施設を「平和博物館」と表記するなど、彼らは、描く対象としての「戦争」ではなく、目指すべき目的である「平和」を積極的に採用した点は指摘できる（福島 2013）。

2.3　日本の「平和博物館」認識その二

　第二は、平和学的「平和」が持ちこまれたことである。ここで言う平和学的「平和」とは、戦争との対比のみで平和を理解せず、「平和」の阻害要因として三つの暴力（直接的・構造的・文化的）を捉え、幅広く「平和」の課題を捉えようとする認識のことである。この事態はどのようにして起こったのか。現象面

だけ捉えるなら答えは非常に簡単で、「平和博物館」の国際的・国内的ネットワーク形成に平和学者が大きく関与し[1]、その見解が一定程度支持されたからである。実態としてこの理念を取り込んだ「平和博物館」展示は多くないが、環境問題や人権問題の展示の試みがある[2]。

　ここで確認しておくことは、「平和」のために過去の戦争を批判的に捉えようとするミュージアムは過去の戦争にだけ目を向けていては不充分であり、戦争以外の諸問題にも目を向けるべきである、との意識を有する「平和博物館」支持者が少なからずいると推測される点である。同時代の戦争に対する強い関心は1970年代の空襲展や1980年代の戦争展にも見られたが、それらは戦争以外のテーマを積極的には取り入れなかった。展示において「平和」の課題が拡張的に捉えられるようになったのは1990年代の特徴と推測される。その理由を明確に示すことは現時点では困難だが、例えば国際支援NGOの先駆けの一つである日本国際ボランティアセンターの設立が1980年代であること等を想起すれば、日本社会において、戦争反対の声をあげる活動だけでなく、紛争地等で実際に支援を行う活動のような「する平和」（君島 2004a）への志向と実践例が生じてきたことが背景にあると見なすことが出来るかもしれない。何にせよ、「平和博物館」には幅広い「平和」の課題を取り扱うことも期待されていた。

　このように、1990年代に主として日本で「平和博物館」が議論された際、ここに示した二つの方向性を「平和博物館」は有していた。両者は必ずしも有機的な連関を形成してはいなかったが（福島 2006a）、お互いを排除しようとはせずネットワークの中で共存していたことは指摘できる。日本の「平和博物館」を考えるに当たり、この二面性をまずは理解しておきたい。

2.4　「平和博物館」への批判的意識

　積極的「平和」の観点から眺めた時、日本の「平和博物館」への批判的意識は第一の方向性——平和は戦争との対比の中で語られ、悲惨な「戦争体験」を伝えることが平和を達成するために必要かつ重要だと認識される——に向けられる。しかし、本書の志向する「平和」は「戦争」との二項対立ではなく、かつ「平和」を静的状態ではなく動的活動として理解する。日常・非日常の活動

が「平和」を日々再生産しているとの理解である。この観点に立てば日本の「平和博物館」にそのような内容がほとんど見出せないことへの不満が出てくることは容易に想像できる。

実は、個々の館の理念や実践に立ち入れば、内包される「平和」「戦争」への理解がそう単純でないことは比較的容易に了解されるのだが、逆に言えば相当意識して見なければそれを見出すことが難しいとも言える。まして「平和」実践が広く展示されているかと言えば、残念ながらそうとは言えない。本書が探求する「平和」からすれば、「平和博物館」に不満を抱くことには確かに根拠がある。では、両者の間には共有される部分はないのだろうか。

3　平和学者と「平和博物館」の定義

3.1　平和学者の「平和博物館」認識

「平和博物館」の中にも戦争以外の課題に取り組む動きは存在する。平和学的理解に基づく平和学者からの期待がそれである。彼らの「平和博物館」認識が端的に現れるのは、その定義をめぐる議論においてであろう。そこで次に、日本の平和学者による「平和博物館」の定義を確認したい。(日本の)「平和博物館」の定義をめぐる研究が少ない中(福島・岩間 2009)、私が注目するのは坪井主税と安斎育郎である。まずは坪井の議論から確認しよう。

3.2　坪井の定義

坪井は「平和博物館」を定義する際、次の三点を主張する(坪井 1998)。
① 「平和博物館」は建物ではなく運動であり、その目的から定義する必要がある。
② 平和的手段による平和でなければならない。
③ 「平和博物館」概念を生みだした欧米の用法を尊重する。

これを踏まえて彼は、「平和博物館とは、(多様な)系統立った展示物の一般公開とその他の諸活動を通して、平和的手段による平和(の価値、可能性、そしてその達成を)啓蒙する施設(・博物館)」(坪井 1998: 46-47)と定義する。彼にとっ

て日本の「平和博物館」は「平和的手段による平和の啓蒙のための反戦博物館」（坪井 1998: 49）と呼ぶべきものである。「平和博物館」はあくまで平和思想や平和獲得のための平和的手段を学ぶための施設に限定すべきとするのが彼の主張である。ではそれ以外をどう捉えるか。彼は「平和博物館」を下位カテゴリーの一つとして捉え、上位カテゴリーを「平和的手段による平和のための博物館」（又は単に「平和のための博物館」）とすべきと提案する。坪井は、「平和のための博物館」というカテゴリーを設定し、その下位に厳密に定義した「平和博物館」を位置させようとしたのである。

ここで二つのことを確認したい。一つは「平和のための博物館」がより広範囲な諸施設を括る名称として存在していること。「平和博物館」は議論の中心ではなく、重要ではあってもその一部と位置づけられた。もう一つは「平和博物館」という呼び名を1980〜90年代日本で活動していた人々が選び取ることになった背景と自覚的選択を意識的に切り離し、世界共通の統一的概念・名称を使用することを優先させたことである。

3.3 安斎等の定義

次に安斎育郎の定義の検討に移る。

安斎の論を確認する際に注意すべき点は、彼の見解が単に彼個人の見解ではなく「平和博物館」に関わる人達の一定程度を代表していると見なせる点である。安斎は2008年の第6回国際平和博物館会議で記念講演を行ったが、これは「国際平和博物館ネットワーク」が2005年の会議の結果「平和のための博物館国際ネットワーク」に名称変更したことを受けて、その変更の意味を半ば公式に述べた面をもつ。同会議の成果の一つとして刊行された世界の「平和博物館」「平和のための博物館」ガイドブック（平和のための博物館・市民ネットワーク 2010）も安斎の定義を踏襲している。

さて、安斎の定義である。彼は「平和」概念についてはヨハン・ガルトゥングを引用する。そして、「「平和博物館」が暴力の問題を扱う社会施設一般として定義することはあまりに無限定に過ぎるので、「平和博物館」の概念は、長い間、戦争や紛争のない状態という意味での「狭義の平和」の問題を扱う社会

施設を意味するものとして用いられてきました」（安斎 2009: 34）と、言葉の使用の経緯を述べる。安斎はまた、「「平和博物館」という言葉は、通常、戦争の非人間性を展示することによって、平和的なメッセージを発する博物館という意味合いで用いられます」（安斎 2009: 35）とも述べる。安斎は、「平和博物館」という言葉の要素や条件を示すのではなく、現に使用されてきた用法を踏まえているのである。

では、「平和のための博物館」はどうか。彼は、「「平和のための博物館」という場合には、より広い平和概念にかかわる諸問題を扱う社会施設を意味します」と述べ、構造的暴力を転換するテーマを掲げる博物館や、第一義的には民俗博物館や美術館であるがその一部に「平和」展示を含む施設がそこに含まれるとしている。そして、「「国際平和博物館ネットワーク」が「平和のための博物館国際ネットワーク」に名称変更した理由は、名前を変更することによって、いわゆる「平和博物館」だけでなく、構造的暴力や文化的暴力の問題を扱うことによってより広い意味での平和的価値を発信している「平和のための博物館」とも協力関係を発展させたいため」（安斎 2009: 35）と述べる。

安斎の「平和博物館」の定義は1990年代と2000年代で微妙に違いがある。1998年の第3回世界平和博物館会議で安斎は「平和博物館」を「平和の諸価値を対社会的に発信する機能を果たしている社会教育施設」とし、「「平和」とは、単に戦争のような「直接的暴力のない状態」という意味での狭義の平和だけでなく、飢餓・貧困・社会的差別・環境破壊・教育や衛生の遅れなど、人間の能力の全面開花を阻んでいる社会的原因、すなわち「構造的暴力のない状態」をも含意する」と説明した。つまり、「不戦・反戦を基本姿勢として戦争の悲惨さや平和の貴さを訴える施設だけでなく、国際理解の促進や人権の大切さを訴えるタイプの社会教育施設も「平和博物館」」と捉えていた（安斎 1999: 32）。この段階では平和学的「平和」を扱う施設をすべて「平和博物館」としたのに対し、2008年段階では「平和博物館」をより限定し（狭義の平和）、広範な平和学的内容を扱う施設は「平和のための博物館」と呼び（広義の「平和」）、呼び分けを図るようになったのである。安斎のこの変化は、国際的な「平和博物館」「平和のための博物館」運動のこの間の実際的展開が反映されたものではない

かと推測される。

このことを踏まえ安斎等の「平和博物館」「平和のための博物館」の定義を整理すると、狭義の平和を目的とし狭義の平和に関する内容を扱う施設を「平和博物館」、広義の「平和」を目的とするか否かに拘わらず広義の「平和」を部分的にでも扱っている施設を「平和のための博物館」として捉えていると言える。このとき「平和博物館」と「平和のための博物館」との関係を見ると、「平和博物館」が中核にあり、緩やかに「平和のための博物館」がその周りを取り巻いていると理解できる。理念的には「平和のための博物館」の中に「平和博物館」が存在し、その意味では坪井に近く見えるが、実際には「平和博物館」のネットワーク結成が実態的に先行しており、それをいかに広げられるかの検討過程で見出されたのが「平和のための博物館」概念であると捉えられる。であるならば、「平和のための博物館」の一部として「平和博物館」を捉えるよりも、「平和博物館」が中核に位置し、その外延的拡張として「平和のための博物館」が理解されていると捉える方がより適切だろう。

3.4 坪井と安斎等の相違点と共通点および本稿での定義

坪井と安斎は「平和博物館」および「平和のための博物館」という同じ言葉を用いているが、意味するところに相当の開きがある。両者の論を厳密に受け取れば、その接近は困難だ。しかし、やや緩やかに受け取るならば、両者を接近させることは不可能ではない。例えば坪井は平和的手段によって平和を獲得することを明示的に含んでこそ「平和博物館」であると主張している。一方の安斎はそこまで明示的ではないが、日本の「平和博物館」の場合、戦争を肯定しないことが根底にある。その意味で、戦争を肯定しないことを「平和博物館」の最低ラインとして設定することはできる。また、坪井は平和思想や平和的手法を展示する施設を「平和博物館」、戦争の残酷さ等を展示する施設を「反戦博物館」と区分しているが、この点についても、村上登司文が試みるように(村上 1999: 46)「向平和」の「平和博物館」と「反戦」の「平和博物館」とに分けることで対処可能である。坪井の主張は明確だが、安斎や村上が不当であることを直接には導かない。しかも、一つの施設が坪井の言う「平和博物館」であ

第Ⅱ部　平和を伝える

り「反戦博物館」でもある場合も存在し、どちらかに閉じ込める必要はない。加えて日本の「平和博物館」を考えるとき、ある時代的社会的状況に対峙した人々が、自らの施設を「平和博物館」と呼んだ／認識した点を私は重視する。「平和」を世界的に統一的に理解することは不可能ではないが、同時に、使用される文脈においてその意味が異なることも事実である。具体的な社会状況や政治的課題の中で人々は「平和」の意味を自覚的に選んでいる。無人の空間に「平和博物館」は生まれない。欧米の「平和博物館」の用法に敬意を払うべきとする坪井の主張は、いま述べた意味において支持する。と同時に、その言葉が別の地域に取り込まれる際、その意味を変容させることもまた不当なことでは全くなく、日本における「平和博物館」の変容的受容について私は肯定的に理解している。

　これらのことから、私は、安斎等が使用する「平和博物館」および「平和のための博物館」という言葉を土台としつつ、細分化の必要が生じた場合には村上の述べる「向平和」や「反戦」といった分類を行えば充分であると考える。（以後の本稿では、「平和博物館」の「　」は外して表記する。）

4　平和学的「平和」を前提とした展示

4.1　立命館大学国際平和ミュージアムの「平和創造展示室」

　では、日本の平和博物館で平和学的「平和」に基づく展示はどのように展開されているのか。立命館大学国際平和ミュージアム（以下「立命平和ミュージアム」と表記）の事例を紹介しよう。

　同館は1992年に開館、2005年にリニューアルされた。先述した安斎育郎が長く館長を務め、その影響を見ることが出来る。平和学的理念がより強く打ち出されるようになったのはリニューアル以降である[4]。

　地下1階展示室は「平和をみつめて」と題され、フロアの半分は15年戦争を中心とした近代日本の戦争・軍隊に関する展示、もう半分は第二次世界大戦後の核兵器に関する諸問題や地域紛争の展示である（山辺 2005）[5]。2階は「平和をもとめて」と題され、三つの「平和創造展示室」――「1　暴力と平和を考

える―能力の開花を求めて」「2　平和をつくる市民の力―わたしたちに何ができるかをさぐる」「3　平和をはぐくむ京の人びと―京都から世界へ」――がある。展示室1では平和の考え方や国際社会に影響を与えた市民運動の紹介があり、「「誰がどのように平和をつくるのか」をトータルかつ明確に示した見取り図」として「21世紀の平和と正義のためのハーグ・アジェンダ」と「公正な世界秩序のための10の基本原則」が紹介されている（君島 2004b: 13）。展示室2ではその具体例として平和NGOを紹介し、展示室3では京都の平和関連史跡を紹介している（岡田 2005; 桂 2006; 桂 2007）。

　本稿で重要なのは2階「平和をもとめて」特に平和創造展示室1と2である。「平和をもとめて」は2005年に新設されたが、それには二つの意味がある。一つは平和学的「平和」が包含する幅広い「平和」の課題を紹介すること。その端的な説明は展示室1の壁面に描かれた「戦争がなければ平和でしょうか？」「平和は「戦争のない状態」以上のものです」「平和は「暴力のない状態」です」という三つの文章に見ることができる。そしてもう一つは、見学者が過去や現在の悲惨な出来事を知るだけに止まらず、さらに進んで「平和」を創ろうという気持ちを抱き、そのヒントを見つけ出して帰途に着けるような展示を用意することである。

　それを展示化したのが平和NGOを紹介した展示室2である。ここでは平和NGOが活動中の12領域を選び、そこを代表するNGOを取り上げ、合計12枚のパネルと若干の関連物を展示している。取り上げられているNGOは展示順に①気候ネットワーク、②市民の非営利バンク（APバンク等）、③オルタトレードジャパン（ATJ）、④参与・連帯（韓国）、⑤ピースフル・トゥモロウズ peaceful tomorrows、⑥ピースボート、⑦日本国際ボランティアセンター（JVC）、⑧非暴力介入NGO（国際平和旅団、非暴力平和隊）、⑨移住労働者と連帯する全国ネットワーク、⑩YWCA、⑪アジア女性資料センター、⑫アムネスティ・インターナショナルである。

　1992年の開館時に同展示がなく2005年に加えられた背景には、「平和」領域で活動する国際的なNGO活動の活発化がある。ここで紹介されたNGOには1990年代以前に結成されたものが多いが、それらが1990年代に実績を示すこと

で(その一つの到達点は1999年の「21世紀の平和と正義のためのハーグ・アジェンダ」)平和NGOへの注目が高まった(君島 2009; 川崎 2009)。

また、1990年代と言えば冷戦の終結と新たな地域武力紛争の勃発の時期であり、日本においても、「戦争」「平和」をめぐる関心の焦点が、核兵器を中心とした従来のものから地域紛争に関連した事柄に移って行った時期でもある。例えば湾岸戦争では日本との関わりが強く意識され、自衛隊の海外派兵や在日米軍基地の問題等に注目が集まった。また、旧ユーゴ紛争やルワンダでの虐殺など、日本とのつながりが強くは意識されなかった地域の紛争についても、テレビ等のメディアを通じて私たちの耳目に届いたことでその存在を強く意識させられたものもある。地階の現代の戦争展示でもリニューアルで1990年代以降の各地の武力紛争を幅広く取り上げ、紛争被害者を支援するNGOに言及した展示もある。⑦や⑧のような紛争地での支援活動への関心の高まりは、1990年代の国際的国内的状況を抜きには語れない。見学者の側に15年戦争への関心がなくなった訳ではないが、同時代の戦争への関心が高まることは自然であり、関心が高まったならば、「平和」のために自分に何ができるかという関心が比例して高まるのもまた当然であろう。「戦争」「平和」をめぐる1990年代の変化がなければ、立命平和ミュージアムの2005年のリニューアルは今とは全く異なった作業となっていただろう。

4.2　学生ナビ

平和創造展示室で紹介された団体には、非暴力介入NGOのように相当の訓練が必要な活動から、アムネスティのはがき活動や気候ネットのエコ・チェックのようにある程度簡単に参加できるものまで、かなり幅がある。同室の目的は「平和」を創るのは自分たち自身であることを示すことと、その具体的なヒントを提示することであった。見学者自身が何らかの行動を起こすためには参加のハードルが低いことが望ましい。だが一定の専門的技能や知識の習得が重要な平和NGO活動があることもまた事実である。この場合、即座に行動に移せなくともまず様々な活動の存在を知り、また様々なアイデアの存在を知り、それをヒントとして自分で考えることが大切になる。

このとき助けとなるのが、手がかりを与える者の存在である。ガイドによる説明や対話を実施している平和博物館は少なくない。立命平和ミュージアムにも戦争展示を案内するボランティアガイドが存在しているが、それとは別に2階で約30人（2012年度）の学生スタッフ（アルバイト）が「学生ナビ」として活動している（立命館大学国際平和ミュージアム 2012b）。彼らの活動は、平和創造展示室1、2で、解説文では語られていないことも含めて展示を紹介し、特に子どもたちに対して行動への「提案」を（5分以内で）行うことである。学生ナビが語る内容は、最終的にはミュージアムのチェックを経るとは言え、学生自らが（ときには先輩スタッフの助けを借りながら）構想する。そして彼（女）ら自身が考える、すぐにでも実践に移せる事を二つ、子どもたちに提案する[7]。これは、同室の内容が遠い世界の出来事ではなく、自分（の住む社会）とつながっており、その世界で「平和の創り手」としての形成を促そうという試みである（次に問い返されるのは、その提案をした人がどのような「平和の創り手」かという点だが、本稿ではそこには踏み込まない）。

この活動が、学生ナビから見学者へと一方向的に伝えられるのではなく、見学者からの応答によって双方向的な流れとなるならば、近年、人類学がミュージアムに対して提起している「フォーラムとしてのミュージアム」にも接近してくる（吉田 1999; 福島 2006b）[8]。

やや先走りしたのでここで止めておきたいが、平和創造展示室で紹介された平和NGOは、自覚的市民による特別な活動という面はあるにせよ、すでに社会に根を下ろしている市民活動であり、「平和」に着目する人類学がその分析・記述対象として取り上げてもおかしくない活動である。もしこのような活動を展示することが「平和」展示の一つであると理解することが可能ならば、平和創造展示室はその実践例と言えよう。

4.3　「平和」展示の困難

しかし、このような「平和」展示には困難が伴う。その一つが、いかなるモノを展示するかである。この点はリニューアル中から大きな問題であった（立命館大学国際平和ミュージアム 2012a: 108-110）。NGOの平和活動を、明確に視覚

的に伝えることの出来るモノとは一体何か。各領域を代表するNGOとは言え、広く知られているとは言い難い活動を紹介する場合、見学者の事前の知識に頼ることは難しいため、どうしても解説が必要となる。活動を象徴的に示すモノを探すこと自体が困難な活動もあり、たとえモノが見つかり展示できた場合でも、それが何を意味するかを伝えるためには、やはり言葉に頼る部分が大きい。各NGOを詳しく知りたいなら、ルポや各団体のウェブサイトを見た方がわかりやすく情報を伝えてくれるかもしれない。市民の平和活動の紹介は「平和」を希求するという館の目的が要請するものではあるが、展示という表現手法においてそれを伝えることがどの程度有効なのか、その点については理論的にも実践的にも充分に練られているとは言えないのである。

　もっとも、ここで私が想定している展示像は実物が核となる旧来的な像である。2000年代以前の日本の平和博物館は、戦争展示とは異なる「平和」展示を自覚的に展開して来てはいない。その意味でこれは新しい課題である。新しい課題に対しては展示像も新しく構築する必要があるのではないかと問われれば、その通りと答えるしかない。2008年に京都と広島で第6回国際平和博物館会議が開催された際（報告書は2009）、京都会場で「平和博物館は可能か？」というパネルディスカッションが開催され（五十嵐・椿・渋谷 2009）、それに合わせて、芸術系大学・高校の学生・生徒らが手がけた作品の展示会「平和博物館は可能か？」展も開催された。この展示は平和博物館自身による企画ではないが、戦争に特化しがちだった従来の平和博物館とは異なる「平和」展示の可能性が模索された。これは芸術展示であり、従来の歴史展示的戦争展示を「平和」展示へと転換させる試みがなされた訳ではないが、新しい模索ではあるだろう。

　平和NGOの活動は人権を求める諸活動とも重なっている。人権（運動）の展示は例えば大阪人権博物館（リバティおおさか）等でなされているが、同館は「フォーラム」（としてのミュージアム）の問題を積極的に取り上げている館でもある（大阪人権博物館 2003; 大阪人権博物館 2007）。人権（運動）の展示と「フォーラム」論とがどのように結び付くことが出来るのか。それは平和NGO展示の困難の解消につながるのか。その姿はまだ明確ではないが、今後とも人権博物館で模索が続けられることは平和博物館と「平和」展示にとっても重要であ

る。[11]

　ともかく、「平和」を展示として示す試みは、これから検討すべき領域に属すると言えるだろう。

5　平和博物館との対話——〈再発見〉に向けて

　では、これまでの検討を踏まえた上で、積極的「平和」を探求する人類学と平和博物館との間でいかなる対話が可能だろうか。

　すぐに思いつくことは、積極的「平和」の活動実践を、人類学が具体的に描き出し、それを基に、立命平和ミュージアムの平和NGO展示のような展示を行うことである。展示を行う上での実際的困難は伴うであろうが、これであればそのイメージをすぐに想像することができる。

　だが、そこまで話を進める前に少し立ち止まりたい。積極的「平和」の諸実践を取り扱うとすれば、そのテーマ的広がりは平和博物館の範疇を超え、「平和のための博物館」が扱う領域にまで広がる。もちろん、平和博物館もまた「平和のための博物館」に含まれるのであるから、広い意味で言えば本稿も「平和のための博物館」について検討してきたと言えなくもない。しかし私は、「平和のための博物館」一般を取り扱ってきたとは考えていない。私はあくまで平和博物館それも日本の平和博物館を取り扱って検討してきたつもりである。くり返しを厭わずに述べるならば、日本の平和博物館は、一方で（その前史から引き継いだ）15年戦争を主要テーマとしつつ、もう一方で平和学的「平和」理念の導入を試みてきた〈運動〉である。日本の平和博物館という緩やかな群れは、この両側面を、必ずしも整合的とは言えない状態で、しかし相互に排除してどちらかへの純化を図るでもなく、その内に留めて存在している（これはあくまで「群れ」としての日本の平和博物館についての指摘であり、個別には15年戦争に特化し平和学的「平和」理念を積極的に導入していない館も存在するが、本稿で紹介した立命平和ミュージアムをはじめ川崎市平和館や地球市民かながわプラザなどはこのような様相を呈している）。これが日本の平和博物館の持つ歴史的文脈であると私は理解しており、当面それに大きな動きがあると私は予測していない。私は、

少なくとも本稿では、この日本の平和博物館との対話のために作業を進めてきた。その意味で、私は現在、「平和のための博物館」一般（15年戦争を一切取り扱わないような諸施設まで含めた）の課題を検討する準備をしていない。「平和」を平和学的に拡張して取り扱うことを検討するとしても、ここでは「平和のための博物館」一般については語らないこととする。

　では、あらためて積極的「平和」を探求する人類学と平和博物館との対話について考えよう。

　積極的「平和」を志向する人々の意識からすれば、日本の平和博物館が不充分であると捉えることについては、すでに述べたように妥当性がある。だが一方で、日本の平和博物館は、不充分さを指摘されようとも、「戦後日本」という文脈の中で、各館が抱えている課題、社会から期待されている課題に応えようとして開設・運営されてきた。だからこそ、1980年代から1990年代にかけて日本で平和博物館が〈発見〉されたとき、平和学的「平和」概念が導入される一方で、15年戦争を批判的に捉え、その方向から「戦争体験」を「継承」することが平和博物館の中心的課題の一つとして再確認された。「平和」という言葉は、過去の「戦争」を肯定する動きへの対抗が同時代の「戦争」への対抗ともなることを自覚して、積極的に掴み取られた言葉である。まさにその課題設定が導いた展示内容が、「平和」の意味を狭い範囲に限定すべきでないと捉える人々に「これだけでは「平和」を捉えるに当たって充分ではない」という想いを惹き起こしているのだとしても、その内容が形成されるに至った歴史的経緯が存在し、それこそが関係者たちにとっては焦眉の点だったのである。このような背景を考慮せずに対話を行おうとしても、そこにはすれ違いが待っているだけであろう。平和博物館（が抱える課題）に対して何か提言を試みようとするならば、ひとまずは彼らが抱えている文脈に寄り添い、その課題あるいは責任を分有することが必要ではなかろうか。

　だとするならば、「平和」の人類学的探求が平和博物館に対しアプローチするためには、平和博物館の文脈に相当する、自らの文脈を提示することが必要となるだろう。平和博物館に抱く不満は何に由来するのか。それはなぜ問題であるのか。「平和」実践を平和博物館の展示に含めると何が見えてくるのか。「平

和資源」概念も含め、「平和」を探求する人類学が、自らの課題をより鮮明にしえたとき、平和博物館との対話もまた進展するはずである。平和博物館を支える平和学者たちが現在の平和博物館に対して感じている不充分さは、「平和」を探求する人類学と共有される部分がある。平和学者たちの望みにもかかわらず、日本の平和博物館は2000年代に入って以降も「戦争」(特に15年戦争) を主要テーマとし続けているが、もし「平和」の人類学的探求がその可能性を鮮明に示すことができるならば、平和学者たちが平和博物館に期待する「平和」展示もまた、具体的な姿を見せてくるであろう。もし「平和」の人類学的探求が平和博物館を動かし、新たな「平和」展示の可能性を切り拓くならば、それは、1990年代の平和博物館の〈発見〉につづく、平和博物館の〈再発見〉とでも言うべき事態となるだろう。15年戦争の体験者数が減少し、直接その体験を聴くことは徐々に困難になっている。戦争の語りと具体的体験とが切り離される事態が到来するとき、日本の平和博物館が第一の課題としてきた「戦争体験」の「継承」が従来有していた社会的意味は、どのように変化するだろうか。人類学的探求が導く(かもしれない)「平和」展示は、変化する社会の波をかぶらねばならない平和博物館にとって、新たな可能性となりうるだろうか。私自身について正直に白状すれば、いまだ「平和」展示の具体的可能性を思い描けていない。その主な理由は、いまだ私が「戦争」を主な課題として平和博物館を捉え、研究しているからであるが、私たちが積極的「平和」を示しうる「平和」展示を探し出せたとき、二項対立的にその対として認識されてきた「戦争」展示もまた、従来とは異なる姿をとることができるようになるだろう。

　まだまだ漠然とした、検討すべきことの多い課題であるが、とにもかくにも少しずつでも進めるしか途はない。同じ道行の人が増えることを願ってやまない。

注
1) 例えばピーター・バン＝デン＝デュンゲン、安斎育郎、坪井主税、山根和代など。
2) 川崎市平和館 (1992年)、立命館大学国際平和ミュージアム (1992年)、地球市民かながわプラザ (1998年) など。
3) ただし坪井もネットワーク化については意識していた (坪井 1998)。

第Ⅱ部　平和を伝える

4)　私は2003〜2005年の期間、このリニューアルに携わった。
5)　館内配置等は立命平和ミュージアムのウェブサイトを参照。http://www.ritsumei.ac.jp/mng/er/wp-museum/index.html
6)　君島は平和創造展示室1、2の内容検討で中心的役割を担った。
7)　同館スタッフへの聞き取り（2012年6月16日）。学芸員の兼清順子さん、学生スタッフの福田倫子さん、ご協力ありがとうございました。
8)　学生ナビを直接に取り扱った研究は現時点ではまだないが、同館ボランティアガイドの活動については、ガイドを展示物と見学者をつなぐ媒介として位置づけた福西佳代子の研究（福西2012）がある。
9)　平和創造展示室2では、非営利バンクの平和債、ATJの交易品、パレスチナでの支援物資（JVC)、国際平和旅団の活動用ジャケット、パレスチナ支援のオリーブオイル（YWCA)、獄中の徐勝氏に届いたアムネスティのはがき（複製）が展示されている。
10)　同展示会の公式記録はないが、五十嵐太郎や「展示デザインチーム」による展示コンセプトの紹介には、戦争展示一辺倒の従来の「平和博物館」とは異なる「平和博物館」への言及がある。出展した学生たちによる「プレゼンバトル」も彼らの意図が分かり興味深い。資料収集にご協力いただいた杉浦幸子さん、ありがとうございました。
11)　リバティおおさか公式ウェブサイト掲載の公益財団法人大阪人権博物館理事長・成山治彦「リバティの新たな挑戦をご支援ください」（2013年4月1日付。http://www.liberty.or.jp/appeal_nariyama.html　最終閲覧2013年10月21日）によると、大阪府・市からのリバティおおさかへの補助金は2013年3月末で廃止され、4月以降、同館は規模を縮小して運営を継続している。

■参考文献
荒井信一・早乙女勝元監修
　　1997『世界の「戦争と平和」博物館』全6巻、日本図書センター。
安斎育郎
　　1999「日本とアジアの平和博物館」第3回世界平和博物館会議組織委員会編『平和をどう展示するか─第3回世界平和博物館会議報告書』pp.32-36、世界平和博物館会議組織委員会。
　　2009「平和、平和博物館、平和のための博物館」第6回国際平和博物館会議組織委員会編『第6回国際平和博物館会議報告書』pp.33-35、国際平和博物館会議組織委員会。
第6回国際平和博物館会議組織委員会編
　　2009『第6回国際平和博物館会議報告書』国際平和博物館会議組織委員会。
五十嵐太郎・椿晃・渋谷城太郎
　　2009「平和博物館は可能か？」第6回国際平和博物館会議組織委員会編『第6

回国際平和博物館会議報告集』pp.240-253、国際平和博物館会議組織委員会。

大阪人権博物館
　2003「特集　博物館展示論の可能性を拓く―地域・歴史・民族」『大阪人権博物館紀要』7：1-129。
　2007『博物館の展示表象―差異・異文化・地域』大阪人権博物館。

岡田英樹
　2005「新生ミュージアムの姿　装いを新たにした国際平和ミュージアム」『立命館大学国際平和ミュージアムだより』13（1）：57。

桂良太郎
　2006「ここが見どころ　平和創造展示室1.2.」『立命館大学国際平和ミュージアムだより』14（2）：16-17。
　2007「ここが見どころ　平和創造展示室3.」『立命館大学国際平和ミュージアムだより』14（3）：16-17。

川崎哲
　2009「NGOに何ができるか」君島東彦編『平和学を学ぶ人のために』pp.364-385、世界思想社。

君島東彦
　2004a「平和をつくる主体としてのNGO」三好亜矢子・若井晋・狐崎知己・池住義憲編『平和・人権・NGO』pp.57-87、新評論。
　2004b「新生ミュージアムの姿　2階展示室―誰がどのように平和をつくるのか」『立命館大学国際平和ミュージアムだより』12（2）：13-15。
　2009「平和学の見取図と本書の構成」君島東彦編『平和学を学ぶ人のために』pp.22-34、世界思想社。

坪井主税
　1998「平和博物館：その定義と類型化に関する若干の考察」『札幌学院大学人文学会紀要』64：41-52。

西田勝・平和研究室編
　1995『世界の平和博物館』日本図書センター。

福島在行
　2006a「平和博物館という場が示唆すること―立命館大学国際平和ミュージアムの課題から」『歴史科学』186：48-55。
　2006b「「フォーラム」としての平和博物館は可能か？―吉田憲司の提言から考える」『立命館平和研究』7：1-10。
　2007「平和博物館と／の来歴の問い方―立命館大学国際平和ミュージアムが背

負い込んだもの」『立命館平和研究』8：29-38。
　　　2012「空襲・戦災を記録する運動のはじまりに在ったもの」広川禎秀・山田敬男編『戦後社会運動史論2』pp.209-238、大月書店。
　　　2013「平和博物館と歴史―「戦後」日本という文脈から考える」『日本史研究』607：112-131。
福島在行・岩周優希
　　　2009「〈平和博物館研究〉に向けて―日本における平和博物館研究史とこれから」『立命館平和研究』別冊：1-77。
福西加代子
　　　2012「戦争と平和を語り継ぐ―立命館大学国際平和ミュージアムのボランティアガイドの実践を事例に」『立命館平和研究』13：29-41。
平和のための博物館・市民ネットワーク編、山根和代・山辺昌彦編著
　　　2010『世界における平和のための博物館』東京大空襲・戦災資料センター。
村上登司文
　　　1999「平和博物館が果たすべき役割」第3回世界平和博物館会議組織委員会編『平和をどう展示するか―第3回世界平和博物館会議報告書』pp.45-49、世界平和博物館会議組織委員会。
山辺昌彦
　　　2005「平和博物館における戦争展示について―立命館大学国際平和ミュージアムにおける現代戦争の展示とリニューアルを中心に」『歴史科学』179・180：110-120。
吉田憲司
　　　1999『文化の「発見」』岩波書店。
立命館大学国際平和ミュージアム
　　　2012a『立命館大学国際平和ミュージアム20年の歩み―過去・現在、そして未来』立命館大学国際平和ミュージアム。
　　　2012b『国際平和ミュージアム news letter』37、立命館大学国際平和ミュージアム。
歴史教育者協議会編
　　　1995『平和博物館・戦争資料館ガイドブック』青木書店。

■課　題
(1)　平和博物館を見学しよう。（この章の後の「平和博物館・平和のための博物館の探し方」を参照）
(2)　ガイドの解説を聞こう。また、自分で友人をガイドし、気付いたことを話し合っ

てみよう。
(3) 気になった展示物を調べよう。また、なぜ気になったのかを考えよう。
(4) 国内外の複数の平和博物館を比較しよう。違いが生まれる歴史的・社会的背景にも注目しよう。
(5) 「平和」の展示を構想しよう。

■推薦図書

福島在行・岩間優希 2009 「〈平和博物館研究〉に向けて―日本における平和博物館研究史とこれから」『立命館平和研究』別冊：1-77。
　日本の平和博物館に関連する研究文献の紹介論文。立命平和ミュージアムのウェブサイトで閲覧可能。その後の文献については「岩間優希ホームページ」http://www.yuki-iwama.com/ に紹介がある。

吉田憲司 1999『文化の「発見」』岩波書店。
　民族学者・吉田憲司のミュージアム論。美術館と民族学博物館に関する議論が主だが、平和博物館も含めミュージアムがどのように変われるのかを考えるヒントを与えてくれる。

安田武 1963『戦争体験　1970年への遺書』未來社。
　元学徒兵・安田武は「戦争体験」がいかに伝わらないかを繰り返し書く。「継承」の課題を考えるとき、彼の言葉をどのように受け止めることができるのかが今も問われている。

ガイド　平和博物館・平和のための博物館の探し方

　平和博物館あるいは平和のための博物館を見学するためには、まずどんな館がどこにあり、どのように行くのかを知らなければならない。そのための手助けとなるウェブサイトやガイドブックを紹介しよう。

1　ウェブサイト
　平和博物館・平和のための博物館を探す上で便利なウェブサイトには次のようなものがある。

①ヒロシマ平和メディアセンター内「世界の平和博物館」
　http://www.hiroshimapeacemedia.jp/mediacenter_d/w_museum/index.html
　　中国新聞社が運営する「ヒロシマ平和メディアセンター」のウェブサイトの中に「世界の平和博物館」と題されたページがあり、各地の平和博物館を紹介している。当該博物館を紹介した中国新聞の記事も読める。（最終閲覧2013年10月21日）
　＊2014年春にウェブサイトのリニューアルを予定。「世界の平和博物館」は引き継がれる予定だがURLが変更される可能性がある。

②「リンク集　戦争を語り継ごう」内「平和博物館・資料館」
　http://www.rose.sannet.ne.jp/nishiha/senso/
　　戦争体験の語り継ぎに役立つと考えられるウェブサイトを集めたリンク集。この中に「平和博物館・資料館」のコーナーがあり、館の公式ウェブサイトにリンクが貼られている。各館についての管理人による短いコメントも読める。（最終閲覧2013年10月21日）

③第6回国際平和博物館会議の際に作成された「世界の平和博物館」
　http://irca.kyoto-art.ac.jp/cie/tips/index/khw 3 .swf
　　2008年に第6回国際平和博物館会議が京都と広島で開催された際、京都造形芸術大学の学生の手によって平和博物館マップが作成された。更新はされていないが、現在でも読むことができる。（最終閲覧2013年10月21日）

④平和のための博物館・国際ネットワーク International Network of Museums for Peace (INMP)
　http://inmp.net/

平和のための博物館・国際ネットワークの公式ウェブサイト。現在は英語ページのみ。リンク集ではないが、平和博物館の国際的ネットワーク組織の公式サイトなので紹介しておく。resources のページに他サイトへのリンクがある。なお、日本平和博物館会議と平和のための博物館・市民ネットワークは公式ウェブサイトを持っていない。(最終閲覧2013年10月21日)

この他に、平和博物館のウェブサイトにはリンクページが作られている場合も多いので、そこから辿って探すこともできる。また、立命館大学国際平和ミュージアム元館長・安斎育郎の「安斎科学・平和事務所」ウェブサイト http://asap-anzai.com/ も日本内外の平和博物館等へのリンクを幅広く貼っており、便利である。(最終閲覧2013年10月21日)

2 ガイドブック

平和博物館のガイドブックが1990年代に続けて刊行されたことは福島論文で紹介した通りだが、現在の代表的ガイドブックとしては次のものがある。

①歴史教育者協議会編
　2004『増補版 平和博物館・戦争資料館ガイドブック』青木書店
　　1995年に出版されたガイドブックの増補版。2000年代後半以降の動きには対応していないが、それ以前の館については網羅的に収録している。日本の施設については都道府県ごとに分類されており、当該地域に住む人物が1～2頁で内容を紹介している。

②［記憶と表現］研究会
　2005『訪ねてみよう　戦争を学ぶミュージアム／メモリアル』岩波書店
　　岩波ジュニア新書の1冊として若い世代を意識して書かれた。網羅的に収録するのではなく、編者が注目した施設を中心に選択し、また戦争以外に水俣病等の施設も収録している。

③平和のための博物館・市民ネットワーク編、山辺昌彦・山根和代編著
　2010『世界における平和のための博物館』東京大空襲・戦災資料センター
　　市民組織である、平和のための博物館・市民ネットワークが編集した冊子。2010年段階で把握されている平和のための博物館を網羅的に紹介している。現在最も網羅的に平和のための博物館を紹介しているが、一般の書籍販売ルートには乗っていないので、同ネットワーク事務局（2013年10月現在）である戦争と平和の資料館ピースあいちに直接問い合わせてもらいたい。

第Ⅱ部　平和を伝える

　なお、同ネットワークのニュースレター『ミューズ』(日本語版および英語版。年2回刊)には各地の平和のための博物館の最新情報が掲載されており、東京大空襲・戦災資料センターのウェブサイト http://www.tokyo-sensai.net/ でバックナンバーを読むことができる。(最終閲覧2013年10月21日)

④解放出版社編
2003　『人権でめぐる博物館ガイド』解放出版社
　平和博物館や平和のための博物館とテーマ的につながりのある人権博物館のガイドブック。

　このようなウェブサイトやガイドブックで、気になる平和博物館・平和のための博物館を探したら、ぜひ自分の目で確かめに行ってほしい。そのときどのような点に注目すればよいかは各自で自分なりの視点を見出してほしいが、A．展示から学ぶ、B．展示を取り巻くものから学ぶ、C．自分の心と身体の反応から学ぶ、という三つの視角からの学び(福島 2011)も試みてもらえればと思う。
　なお、念のために書いておくが、これらウェブサイトやガイドブックには最新の情報が反映されていない場合もあるため、訪問の際には必ず事前にそれぞれの館に連絡を入れ、正確な情報を入手してもらいたい(休館日、開館時間、入館料等)。
　みなさんの平和博物館・平和のための博物館見学が有意義なものとなることを期待したい。

■参照文献
福島在行
　　2011「平和博物館で／から学ぶということ」竹内久顕編『平和教育を問い直す』pp.190-194、法律文化社。

第Ⅲ部　平和を問い直す

第7章　平和の現場の歩き方
—— アジアで考える戦争と植民地

内海　愛子
（インタビューと構成：辰巳　頼子・辰巳慎太郎）

■本章の目標
　一人の平和研究者の歩みから、平和の現場とどう関わるのかを学び取ろう。

■キーワード
　在日朝鮮人、複眼、植民地、戦後補償、エビと真珠

1　はじめに（辰巳頼子）

　内海愛子さんは在日朝鮮人、戦後補償、BC級戦犯裁判などについて現場調査を続けてきた社会学者だ。研究と実践（運動）をつなぐことを常に意識し、何よりも現場を歩くことを大切にしてきたフィールドワーカーでもある。内海さんのお話をぜひうかがいたかったのは、その調査法、研究と運動の関係についての考え方に、「平和の人類学」を構想するにあたって重要な手がかりがあると思ったからだ。
　内海さんのまなざしは、在日朝鮮人やBC級戦犯など一般にあまり注目をひくことがなかった人々に向けられてきた。内海さんはそうしたタフな現場をなんなく歩いてこられたようにみえる。その秘訣はいったい何なのか。お話をうかがってわかったのは、内海さんもまた、悩み、ぶつかりながら前に進んできたということだ。もやもやした自分の関心が少しずつ明確になり、現場での発見を繰り返し、研究を練りあげていく。平和の現場を歩いてきた方法とは、現場に育てられることだったようだ。自分の問うべき問題が知識を蓄えるごとに明確になり、場数を踏んで度胸がつき、フィールドワーカーとして少しずつ自信をつけていく。そして調査の対象に、今まで聞けなかった問いをぶつけるこ

とができるようになり、向かい合うことができるようになっていく。自分が変わることで、相手が変わり、それに影響されて自分がまた変化していく——平和の現場の歩き方とは、そういう物語である。

　自らを現場に向かわせるもの、その根本を内海さんは怒りと表現された。たしかに怒りもあるだろうが、それだけではなさそうだ。内海さんは人を困難な立場に立たせることになる社会構造を追求し分析するが、そこには怒りとともに、弱い立場に立たざるを得なかった人への愛情と、懸命に生きている人へのシンパシーがある。鶴見良行さんや村井吉敬さんのモノ研究に見られるような、皮膚感覚を頼りにしながらわずかな糸を手繰り寄せる嗅覚と、問題の根本をつきとめていく忍耐力。それに「小さな」人々への愛情——それが平和の現場を長く歩いてこられた秘訣であろう。やわらかく、そして強く。平和の現場を歩くために、まずは内海さんの歩き方をたどることから始めてみよう。

2 「現場」に出会うまで

インタビュアー（以後I）：内海先生がどのように現場を歩いてきたのか、その歩き方についてうかがうためにきました。そもそも現場とはどこなのでしょうか？

内海：人類学も平和学も「現場」を大切にしますね。その「現場」とは何でしょう。自分の生き方が「現場」を選ばせる、毎日の生活の中で体験したり考えていること、「なぜ」という疑問から調査や研究が始まる、私はそこに「現場」があると考えています。

　私が「在日外国人」や「戦後補償」などの問題に関心をもつようになったのは、1960年代、女性に対する差別への反発、抵抗がその根底にあります。1950年代の日本には女性差別がまだ根強くありました。4年生大学への進学も難しかったし、就職も試験すら受けられないところもありました。賃金ももちろん男女差がありました。はじめから人生が閉ざされているような不公平な社会に、小学生の頃から漠然とでしたが、いつも怒っていました。

　育ったのは東京、まだ、アメリカの占領下でした。米兵の姿も見ていました。

占領から脱した1952年の8月、原爆写真がはじめて公開され、それを見てショックを受けました。そして小学校6年の1954年3月1日に、ビキニ環礁で水爆実験があり、第五福竜丸が被ばくしました。焼津港にあがったマグロをガイガーカウンターで「ガーガー」と放射能測定する様子をニュース映画で見たり、ラジオで聞いていました。その後、船に乗っていた無線長の久保山愛吉さんが重体になったことが、ニュースで流れていました。私の学校からお見舞いの手紙を送りました。全国から5000通もの手紙が寄せられたそうです。それはいまも夢の島にある第五福竜丸記念館に保存されています。学芸員の方から連絡をいただいて、50数年ぶりに自分の書いた手紙を見ました。そこにはお見舞いの言葉と一緒に、原爆を投下し謝罪も賠償もしていないアメリカに怒っている文章がありました。中学一年生なりの感性で社会の不条理や差別に怒っていました。そんな世の中を変えたいと漠然と思ってもどうしていいのかわからない。「抵抗」という言葉をよくノートに書いていました。当時の写真をみるといつも怒ったような顔をしています（笑）。

Ⅰ：大学ではどのように過ごされていたのですか。

内海：世の中がどのような仕組みになっているのか知りたくて大学へいきました。入学は1960年、安保闘争の最終段階の年です。6月15日、東大の学生だった樺美智子さんが殺されました。早稲田4万人の学生のうち1万人がデモに行ったといわれていた時代ですが、なぜか、私は行けなかった。「なぜ安保条約の改定に反対するのか」、新聞を読んだり学内の討論を聞いたりしていましたが自分の言葉で語れない。もたもたしているうちに、6月19日国会で自然承認され、安保闘争は終わってしまった。その後も反戦闘争が続いていましたが、早稲田から30人とか100人ぐらいしかデモに参加していない。その頃になってようやくデモに参加しました。

　サークルは歴史学研究会に所属していましたが、学科は英語英文科でした。自分の勉強や活動に「何かが違う」、違和感をもちながら、経済的に自立するために教員免許を取って、中高の教員になりました。男女雇用均等法などできていない時で、企業の女性差別は公然とおこなわれていたし、賃金格差もはっきりしていた。女性の職場が限られていた時代、教員には賃金格差はありませ

んでした。しかし、給料が入る生活が始まると、本当にこれでいいのか、迷いがまたおこり、時々、早稲田のキャンパスに行ってはぼんやり学生を見ていたこともありました。

　1960年代の半ばまだ「女のくせに」というような言葉が日常的に使われていた時代で、差別される者としての「女」という意識が強くありました。差別されている人々は、相手が無意識に発する言葉にも敏感に反応します。その言葉やまなざしに自分の社会的位置、歴史が凝縮されるからです。

　そんな中でたまたま日本読書新聞社がだしていた『ドキュメント　朝鮮人』[1]という本を読んでショックをうけました。日本社会の中に構造化された女性差別にいらだち、それを変えたいと思っていましたが、日本に住む朝鮮人のことはまったく知らなかったからです。関東大震災で朝鮮人が殺されたこと、しかも隣のおじさんのようなふつうの人がとつぜん、竹槍や鎌や鉈などをもって「朝鮮人」という理由だけで、見ず知らずの人を虐殺したこと。山手線や駅頭でよく見かけていた白衣を着て募金を募っていた傷痍軍人の中に朝鮮人がいたこと。彼らは日本が支配をしていた時に戦争に連れて行かれながら、戦後はもう「日本人」ではないという理由で怪我をした軍人が受け取れる傷病恩給も受け取れなかったこと。健康保険にも入れないことなど、私の知らないことばかりでした。

　女性を差別する社会は、朝鮮人もこのように差別していた。しかも、私も日本人としてこの差別に荷担していた。知らなかったことも含めて…。自分が差別されていることには敏感でも、自分が差別していることには鈍感だったことに気づかされたのです。性差別と民族差別を一緒に考えていく、複眼でものを考えていくことの大切さを教えられました。これが私の「現場」になりました。こんな身近な事も知らない自分は何を勉強してきたのか、1年で教師をやめて早稲田大学に3年から編入しました。やり直しです。

Ｉ：知らなかったことに気がついて、学びたいことがはっきりみえてきたということでしょうか。

内海：研究対象を選ぶときにこれをやってみたい、やろうという選択は、自分の投影でもあります。自分が考えてきたこと、悩んできたことが対象を選ばせ

る。「現場」とはそういうものだと思っています。もともと場所があるわけではなく、自分が問題に主体的に関わること、考えることで、はじめてそこが「現場」としての意味をもつ。だから私にとっては「在日」の問題が、ある意味では「現場」といえると思います。

3　現場に立つ

Ｉ：そこから内海先生のフィールドワークが始まったのですね。
内海：1960年代には在日朝鮮人の中には日本人とは口もききたくないっていう人もいました。日本における差別がそれほどきつかったのです。植民地支配の清算ができていない日本人への絶望というか、嫌悪感のようなものがありました。話を聞きに行ってもやんわり拒絶されたり、「日本人に話して何かいいことがあるのか」と、はっきり言われたこともありました。インタビューなどとてもできません。卒業論文、修士論文は、戦前の東京府、大阪府、京都府などがおこなった社会調査のデータや既刊の資料や本を使いました。

　話を聞かせてくれる関係、調査ができる関係をつくるには、差別する日本を変えなければならない。どう変えていくのか、そのために私が何をするのか、そこが試されていると思いました。「現場」をどう設定するのかだけでなく、どのように対象とかかわるのか。ここは誰もが葛藤するところだと思います。どのような方法論で分析するのか、学問の枠組みも問題になります。私は社会学を専攻していたので、マイノリティ研究の方法論を使いました。アメリカ社会学は少数者の研究に大きな成果を出していたのでその分析手法を勉強しました。

Ｉ：女性たちへの聞き書きをされたのですよね。
内海：当時は在日朝鮮人の記録の中でも女性たちの記録が少なかった。男性の目を通して在日女性の姿が描かれていたので、直接、お話を伺いたいと５、６人の日本の女たちでつくっていた「むくげの会」に参加しました。1960年代後半です。差別があり、暮らしも大変ですが、みんなたくましく、明るい。勇気と元気をもらった聞き書きでした。ある女性は婚家にあった日めくりカレン

ダーがそのままになっていたので、めくったそうです。すると、うちの嫁は字が読める、生意気な嫁だ、家に帰せと騒ぎになったといいます。家制度の中の女の地位をよく表している話でした。そういう生活にまつわる具体的な話をたくさん伺いました。

聞き書きをしている頃、日本国籍をもたない外国人を管理する出入国管理令を「改正」するという動きがありました。在日の人は外国人登録法という法律で14歳になると指紋を登録することを義務づけられていました（のちに16歳になり、現在は廃止）。写真を貼り指紋を押した「外国人登録証」を常時もち歩くことも義務づけられています。在日朝鮮人・韓国人のこうした在留管理をもっと厳しくしようとする法律が1969年に出されました。聞き書きをしていると当然このような話が出てきます。それで当時、所属していた日本朝鮮研究所などの仲間でこの法律案を読み、解釈が分かれてあいまいな時は、法務省出入国管理局の次長をたずねて話を聞いたこともありました。法案が差別や抑圧をさらに強めようとしていることを知って、法案に反対する運動をしました。法案は通らず、1971年、1972年、1973年にも出されましたが結局、成立しませんでした。その後、「省令」などで「改正」されたりしています。この法案の勉強や反対運動を通して在日朝鮮人差別の法の仕組みを教えられました。

4　現場が広がる、現場から広がる

Ｉ：戦争裁判の研究にはどのようにつながっていったのですか。
内海：在日朝鮮人をとりまく歴史的、社会的状況にはさまざまな問題がありました。そのなかで、当時ほとんど触れられてなかったのが、日本軍の軍人や軍属になった朝鮮人の問題です。日本は朝鮮や台湾に徴兵制をしいたので、日本軍のなかには朝鮮人や台湾人兵士がいます。朝鮮人からみると日本の支配に協力した人たちということになります。その中に、戦後、アメリカやイギリスやオーストラリアなど連合国がおこなった戦争裁判で戦争犯罪人になった朝鮮人がいました。東京裁判とはべつのＢＣ級戦犯裁判といわれる「通例の戦争犯罪」を裁いた裁判で裁かれた人たちです。日本の軍隊に入隊し、戦後、戦争犯罪人

第7章　平和の現場の歩き方

にまでなったので、よほどの「親日派」だと思いましたが、同時に「連合国は何を裁いたのか」「そもそも戦争犯罪とは何か」という疑問ももちました。しかし、当時は朝鮮人戦犯についての研究はありませんでした。東京には戦犯になった朝鮮人たちが作っている会がありましたが、訪ねる勇気もありませんでした。たとえ訪ねても質問できる知識もなかったし、話を受け止めきれないと思ったので、心に留めてはいましたが、別な研究や活動をしていました。

Ｉ：その時はまだ機が熟していなかったということになるのでしょうか。

内海：そうですね。大学院の博士課程が終わって就職もなかった時でした。日本語教師の資格をとって1975年から２年間、インドネシアのバンドンにあるパジャジャラン大学で働きました。そこで新しい問題にぶつかりました。インドネシアの独立戦争に参加した３人の元日本兵がインドネシア共和国の「独立英雄」になったのです。１人は朝鮮人でした。しかし、日本大使館は韓国の遺族に知らせませんでした。２人の日本兵の遺族は式典に参加し、分骨していますが、朝鮮人の分骨の箱だけが取り残されたのです。「おかしい」と思い、バンドンにいる間、一緒に戦ったインドネシアの元兵士や家族を探して話を聞きました。３人とも捕虜収容所で働いていたこと、朝鮮人は梁七星が本名で、捕虜収容所の監視員だったこと、彼の他にも７－８人の朝鮮人がインドネシアの独立戦争に参加していることもわかりました。梁七星とおなじように捕虜監視員の朝鮮人がジャカルタで戦犯として処刑されていました。オランダの戦犯裁判です。

　帰国後、韓国にいる梁七星の遺族を探しに、初めて韓国へ行きました。まだ軍事政権下の1978年です。母親はすでに亡くなっていましたが、妹さんの話によると復員列車が入るたびに母親は全州の駅に行き一日中待っていたそうです。最後まで待ったが息子は帰ってこない。悲しみの余り命を縮めたとも聞きました。日本軍に連れて行かれた朝鮮人の引き揚げがどうなっていたのか、遺骨は返っているのか、遺族に生死が伝えられているのか。問題を複眼で見なければいけないと思っていたのに、朝鮮人や韓国人の戦後処理がどうなっていたのか。帰らぬ夫や息子を待つ話は、戦後日本の大きな社会問題でしたが、韓国にも待ちわびる母親や妻たちがいるという当たり前のことに、思いが至らな

かったのです。植民地の問題が見えていなかったことを教えられました。

　独立英雄になった梁七星のことを調べているなかで、インドネシアのジャワ島で朝鮮の独立運動をやり、日本の憲兵隊に捕まった朝鮮人のこともわかりました。第16軍でプロパガンダ映画を作った朝鮮人もいました。日本軍政期のインドネシアでいろいろな活動をしていた朝鮮人のことがわかり、後に本にまとめました。[3)]

Ｉ：インドネシアでの出会いが、そもそも戦争犯罪とは何かというさきほどの問いに結びついていったわけですね。

内海：職がなくてインドネシアに行ったことで視野が広がり、日本と韓国・朝鮮という関係だけでなく「大東亜共栄圏」という日本占領の地理的、空間的な広がり、とくに東南アジア地域が具体的にイメージできるようになりました。戦後、この地域全域でおこなわれた連合国の戦争裁判を考えるうえでも助かりました。土地勘が生まれ、地名人名にもなじみが出てきたこともあります。朝鮮植民地支配の問題をこの地域的広がりの中で考えられるようになり、在日朝鮮人の問題も日本国内だけでなく「大東亜共栄圏」の中で考えるようになったからです。

　戦争犯罪人になった朝鮮人148人の内129人は捕虜収容所の監視員です。朝鮮人が勤務した収容所はタイ、マレー、ビルマ、シンガポール、スマトラ、ジャワ、アンボン島などに開設されています。

Ｉ：朝鮮人の「戦争犯罪」はどのように裁かれていったのでしょう。

内海：連合国による戦争裁判ですが、アジアの植民地にもどってきた宗主国であるイギリス、オランダ、アメリカ、フランスそして、オーストラリア、フィリピン、中国が法廷を開いています。植民地解放闘争との関係で法廷のありかたは多様ですが、インドネシアで法廷を開いたオランダの場合について少し説明します。日本の敗戦後、インドネシアは独立を宣言（1945年8月17日）しましたが、オランダはインドネシアを再占領しました。近代兵器で武装したオランダ軍の前に、日本軍から奪取したり供与された武器や竹やりしかもたないインドネシア軍は敗走します。占領した地域でオランダは日本の戦争犯罪を裁く法廷を開いています。バタビア、いまのジャカルタで裁判をやっている時も180

キロはなれた西部ジャワの山岳地帯ではゲリラ闘争をやっている、そんな状況でした。さきほどの梁七星もそこで戦っていました。

　オランダが戦争裁判で特に重視したのは、捕虜と蘭領東インドに住んでいたオランダ民間人への虐待です。ジャワやスマトラなどに8万人を超すオランダ民間人がいました。日本は彼らの居住を制限していましたが、1944年になると軍抑留所を開設し、そこに収容しました。殴打、強制労働、飢餓——このような言葉で語られる恐怖が支配した収容所生活でした。これは日本も「準用」を約束した国際法が禁止している戦争犯罪です。オランダはこれを裁いたのです。インドネシア人に対する日本軍の犯罪ももちろん取り上げていますが、重点を置いたのは「自国民」への日本の戦争犯罪です。アメリカやイギリスなども同じような裁判をしています。

　インドネシアを再侵略したオランダが日本を裁くことができるのか、疑問をもちました。日本は朝鮮や台湾を侵略して植民地にした国ですが、オランダもインドネシアを300年以上にわたって支配してきた国家です。そのオランダが再侵略したインドネシアで戦争裁判の法廷を開いている。しかもそこで植民地から解放された朝鮮人を「日本人」として裁いたのです。国籍は関係ない、個人の犯罪行為を裁くというのが連合国の主張です。しかし、日本の軍隊について少しは知っている日本人から考えると、最下級兵士・軍属がどこまで責任を取るべきなのかなど、いろいろ考えさせられます。

Ⅰ：植民地から解放された朝鮮人が、かつて日本人であった時の犯罪行為を裁かれる。そこでは植民下にあったということは考慮されていない。しかもかつての宗主国オランダが裁く。

内海：日本の侵略戦争を裁いた東京裁判、正式には極東国際軍事裁判といいますが、この裁判でも、朝鮮植民地支配はまったく審理されていません。朝鮮、台湾植民地支配を裁かない戦争裁判です。欧米の帝国が植民地責任をどうとったのかという問題が取りあげられるようになってきたのは「ダーバン宣言」[4]以降です。植民地責任という考え方が世界でも問題になってきたのです。

第Ⅲ部　平和を問い直す

5　現場と対話する

　インドネシアから帰って戦犯になった朝鮮人を訪ねました。先ほども言ったように148人が戦犯になっていますが、そのうち129人が捕虜収容所の監視員でした。これは驚くべき数字です。約3000人の監視員の中から129人が戦犯になっているわけですが、これほどの比率で戦犯を出した日本軍の部隊は他にはないと思います。戦犯になった絶対数は憲兵隊員の方が多いのですが、こんなに高い比率ではありません。連合国がいかに日本による捕虜虐待を重視していたかを物語る数字です。日本はオランダだけでなくアメリカやイギリス、オーストラリアなどの捕虜を使って鉄道や飛行場をつくっています。その労働力としては捕虜だけでなくアジア人労働者も使っています。捕虜もアジア人労働者もたくさん死んでいます。捕虜の場合、4人に1人の割合です。それほどその扱いは苛酷でした。オーストラリアの場合、戦闘で死んだ兵士より日本の捕虜になって死んだ兵士の方が多いといいます。そのような捕虜収容所を監視していたのが朝鮮人監視員でした。大島渚の『戦場のメリークリスマス』という映画はジャワの捕虜収容所が舞台です。坂本龍一やビートたけしが戦犯として刑死した日本軍の軍人の役をやり、捕虜の役はデビット・ボウイが演じています。
Ｉ：捕虜の扱いが苛酷だった。その虐待が戦後厳しく裁かれる。その監視員だった朝鮮人が、戦犯として裁かれていくと。
内海：捕虜の憎しみは目の前の監視員に向けられます。収容所で朝鮮人の階級は一番下でしたが、捕虜から見ると朝鮮人もまた日本軍の一員、加害者です。捕虜が毎日、顔をつきあわせる朝鮮人監視員、コリアンガードは日本軍の命令を実行する存在であり、捕虜たちからものすごく憎まれました。もちろん一人一人の朝鮮人の虐待はあったでしょう。ただそれ以上に、なぜこれほど大きな犠牲をだしたのか、日本の捕虜政策に問題があるのではないか。虐待をうんだ構造を明らかにしないで末端を裁いておしまいにすると、軍隊という組織の責任があいまいにされてしまう。閉ざされた組織の責任の解明こそ重要だと思い、日本軍と政府の捕虜政策を調べました。[5]

捕虜が鉄道や飛行場建設のために働かされていたタイ、インドネシアのスマトラ島、アンボン島、ハルク島などの「現場」にも行きました。これはあとでお話しするエビ研究会の調査旅行とも重なります。捕虜がどんな苛酷な条件の中で労働をさせられたのか、食糧や医薬品はあったのか。靴や衣料品は支給されたのか。熱帯のジャングルや孤島の現場に立つと飢えと病気に苛まれ、日本軍の暴力の下で労働をさせられた捕虜の怨念が伝わってくるようです。その恨みは日本人だけでなく朝鮮人にも向けられました。もちろん監視している時に殴ったり、労働を強制したと思いますが、作戦を立てた軍上層部の責任はもっと大きいと思います。じりじりと照りつける太陽、白砂に照りかえす陽ざしが目を射る、私などは立っているだけでもやっとで、ほうほうの態で木陰に逃れましたが、捕虜たちはこの中で労働をさせられていた。現場で得られたこうした感触と情報を研究の中に活かしていくことが重要だと私は思っています。

Ｉ：現場と対話する。実際に歩き、感触、手触りを大事にする。それを研究として立ち上げていくということでしょうか。

内海：資料や文献を読む時に現場から得られた感触、知識などを組み込んでいくと発想がひろがっていく。その現場は固定的ではなく、自分の問題意識であり、対象との関係の中で動き、変わっていく。そしてその関係の中で自分も動いていく。動くというのは身体を動かすだけでなく、調査をしたり文献を読んだり、インタビューしたり、体と心と頭を動かすことです。こうやって自分が変わる中で、また、見えるものも違ってくるし、相手の対応が違ってくると思います。

しかし、何かに気付き、立ち止まることも大切です。さきほどの話との関連でいえば、インドネシア独立英雄の中の一人が朝鮮人だったことを関係者は知っていた。しかし、「おかしい」と気づき、調査をしようとしなければそれで終わってしまう。その時代に社会化されていない、問題化されていない、けれども自分には見えてしまうものがある。そうしたら、そこにこだわっていく。他の人には見えなくても自分には見えるものがあったら、それを考え、調べてそして、客観化していく。その中で他者に語る言語が出てくる。

6　自分が変わる、相手が変わる

Ｉ：戦犯の遺骨の問題にも長く関わっていらっしゃいますね。
内海：日本軍の兵士として死亡した朝鮮人は厚生労働省が発表しただけでも２万2182人います。梁七星の問題を調べている時に、この人たちの遺骨は家族のもとに返っているのだろうかと疑問がわきました。調べてみると、強制動員の人も含めて身元のわかっている人は、朝鮮戦争が始まる前までは日本政府が返していましたが、その後、送還が中断したままになっていました。いま残された遺骨を返すために宗教者や市民が組織をつくって活動しています。
　戦犯の遺骨は政府がシンガポールなどから収集して、遺族に返しています。しかし朝鮮人の場合、遺族は韓国・北朝鮮にいますから、連絡もしないまま倉庫などに保管していました。父親の遺骨を受けとりに来た韓国人がその事実を知って、怒って帰ってしまいました。その後、戦犯を含めて朝鮮人・韓国人の遺骨は目黒の祐天寺などに保管されています。
　インドネシアから帰って戦犯の人たちがつくっている会を訪ねた時、彼らは日本に残された仲間の遺骨を遺族に返そうとしていました。私も途中からこの運動に関わりました。政府に、遺骨を返すこと、返す時に日本人に支給されている年金や弔慰金を出すことを要請しましたが、日韓条約ですべて解決している、賠償・補償はしない、これが日本政府の態度でした。しかし、何がどのように解決されたのかは説明がありません。そこで毎日のように国会議員会館の議員の部屋を回っては訴えて歩きました。「国会請願」という制度があるのでこれを利用しました。「請願」は採択されましたが、結局、賠償金は出ないまま、厚生労働省が主催して遺骨を韓国側に引き渡す式をおこない、係官が韓国にもって行きました。
Ｉ：国が受け取った遺骨は遺族の元に戻るのでしょうか。
内海：戻っている人もいますが、遺族の中には遺骨を引き取りたくないという人がいました。戦犯の遺骨は引き取れないというのです。韓国では日帝協力者への批判は強く、戦犯になった人の連れ合いが自殺したこともあります。なぜ

朝鮮人が戦犯になったのか。第三者が資料に基づいて事実関係を客観的に説明する責任がある、そのことを国会請願に歩いている時、痛感しました。戦犯の人たちが、戦犯になった経過を議員秘書に一生懸命話しても、秘書は若いし多忙ですからなかなか理解してもらえない。そばで聞いていてやりきれなくなって、日本人である私が説明しなければならないと思って本を書きました[6]。遺骨を返す時には、その「死」の歴史的背景を説明することが重要ですので、その一助になればと思ったのです。

　なぜ、朝鮮人が戦犯になったのか。日本軍の命令でやったことが戦争法規に違反していたのです。命令でやったので当事者には悪いことをしたという自覚は少ないでしょう。しかし、被害を受けた側は許せない。誰が殴ったとか、病人の就労を強制したとか詳細な事実が戦争裁判の記録の中に書いてあります。記録がすべて正しいわけではありませんが、すべて間違っているわけでもない。加害者は忘れても被害者は自分の受けた虐待を詳細に記憶しています。話も細部にわたっています。第三者の証言もあります。資料と双方の証言とをつきあわせて客観的に判断することが必要だと思っています。

Ｉ：被害者と加害者の和解の可能性というのは、開けていくものなのでしょうか。

内海：30年以上も一緒に運動をやってきた李鶴来（イ　ハンネ）さんという元戦犯死刑囚の話から考えてみたいと思います。彼は泰緬（タイメン）鉄道といって映画『戦場にかける橋』の舞台になったタイとビルマ間に作られた鉄道で働く捕虜を収容する捕虜収容所で働いていました。今でもイギリスやオーストラリアでは Thai-Burma Railway といえば「死の鉄路」として有名です。13000人もの捕虜が死んでいますから。コレラが蔓延し、李さんがいたところでは500人のうち100人の捕虜が死んでいます。他の捕虜も病気で動けない。しかし軍のトップは鉄道の完成を急いでいますから、捕虜は全滅しても鉄道を完成させろと命じた将校もいました。死にもの狂いで工事を進める鉄道隊は労働力として捕虜を要求してきます。板挟みの中で李さんは症状の軽い病人を労働に出したといいます。しかし、捕虜にとっては、それが許せなかった。憎しみをかい、オーストラリア裁判で死刑判決を受けることになったのです。ほかの起訴事実もありますが、主な「起

訴項目」は、このような捕虜虐待です。後に有期刑に減刑になりました。告発した捕虜にとっては李さんが植民地出身かどうかは関係がない、彼が犯した戦争犯罪を裁いたのです。これがオーストラリア、イギリス、オランダ、アメリカなど連合国の考え方です。なお連合国は連合国の人が犯した戦争犯罪の責任は問いません。原爆投下や都市無差別爆撃のように…。日帝下で上海につくった朝鮮の臨時政府は日本に宣戦布告をし、光復軍が日本と闘ってはいますが、連合国は朝鮮を連合国の一員とは認めなかったので、朝鮮人は「日本人」として裁かれました。

　李さんは、1951年8月シンガポールのチャンギー刑務所から東京のスガモプリズンに送られてきました。チャンギー刑務所はシンガポールの飛行場の近くにあり、今ではミュージアムもできています。サンフランシスコ講和条約が発効して日本が独立すると、在日朝鮮人は日本国籍がなくなる、日本の法務省はこのような通達を出しました。李さんも韓国国籍になりましたが、釈放はされませんでした。日本政府は日本人の戦犯にはいろいろの援護を始めましたが、「外国人」になった李さんたちを援護から排除しました。「日本人ではない」という理由です。「日本人」として戦争に連れて行かれ、戦犯になって日本に送られてきた。家族はその頃まだ国交のなかった韓国、あるいは北朝鮮にいます。仮釈放・釈放されても行くところも仕事もない。日本人戦犯には援護をするのに、なぜ自分たちを排除するのか、政府に訴えてきました。この訴えは2012年の現在も続いています。

Ｉ：この場合も日本国民として戦犯になったが、戦後は国籍が違うとされて援護されない。

内海：「戦傷病者戦没者遺族等援護法」には戸籍条項があり、恩給法には国籍条項があります。

　「和解」の件ですが1991年8月、オーストラリアで泰緬鉄道の国際シンポを開きました。この時、オーストラリア側は研究者と元捕虜が出席しました。私は李さんを誘いました。はじめは「こわくて行けない」といっていましたが、最後に決断して一緒に行きました。キャンベラにあるオーストラリア国立大学の小さなセミナー室で、李さんは元捕虜の前で戦争中、日本軍の末端であった

とはいえ本当に申し訳ないことをしたと頭を下げ、謝罪をしました。
　そのあと、戦後、チャンギー刑務所での取り調べの時に自分たちがどれだけ虐待されたのかを話しはじめました。日本軍が捕虜を飢えさせたその報復で、生存ぎりぎりの食事しか出さない。空腹に耐えられなく庭の砂を食べたそうです。太陽を見てもまぶしく感じない、腹一杯に食えれば明日死んでもいい、そういう気持ちになったといいます。特に泰緬鉄道にいた日本兵や朝鮮人監視員は、毎晩のように酔ったオーストラリア兵が殴り込みに来て、サンドバッグのような状態だったといいます。取り調べの中で死んだ人もいました。チャンギーでうけたこの虐待が戦犯たちの心にわだかまっていました。李さんもそうでした。日本軍も捕虜を虐待したが、戦争が終わった後の連合国の報復的な虐待もひどい。しかし、そのことを捕虜たちは知らない。衰弱していた捕虜はいち早く本国へ引き揚げていたからです。李さんは元捕虜を前にして、わだかまっていた戦後の「虐待」を正直に話しました。
　李さんを告発した軍医だったダンロップ中佐は、自分たちは早く引き揚げたので知らなかった、本当に申し訳ないことをしたと謝っていました。やられたことは誰でも覚えていますが、やったことはなかなか見えない。朝鮮人は日本の植民地支配の被害者ですが、捕虜から見ると加害者です。その捕虜だったオーストラリア兵が「復讐」だといって虐待する。被害、加害という関係は固定的ではなく、視座をずらすと別な関係が見えてきます。差別の重層構造です。
Ｉ：李さんとダンロップ中佐は謝罪をし合う、わだかまりをうちあける。わずかながら和解の糸口が見えるような気がします。
内海：そうですね、わずかな糸口ですが、それが大切だと思います。ここまで日本軍の中の朝鮮人、台湾人兵士の問題を話してきましたが、闘った相手の軍隊の中にも植民地出身の兵士がいます。日本が戦ったアメリカ軍は米比軍といわれているように、フィリピン人兵士がたくさんいます。マレー半島で戦った英印軍にはイギリス本国兵とインド兵、グルカ兵がいるし、蘭領インドではアンボン人などインドネシア人兵士もいる蘭印軍です。それぞれの軍隊に植民地出身の兵士がいました。これを考えるとアジア太平洋戦争は「軍国主義対民主主義」の戦いであるとともに、植民地問題が重要な問題になってきます。帝国

主義国家間の植民地の争奪戦の一面が見えてきます。

戦後、「大東亜戦争」を太平洋戦争と言ってきましたが、1980年代ぐらいから「アジア太平洋戦争」という言い方をしています。「先の戦争」「今次の大戦」と天皇や首相はいっていますが、侵略したアジアを視野に入れて戦争を考えることから、この呼び方が定着してきました。アジア、植民地が視野に入ってきたのです。

7　ポジティブ・ピースという希望

Ｉ：さきほどのお話からは、調査をしながら内海先生の複眼がさらに複雑になり、対象や関わり方が変わっていかれたということがわかりました。それから李さんの例は、調査の中で李さん自身が変化していかれたという例ですね。

内海：李さんの話をもう少しします。戦後、スガモプリズンの中で戦犯たちが平和運動をやっています。李さんもそのメンバーでした。戦犯が平和運動！と疑問をもつかもしれませんが、階級の下の人たちや若い大学や専門学校などを出た人たちが中心でした。戦争裁判を通して戦争中に自分が何をやったのかを考え、中国で東南アジアで日本軍がやったことを書き、被害者への想像力をもち、アジアの視点から自分たちの戦争中の行動、戦争犯罪をとらえ直すことで、自分を変える「強さ」をもった人たちです。

インドネシアにいた野戦憲兵隊の松浦猪佐次さんは、苦しみながら自分を変えることができた人です。優秀だったが、家が貧しかったので小学校を出るとすぐに働いて、「アジア解放の聖戦」という大義を信じたといいます。敗戦後、戦犯となり、自分たちが「解放」のために闘ったと思っていたインドネシア人から石を投げられた。処刑された仲間の遺体を埋葬しようとしたら「ケダモノを埋めるな」と罵倒された。ショックをうけ、はじめて占領された側、植民地にされた側から日本の戦争を考え直し、「アジア解放」は虚偽だったことに気づいたそうです。「感謝される占領などありませんよ」こう語ったのはインドネシアの独立を助けた西嶋重忠さんです。松浦さんはアジアの人々の視線にさらされて変わりました。アジアの「現場」が一人の青年を変えたのです。

第7章　平和の現場の歩き方

Ｉ：自分の信じていたことが嘘であったという事実に、向き合うことができたわけですね。

内海：『私は貝になりたい』という有名なBC級戦犯をあつかった映画、テレビがありますね。黒澤明の『七人の侍』の脚本家橋本忍が脚本を書いています。作家の安部公房が脚本を書いたBC級戦犯を扱った映画が『壁あつき部屋』です。いずれも巣鴨刑務所にいた戦争を反省した戦犯たちの手記を脚色した反戦映画・テレビです。松浦さんの手記もその中に活かされています。戦後、反戦平和を一番考えていたのは巣鴨の戦犯たちだったと安倍公房や亀井勝一郎は書いています。戦争裁判、巣鴨刑務所が侵略戦争をとらえかえす場になり、自分たちが背負った戦争への加担、戦争犯罪人という負の側面を、積極的な平和のバネとしている人たちです。

　積極的な平和はこういう人たちの中から出てくる。日本の侵略戦争を批判し、「アジア解放」の大義が虚構だと、はっきりいう人たちです。その人たちの話を聞いているとその言葉の力強さに圧倒されます。

8　日常から考える——現場から概念化する

Ｉ：日本の平和運動の基盤には何があるのでしょうか。

内海：侵略戦争への反省があります。日本の軍国主義から解放された人たちにとって一時はアメリカが解放軍と映ったでしょう。幻想を抱いたのも当然だと思います。GHQは民主改革をかなり思い切ってやっていました。平和憲法の制定だけではなくて、民法改正で三代戸籍をなくし、農地改革をし、女性参政権が実現し、教育改革で男女共学も認められた。労働組合の結成も認められた。日本人の政治家ではできない改革でした。おかげで私たちは共学で学び、女性が投票できるようになりました。

　しかし、冷戦が激化し1949年10月に中華人民共和国が建国されると、GHQの占領政策がはっきり変わっていきました。それまでもレッドパージなど労働運動だけでなく平和運動への弾圧も始まっていましたが、決定的なのは1950年6月25日に始まった朝鮮戦争です。隣の国で戦争がおこったのです。

第Ⅲ部　平和を問い直す

　アメリカは日本の講和を急ぎ、1952年4月28日にサンフランシスコ講和条約が発効しました。日本は占領を脱しましたが、同時に60年に改定反対のあの大闘争があった日米安保条約も発効しています。こうした歴史を私はあとになって勉強していくのですが、当時、私の記憶に刻まれた出来事があります。講和条約発効後にはじめて公開された原爆の写真がその一つです。『アサヒグラフ』に掲載された写真は衝撃でした。一枚の写真が想像力をかりたてるという意味では、中学の時に見たプロレタリア作家小林多喜二が虐殺された時の写真も忘れられません。最近、多喜二の『蟹工船』がまた読まれているようですが、虐殺の写真は、権力が人を殺す、権力とは何かを具体的に語っていました。

Ⅰ：写真を見ることによって、問題の深さと現場の重さを体感するということですね。

内海：大学で「平和研究入門」という授業を担当していましたが、授業ではできるだけ当事者の話を聞くようにしました。日本で働く外国人、インドネシアのスマトラ、アチェで独立運動をしている人、日本の捕虜になったアメリカ人、中国で生体実験をして戦犯になった元軍医、従軍看護婦、パレスチナで働く日本人女性、NGOの人たちなどいろいろな人の話を聞きました。証言者がいない場合にはNHKの映像、ドキュメントをよく見ました。体験者の証言はインパクトが強く、ドキュメントは人間を描くので伝わるものがある。今、学生は新聞を読まなくなったとか、ニュースも見ないと言われています。ネットとスマホの中で他者との具体的な関係が見えにくくなっているのではないか。つながっているようでつながっていないバーチャルな関係の中で、世の中で何が起こっているのか、自分とどうかかわるのか、実感がもてなくなっているのかもしれません。その中で多様な人々の生きかたを聞くことで気が付くことがいろいろあります。

　証言を聞くだけでなく、家族の歴史から日本の近現代史を具体的に考える授業もしました。学生の祖母が話に来てくれたこともあります。家族には貴重な写真も残っています。一枚一枚の写真を読み解いていくと本人も知らない家族、地域の歴史が見えてきます。大叔父さんの一枚の「死亡告知書」から、戦後、政府が遺体もない遺骨もない死者をどのように処理したのか、そして靖国神社

に合祀したのかなどを遺族の視点から読み解いた優れた卒論を書いた学生もいます。一枚の写真、書類から何を読み取るのか、それが問題意識であり、研究ですね。

I：自分の身の回りのことがらから、社会のあり方を発見していくわけですね。

内海：在日外国人の経験も共有しました。アルバイトを希望して電話をしたところ本名を名乗ったら、「うちは外国人いりません」とガチャンと電話を切られた。「外国人は雇いません」と言うスーパーに改めて理由を訊ねると「日本語ができないから」というのです。在日3世の当人が流ちょうな日本語で電話しているのに、です。みんなで抗議に行こうか話し合いました。在日外国人にはこのように私たちには見えない日本社会の壁が見えています。

　戸籍謄本や婚姻届など当たり前に使っている公の書類も取り上げます。新民法では、婚姻は両性の合意による。姓は夫婦どちらかを選択できますが現実には90数％が男の姓を選択しています。この婚姻届には父母の欄がありますが、現在婚姻中の場合には、妻の姓を書かないでくださいと注記してあります。「父　山本太郎、母　愛子」と書きます。「父　山本太郎、母　山本愛子」と書くと、現在二人は離婚しているが、妻が離婚した夫の氏を名乗っていることを意味する。私たちが普段何気なく見ているこのような書類――住民票や戸籍謄本・戸籍抄本、婚姻届なども、女性、在日外国人などの視点から見るといろいろな問題が見えてきます。

　具体的例として国籍の問題を挙げておきます。日本人の学生にあなたはどうして日本国籍をもっているのですかと質問すると、日本で生まれたから、両親が日本人だからと答える人がほとんどです。しかし、1985年までは日本人女性が産んだ子供だからといって日本国籍がとれるわけではありません。国籍は男系すなわち父親で継承されていたのです。国際結婚が増える中でこの問題が具体的になってきました。おかしさを訴える声があがり、国籍法をかえるために研究や運動を重ね、法律を変えました。今は生まれた時に父又は母が日本国民の場合は子供は日本国籍が取得できます。最近はダルビッシュ有という選手がいるのでわかると思いますが、彼はイラン人と日本人女性の間に生まれていますが日本人としてアメリカで活躍しています。母親から日本国籍を継承したの

です。もし、85年以前に生まれていたらイラン国籍の外国人になります。国籍は国家とは何か、国民とは誰かを考える上で重要なテーマだと思っています。

このように他者の視点を置いただけで行政の中に組み込まれているいろいろな問題が見えてきます。これも平和学の現場です。学問は抽象化し概念化することはもちろん必要ですが、具体的な現場の知識、事実への想像力がなければできないと思います。

9　現場を歩く——その歩き方

Ｉ：最後に現場の歩き方のコツを（笑）、ぜひ詳しくきかせてください。
内海：仲間とワイワイ、楽しく歩いてきただけでコツなどありませんが、1980年代から30年以上東南アジアを歩いてきました。強いて「コツ」と言えば、日本でもアジアでも一緒に動き語りあえる調査や研究仲間をどうつくるのか、この点だと思います。ここで「現場」が日本に戻ってきました。『バナナと日本人』『エビと日本人』という本を知っている方もいると思います。具体的なモノを通して、日本とアジアの関係、構造的暴力を明らかにした鶴見良行さんや村井吉敬さんの仕事です。

今ではバナナやエビはスーパーの安売り商品になっていますが、私たちには高級品でした。1980年代、なぜかエビが安くなった。魚屋でどこから来たか聞いても「外国から」の返事しか返ってこない。安売りの向こうに何かある、そう考えて「エビ研究会」をつくりました。水産大学の夏期講座や築地市場でエビ情報を集めたり、スーパーを調査したり各自ができることから始めました。そしてエビは海でとれるだけでなく養殖ものがおおく、これが安売りのエビになっていることを知りました。東南アジアのマングローブ林を伐採した養殖池で生産されていたのです。池の開発のために熱帯林が伐採されていました。エビを食べて私たちは地球の温暖化に手を貸していたのです。

Ｉ：おかしいなと気づいて、情報を集める。そして現場に行くと。
内海：日本で、出来るだけ資料や情報を集めたあとに、現場を歩く。これが私たちのやり方でした。鶴見さん、村井さん、福家洋介さんたちと10年近くにわ

たってエビの現場を歩きました。養殖池はマングローブを伐採した海辺につくりますから、道がわるい。ジリジリと照りつける太陽の中、堰堤を歩くだけでぐったりします。沼地を歩くとズブズブと足が沈み込んでいく。その感触は何とも言えない、怖い。戦争中、ニューギニアの日本兵は敵に見つからないように夜中にマングローブの沼地を移動していますが、中には沈み込んで浮かんでこなかった兵士もいた、そんな記録が頭をよぎったからです。私たちは地元の人が沿岸で貝や魚を探している姿を見ながらの移動なので、ズブズブといってもひざくらいまでの湿地です。靴やゴム草履は泥地にくっついて歩けない。裸足になった。それでもスケートの要領で滑るように歩くと上手く進むことがわかってきました。養殖池をまわりエビの生育から出荷やどういう人が働いているかを調べました。あまりの暑さにエビ冷蔵用の氷を食べたこともあります。ちょっと不潔ですがもうお腹も壊さなくなっていました。移動は、地元の人が使うバス、ペテペテとかコルト（三菱コルトからきた呼び方）とかよばれる小型バス、島と島の間は地元の木造機帆船、よく揺れます。船酔いしないコツもわかってきました。真黒に日焼けしました。

　ニューギニア近くでは大型のトロール船にも乗せてもらいました。トロールは海底に潜っているエビを鉄の爪でひっかくようにしてとるので、亀も大型の魚も一緒に入ってくる。しかし売れない魚はゴミとして海に捨ててしまう。海底は高速道路のようにツルツルだ、日本人水産関係者の話です。安いからと消費していることで生産の現場でどんな問題をおこしているかがわかりました。その反省からいまジャワ島ではエコシュリンプという自然の力を活かした新しい養殖がおこなわれて、これが日本に輸入されています。

Ｉ：ジリジリ刺す太陽、ズブズブ沈む湿地、グラグラ揺れる船－まさに現場の手触りですね。こういう手触りが、そこで暮らす人々への理解を深めてくれるのかもしれません。実際に歩いてみると、全く予想していなかった発見もありましたか。

内海：エビの現場を歩いていると日本で気が付かなかったことが次々わかってきました。その一つが真珠やナマコです。トロール船に乗ったのはニューギニアの懐に抱かれたようなアル諸島ドボの近海です。そこには明治大正時代に多い

時には1000人もの日本人がいました。真珠貝採取ダイバーの基地だったところでした。真珠貝、フカヒレ、ナマコをとっていたのです。日本人ダイバーの子供にも会いました。日本国籍があれば年金がおりるかもしれないと思い、父親の出身地である和歌山県を訪ねて戸籍謄本を見せてもらいましたが、婚姻も彼の出生も届けられていませんでした。父親がオーストラリアで死亡したことは記載されていました。この時、父親を知っているという元ダイバーに会いました。半世紀以上も前のドボの町にはビリヤード、写真館、洗濯屋、下宿屋があり、シンガポールから浪曲師や「からゆきさん」が出稼ぎにきたといいます。しかし、戦争が始まると「敵国人」になった日本人ダイバーは蘭印軍に捕まり、オーストラリアへ送られ抑留されています。日本人の足跡はここで断ち切られました。

　エビの調査ではアンボン島に行きました。ここは日本軍が捕虜を使って飛行場を作った所です。戦争裁判の記録にも出てくる飛行場のあとも訪ねました。捕虜が強制労働をさせられ朝鮮人が戦犯になった飛行場跡を40数年後、エビの調査で立ち寄り、裁判記録に書かれている現場をこの目で確かめた結果になりました。

Ｉ：エビの現場を追いながら、戦犯の生きた現場を歩くことになったのですね。
内海：エビの調査ではフィリピンやオーストラリアにも行きましたが、おもしろいのは問題関心によって一緒に行く仲間たちのそれぞれの歩き方が違うことです。問題意識がはっきりしていて日本でできる限りの文献を読み、仮説を立てて歩く仮説検証型、現場から何を学び読み取るのか、対象にじっくりつきあいながら仮説を立てていく人、人の話をじっくり聞き、現地の人との対話を楽しむ人、歩くスタイルの違いは問題意識の違いでもあります。

　アジアを歩く時、そこで何を見るのか。問題意識、それまでの生き方、自分が今進めている研究や調査などが現場を歩く時に出てきます。そうして現場で鍛えられ、現場での対話から、また新たな問題が見えてくる。その往復作業が「現場」の醍醐味ではないでしょうか。

Ｉ：現場に立ち、現場を歩くことを基本にする。その中で調査の相手と対話しながら、自分が動いていく。動くというのは体だけではなく、調査をしたり、

文献を読んだりしながら。その中で自分が変わり、相手との関係も変わり、相手に認められるようになっていく。自分の研究が深まり自信がつき、相手との関わりがまた変わっていく。そのようにしてまた新しい現場が設定されていく。強く、しなやかな平和研究というのは、こういうふうに生まれていったのだなと実感しました。ありがとうございました。

注
1) 日本読書新聞社編　1965『ドキュメント朝鮮人―日本現代史の暗い影』日本読書新聞出版部。
2) むくげの会編　1972『身世打鈴(シンセタリョン)―在日朝鮮女性の半生』東都書房。
3) 内海愛子・村井吉敬　1980『赤道下の朝鮮人叛乱』勁草書房。内海愛子・村井吉敬　1985『シネアスト許泳の「昭和」』凱風社。
4) 2001年に南アフリカのダーバンで開催の「人種主義、人種差別、排外主義および関連する不寛容に反対する世界会議」で採択された宣言。国連主催の国際会議の場で、植民地主義の問題がはじめて明確に指摘された。
5) 内海愛子　2005『日本軍の捕虜政策』青木書店。
6) 内海愛子　1982『朝鮮人BC級戦犯の記録』勁草書房。その後の運動については、内海愛子2008『キムはなぜ裁かれたのか―朝鮮人BC級戦犯の軌跡』朝日新聞出版。

■課　題
(1) 新しい出会い、情報や資料の読み込み、研究対象との関係によって、内海さんの現場は変化していった(そしてこれからも変化していくだろう)。現場とは、場所だけを指すのではなく、そこには調査対象である人々との関係が含まれている。場所と調査対象に注意しながら、内海さんのこれまでの現場の変化を一つ一つ追ってみよう。
(2) あなたの現場はどこだろうか。それはこれまでどのように変化してきただろうか。まず自分がもつ社会への違和感、これが問題だと思うところをスタート地点に据えよう。そしてその問題の複雑さに気をつけながら、ゆっくりと思考を進めてみよう。

■推薦図書
鶴見良行　1982『バナナと日本人』岩波書店。
　30年も前の本とは思えないほど、いま読んでも新しさを感じさせる。バナナをつうじて生産者と消費者の関係、ひいてはアジアと日本の関係を問い直す視点は、欧米よりもずっと以前に日本に生まれたフェアトレードの思想の源流といえるだ

ろう。

村井吉敬　1988『エビと日本人』　岩波書店。
　　　　　2007『エビと日本人Ⅱ』岩波書店。
　わかりやすい文章ながら、日本と東南アジアの関係を軸に、人権、開発援助の問題から環境問題、そしてフェアトレードにいたるまで、グローバルな現代社会の複雑な事象を鋭く捉えている。「現場を歩く」学問の入門書。

内海愛子　2002『戦後補償から考える日本とアジア』山川出版社。
　日本の戦後補償とその問題点に関する入門書として勧められると共に、インタビューの中でもいわれている日本の「植民地責任」の未清算がどういうことかを具体的に知ることができる。ここでも「現場」に出かける著者の姿勢が生きている。

第 8 章 「平和の脱・国際政治学」
―― 北朝鮮問題と向きあう韓国、日本の NGO・市民運動

金　　敬黙

■**本章の目標**
　市民社会が取り組む紛争解決と和解の積極的な役割を模索する。
　北朝鮮問題の事例を通じて東アジア地域の平和を考える。
　（国際）政治中心主義から脱却して平和を問う。

■**キーワード**
　市民社会、脱・国際政治学、現場、文化摩擦（コンフリクト）、トランスナショナル

1　はじめに――国際政治学と平和学

　国際政治学　〔英〕international politics
　第二次世界大戦後に急速に成長した若い学問である国際政治学は、対外政策決定過程の研究と、各国の対外政策が交錯する国際政治の研究とに大別される。現代の国際政治学は、方法論的には行動科学の洗礼を受け、研究対象として国際組織や多国籍企業などの国家以外のアクターにも注目し、価値観的には平和研究を重視している。国際政治学の社会的使命は、戦争の防止、平和の確立に学問的に貢献することである。この学問は、今日では軍事的安全保障の問題だけでなく、食糧・エネルギー・環境保全・人権保護等々の国際問題にも対処しなければならず、学際的アプローチの必要が増進している（阿部・内田 1992『現代政治学小辞典』: 90）。

　筆者は国際政治学における NGO（非国家組織、Non-Governmental Organizations）の活動をテーマとしつつ、今までしばしば平和の問題に取り組んできた。国際政治学という学問は、上記の定義にある通り、戦争や内戦などの暴力がない状態を平和として位置づけ、また暴力の管理を主に国家の視点から考察する

学問である。そのために、国際政治に一定の影響を及ぼすことがない限り、原則、非国家アクターを研究の対象としない。最近は非国家アクターのトランスナショナルな活動に伴い、それらに関する研究も増えているが、国際政治学における国家中心主義は依然かわらない（金 2009: 1-2）。それは、グローバリゼーションや冷戦終焉以降にも、主権国家の存在が役割を変えつつも確固たるものとして残されているからであろう。結果的に、国際政治学において、NGOや市民運動など市民社会または非国家主体に関する研究は限定的なものとして位置づけられてきた。最近になってようやく「グローバル市民社会論」という文脈から国境を超えるNGO、市民運動などの研究が増えてきたが、グローバル（トランスナショナル）な視点に基づく市民社会の分析はいまだ始まったにすぎない。そして研究の対象も戦争や内戦、テロなど直接的な暴力に集中する傾向が著しい（カルドー 2007）。

　他方、平和という概念をより積極的な姿勢から探究する平和学（または平和研究、Peace Studies）という領域が生まれて久しい。しかし、前述した国際政治学と平和学、ならびに平和学関連分野の間には、明確に学問的境界線を設けることが容易ではない。主権国家が支配的であった20世紀型システムの名残から、いまだ平和学という分野においても国際政治（学）の影響が少なからず及んでいるためであろう。平和学分野において国際政治学の影響が大きいことは、国際政治学を専門にする研究者や学生たちにとっては、それほど大した問題ではないかもしれない。少なくとも筆者も学生時代はそのような気持ちを抱いていた。けれども、平和学と国際政治学を別個の学問として位置づける以上、国際政治学以外のディシプリンに依拠しつつ平和の問題に取り組む研究者や実務者にとって、「国際政治学≒平和学」または「国際政治学⊇平和学」という発想は、打開すべき課題であるに違いない。

　その一方で国際政治学を専門とする人びとにとっても、平和学関連の学会や研究会が試みるスタイルが常に居心地の良いというものでもない。これは別に国際政治学者に限られることではなく学会や研究会に参加する会員の多数が感じることであるかもしれない。少し大げさに言えば、平和学を探究する「場」は何人にとっても独特な空気が漂うのかもしれない。すなわち、学会や研究会

等でしばしば生じる、異なるディシプリンを専門とする人びとの間で起きる意思疎通の障碍である。確かに平和学は学際的（inter-disciplinary）な研究を進めようとしているし、それはとても望ましいことであろう。しかし、現状を推察する限り、この学際性は異なるディシプリンの交流と融和をもたらしているというよりは、異なるディシプリンが一つ屋根のもとで同居しているにすぎないのかも知れない。何故ならば、現状における平和学関連の学会や研究会では、ステークホルダー間における研究目的、分析方法、事例選定の基準、そして結論や含意が余りにも多様なままであり、広義の平和を模索すること以外には必ずしも共通点が多いとは言えない。良く言えば豊かさに富んでいるが、辛口に評するならば同床異夢的な印象も拭えない。

　何よりも国際政治学が主導する平和学の限界に痛感する。その一方で、現状の「フリースタイル」にも多少の違和感を覚えてしまう、というのが筆者の率直なスタンスである。したがって、本稿を通じて、「平和の脱・国際政治学」の模索を試みると同時に、「平和の人類学」への期待と課題についても筆者なりの考えを提示したい。そのために平和問題と関連するアジェンダとしてしばしば登場する北朝鮮問題を取り上げつつ、北朝鮮問題を「脱・国政政治学」的な文脈や「平和の人類学」から試みることの可能性と課題を韓国と日本の市民社会の事例を用いつつ分析する。この一連の作業を通じて、紛争（内戦）と和解、そして社会統合に取り組む市民社会の具体的な実践アプローチを学ぶことを期待したい。

2　「平和の脱・国際政治学」

2.1　ねらいとまなざし

　「平和の脱・国際政治学」を追究するためには、国際政治学のまなざしをクリティカルに捉える必要がある。筆者が思う限り、少なくとも日本の国際政治学界は、歴史的な分析手法と量的研究を好む戦後アメリカの社会科学の混在型である。歴史研究と量的研究の間には相当の溝があるにもかかわらず、日本の国際政治学関連分野において両者は絶妙な均衡を保ってきた。一つは過去の出

来事を史料に基づきつつ分析し、もう一つは世界の事象をデータとしてコード化する。両者は主に国家や為政者を分析単位とするために、一般の人びとの視点は欠落する。結果として、戦争や内戦などの暴力状態において「自らの死の危機を感じ、自らが他人の命を奪ってしまうかもしれない」という当事者としての恐怖はなかなか生まれてこない。国家を合理的なアクターとして捉え、淡々と分析する。感情は禁物。そういう学問である。

　このような国家と国家の「国際関係」に批判的な分析として、「民際学」や「歩く学問」というアプローチがある。前者は中村尚司（1994）が提唱したものであり、後者は鶴見良行（1995）の考え方である。そして、中村と鶴見は日本とアジアの関係、世界の構造問題を共に歩きながら探究した同志でもあった。中村の「民際学」と鶴見の「歩く学問」のまなざしを簡単に紹介しよう。

　「民際学」を提唱した中村は、西欧近代の歴史的な背景のもとで成立した社会科学が、近代国民国家の形成と不可分の関係にあったため、社会科学の諸分野は、近代国家内部の社会問題の分析と近代国家間の国際関係の解明と、その主要な関心を集中してきたと捉える。それに基礎を置く社会科学の諸学問が国境を越える民衆の直接的な交流を対象とすることが困難である、と認識する。その上で中村は次のように述べる。（龍谷大学社会科学研究所ウェブサイト、http://minsaigaku.jimdo.com/ 民際学の概要／　2012年6月15日アクセス。）

　　民際学は、方法上の個人主義を乗り越えて、相互主義、関係主義（ネットワーク）という方法を採用する。けっして既存の社会科学を否定するのではなく、その分析的な知性も包みこみ、補う仕事でもある。民際学では、普通の民衆の生き方が、そのまま研究活動になる学問に重なる。研究対象と研究する当事者とが、明瞭に分かれない。私が何者であるか、常に問い続けなければならない。私の生き方、私の社会的な活動そのものを私が研究する場でもある。したがって、フィールドワークに基礎を置く民際学は、「一人称や二人称で語る学問」と言い換えることもできる。当事者の立場を理解しながら行う研究は、しかしながら、決してやさしい仕事ではない。時には、自分の生き方までも、問い直す必要が生じるかもしれないであろう。

　次に、鶴見良行（1926-1994年）の「歩く学問」について述べたい。鶴見は日本の市民運動の原型とも言われるベトナム反戦運動時代の「ベトナムに平和

第8章 「平和の脱・国際政治学」

を！ 市民連合」(ベ平連)に深く関わりつつ、アジアと日本の関係を、エビやバナナ、ナマコなどの食べ物を通して明らかにしようとした。鶴見はアジアの辺境を幾度も歩いた「裸足の研究者」であり、「歩く民間学」の実践者でもあった。また鶴見は、日本の大学機構が現実社会の急速な変化に追い付いていないことや、国家や権力、富などに偏重する「中心主義」を批判的に捉えつつ次のような印象的な言葉を残している(鶴見 1995)。

> 知なき力は暴走になりますし、力と連動しない知的生産は象牙の塔にこもります。そして知の生産速度はほとんどが常に現実の生産速度に劣ります。

さらに鶴見はアジアの辺境や島嶼部を歩きながら自らを研究者ではなく、ジャーナリストと呼んでいた。鶴見には、問題を認識するための彼なりの方法があった。その部分を如実に表しているのが以下の言葉である(鶴見 1995)。

> カップラーメンをつくり味わってみるだけでも、机上で食品会社の資本構成を計算するよりいいと思う。つまり、私の方法意識では、カップラーメンをいじらずに、食品会社の資本を計算する学者は多々いるが、カップラーメンをのぞきこんで、そこに浮かぶ剥きエビがインドのマドラスの女性たちのむいたもの、と思いを運ばせるほうがいいと思うのです。

人類学者たちには当たり前のことであるかもしれないが、中村と鶴見の視点は、国家主義または中心主義への批判にとどまらず、現場の状況を軽視しがちな学問的な風潮そのものに警鐘を鳴らすものであると言える。中村が提唱した「民際学」と鶴見が考えた「歩く学問」という考え方は、言葉は異なるにせよ、両者の関係から共に同じ方向を目指していると言える。言い換えるならば実践においては「アジア太平洋資料センター(PARC)」などで具現され、研究においては上智大学や龍谷大学にてその系譜が継がれてきた。

それでは、なぜ、「民際学」や「歩く学問」という言葉を用いずに、あえて「脱・国際政治学」という表現を使用するのか。もちろんそれには、筆者なりの理由がある。その部分を北朝鮮問題に当てはめながら述べてみよう。

2.2 北朝鮮問題を「脱・国際政治学」する？

　なぜ中村の「民際学」や鶴見の「歩く学問」ではなく「脱・国際政治学」という言葉を用いる必要があるのか。筆者なりの言い分は次の通りである。

　「民際学」や「歩く学問」が生まれた時期は1960年代や1970年代である。冷戦期の真最中に展開した当時の国際関係や日本とアジアの情勢やイデオロギーと大なり小なり関連する。たとえば、「民際学」で使われる「民衆」という言葉は今の時代にはなかなか使われなくなった。かわりに「市民」という言葉が頻繁に使われる。半世紀前のアジアと今日のアジアも大きな違いがある。したがって、脱冷戦時代の1990年代以降の国際現象、なかでもグローバリゼーションが進展する今日を当時の概念軸だけで語るには多少の限界があり得る。

　しかしそれだけではない。「民際学」や「歩く学問」は確かに超大国や先進諸国ではない辺境を歩く、辺境からのまなざしであったが、それは現地へのアクセスが可能であったからこその視点であった。豊かな日本社会に生まれた一人の人間として現場で感じる自省心を語ることが二人に共通する視点である。

　けれども、中村と鶴見がスリランカやフィリピンを歩いた方法を用いて北朝鮮に渡り、その地を自由に歩き、そこで北朝鮮の民衆または今日的な言葉で語られる市民と出会い、市民の視点から日本を自省的に眺めることは、現状の日朝関係や国際政治がなかなか許してくれない。だからこそ、本稿では、「民際学」「歩く学問」の一歩手前としての「脱・国際政治学」という視点を活用することにしたい。

　では北朝鮮問題とは何を指しているのか。この言葉を用いた時点で既に「民際学」「歩く学問」を適用することのむずかしさが現われる。北朝鮮は近年、さまざまな難題にぶつかっている。日本社会を軸にするのであれば、拉致、核、ミサイル問題から始まり独裁政権、人権侵害、貧困、脱北者などへと多くのネガティブなイメージが続く。韓国の視点からも同じようなまなざしが主流である。まさに北朝鮮問題は国際政治そのものである。しかし、少しだけ視点をずらして「脱・国際政治学」を試みることも不可能ではない。たとえば、脱北者問題をあげてみたい。

　脱北者とは、北朝鮮の貧困や飢餓、そして政治的な体制などに不満を持つ人

びとが北朝鮮の国境を越え、中国内の外国公館、モンゴルや東南アジア諸国などを主に経由して韓国や欧米諸国に難民または移住者として定着した人びと、または定着を試みる人びとを指す。脱北者が国際社会に知られたのは1990年代半ばに北朝鮮で続いた自然災害などによる食料不足である。北朝鮮の食料不足はいまだ慢性的に続いているが、当時ほどの深刻な状態には至っていない。

北朝鮮に対して強硬路線を取る立場は脱北者を難民として位置づけ、問題の解決を北朝鮮体制の転覆につなげようとする傾向が強い。反面、北朝鮮との対話を重視する宥和路線は、北朝鮮の人権問題などを普遍的な課題であると認めつつも、脱北者に対する過度の圧力政策は、脱北者ならびに北朝鮮住民にさらなる苦痛をもたらすと懸念するために難民としての扱いよりはより良い生活を求めて越境した移住者としての扱いが妥当であると主張する（金 2012: 30-44）。

国際政治の論争は彼らが果たして難民であるのか、それとも移住者であるのか、という点である。この論争を「瀋陽領事館事件」を例にしつつ「脱・国際政治学」の視点からさらに掘り下げてみたい。

2.3 「瀋陽領事館事件」にみる国際政治学の落とし穴

「瀋陽領事館事件」とは、2002年5月8日、北朝鮮を脱北した一家5人が中国内の治外法権とされる在瀋陽日本領事館に駆け込んだ事件であり、この駆け込みを準備する段階でNGOが用意周到に企画をした「企画亡命」であった。この緊迫した模様は、共同通信の記者によって隠し撮りされ、その報道に接した全世界の人びとが驚愕した。中国の対応、日本の対応、そして命がけで助けを求める脱北者一家。それを隠し撮りするNGOとメディア。多様なアクターが登場する今日の国際政治の一幕を良く表す出来事でもあった。

瀋陽の日本領事館に駆け込んだ一家5人をめぐり、一時は日中両国の緊張関係が続くという外交問題にもなったが、その後、一家5人は一家が希望していた韓国へ無事たどり着くことができた。この事件は一家の一員であった当時2歳の赤ちゃんの名前から、「ハンミちゃん事件」としても知られる。脱北者問題に消極的な中国、日本両政府の問題が浮き彫りにされ、人道・人権的な観点からも日本社会で話題を呼び起こした国際的な事件であった。一家の命がけの

脱出劇が「平和の住処」として一家が希望した韓国にたどり着くという展開は、まさにハッピーエンドの展開でめでたく終わった。

　少なくとも国際政治学の視点に基づけばここでピリオドが打たれる。北朝鮮よりも経済的に豊かな韓国、そして今日の韓国は1980年代末の「ピープルパワー」によって1990年代の初めに民主化を成し遂げた経緯がある。分断が長く続いた結果、方言の違いはあっても同じ言語を話し、同じ文化を共有する、同じ「民族」である一家5人が韓国に定住するということは、もっとも理想的な展開であると、日本や韓国社会に暮らす多くの人は思うだろう。

　しかし、当時のメディアのトップニュースを飾った脱北をめぐる一家の壮絶なドラマは、数年後、思わぬ形でもう一度注目を浴びることとなる。今度は「ハンミちゃん一家離散」というゴシップ的な見出しとともに。報道の内容は、韓国に定着したハンミちゃん一家は、なかなか韓国社会に定着できない状態でいたが、母親が韓国人男性と不適切な関係に陥った挙句、一家の財産を中国に持ち逃げしてしまったという内容である。この出来事は大衆紙の報道をはじめ、2008年3月9日には地上波の報道番組でも報じられている。命がけの救出劇は思いがけない末路を迎えた（週刊新潮 2008：57-58）。

　ハンミちゃん一家に一体何が起こったのか。そしてそのような出来事は一家の個人的な事情による偶然の出来事にすぎなかったのだろうか。この問いに対して国際政治学では十分に答えることができない。韓国での生活を希望していた一家が無事韓国に定着したのであれば、通常それは平和的な問題解決である。しかし、一家は貧しいながらも一致団結して暮らしてきたのに、その家庭が韓国に移住することで崩壊と解体という結果を迎えてしまった。これは果たして平和的な解決であったと断定できるのだろうか。

　実際脱北者をとりまく現実は、韓国や第3国に定着してからも決して理想的なものではない。北朝鮮の国境を越えた瞬間から難民、移住者、不法越境者という立場にとどまらず、強制送還者、性的搾取の被害者、政治犯、強制労働者、収容所収容者、同じ民族（同胞）、ディアスポラ、ニューカマー、失業者、社会的貧困者、崩壊家族、生活保護対象者、多国籍家庭等々、さまざまな立場に置かれる（Chung 2008: 1-27）。ハンミちゃん一家の悲劇は、外部社会とそこに

暮らす人びとが脱北者を政治問題に限って認識してしまうことから生じる際の課題を露わにしている。

　以上のように、北朝鮮問題は多分に国際政治（学）の範疇で議論されがちであるが、「脱・国際政治（学）」の文脈も必要である。とは言え、中村や鶴見が提唱した方法論を用いるには制約がある。

　この問題意識を抱く、韓国と日本の市民社会はどのような問題解決に取り組むのだろうか。以下でその対応を考察することにしたい。

3　古典的統一観の克服──『小学生のための平和教育教材』

3.1　かつて私たちの願いは統一だった？

　韓国で学校教育を受けた人、または南北コリアの統一に関心のある人であれば一度以上は唄ったことのある歌がある。小学校で習う「우리의 소원（私たちの願い）」がそれである。

> 우리의 소원은 통일 꿈에도 소원은 통일
> 이 정성 다해서 통일 통일을 이루자
> 이 겨레 살리는 통일 이 나라 살리는 통일
> 통일이여 어서 오라 통일이여 오라
> 私たちの願いは統一、夢にも願いは統一
> この心を尽くして統一、統一をかなおう
> 民族を救う統一、国家を救う統一
> 統一よ早く来い、統一よ来い

　この曲の歌詞（作詞アン・ソギョン、アン・ビョンウォン）は本来、「統一」ではなく「独立」であったという。1947年、韓国の初代大統領となる李承晩博士が米国の軍政との葛藤で悩み、米国政府と政界の有力者たちに独立と貧しい経済事情を直訴するために渡米する際、民族衣装を着た子ども合唱団が後の国旗となる太極旗を振りながらこの曲を唄う姿をみて涙したというエピソードがあるが、後に、「独立」が「統一」に変わり国民的な童謡として知られている。

　しかし、この発想はもう古い。2008年、韓国の国会で配布された国政監査資

料によれば、同年9月22日から26日に韓国の13の市道（日本の都道府県に相当）で19歳以下の青少年4,355名を対象とした世論調査の結果、「統一に興味がない」と答えた比率は43.3％に達した。また「統一は必ず実現すべきか」という問いに関しても「そうである」という回答は4.3％に過ぎず、半数以上が「現状でよい」（24.8％）や「よくわからない」（28.9％）と答えたという。

このような現状維持派または統一懐疑派が若い世代に増えつつあることも無理ではない。生まれた時から、南北コリアは異なる国であったし、南北コリアの経済格差や政治、文化、社会すべてをみる限り、南北コリアの統一は、統一世代としての若者たちにとって大きな負担になることが明らかである。

ここで明らかにされることは、過去の反共教育ならびに現在の統一教育の限界である。反共教育とは言うまでもなく、北朝鮮をはじめ共産主義陣営に対する敵対意識を育ませる教育であり、冷戦時代の韓国で徹底的に施されてきた。筆者も反共教育世代の一人である。そして、現在の統一教育とは、1980年代までの反共教育の限界を補い、韓国が主導となって南北コリアの統一を実現するための準備に焦点がおかれる。政府や国家の政策としては当然であるかもしれないが、国家や政府の統一、まして南（韓国）側による吸収統一論が前提であるために、他者との差異を認めつつ南北コリアの共存を模索するまなざしであるとは言えない。

この限界を補おうとしている韓国のNGO「オリニオッケドンム」がある。

3.2　国家と国家の統一を超えて

「オリニオッケドンム」は、異文化理解や他者との共存を重視する、人類学者、ジャーナリスト、芸術家、医師など、各界の著名人、専門家の参加と支持のもとで設立された。北朝鮮の食料危機の真最中の状態であった1996年のことである。その具体的な背景には、北朝鮮の食料危機がある。食料危機によって、多くの人びと、なかでも社会的な脆弱層と言われる子どもたちが深刻な栄養不足や飢餓状態に瀕していたのである。本来であれば、食料支援や医療支援などの緊急救援活動に取り組まれることでありながらも、北朝鮮をとりまく国際政治は子どもをはじめ、一般の人びとへの支援に様々な制約を与えた（「オリニオッ

ケドンム」ウェブサイト　http://www.okfriend.org　2012年6月15日アクセス)。

　「オリニオッケドンム」の「オリニ」は子どもを意味しており、そして「オッケドンム」は「肩を組むともだち」という意味である。「肩を組む」ためには、同じくらいの背丈が必要であり、同時にともだちとしての友好、相互理解、信頼関係が求められる。しかし、南北コリアをはじめおとなたちがつくる政治問題は、結果的に南北の子どもの身体的な格差にとどまらず、心理的な不信感までもつくりだすという弊害をもたらすという問題意識から始まる。要するに、既存の北朝鮮観を壊さない限り、食料支援などの人道支援をはじめ信頼関係を育む平和文化の醸成までを不可能にさせるということである。同団体の設立趣旨文にはその問題意識が良く表れている（「オリニオッケドンム」ウェブサイト　http://www.okfriend.org　2012年6月15日アクセス)。

> 　統一時代を開く朝鮮半島の子どもたちひとりひとりは、身体はもちろん精神的にも健康に成長する必要があります。特に南と北の子どもたちが文化的・情緒的に互いに理解し協力できる世代として成長することのみが平和裡に発展する未来社会をつくりだせるのです。
> 　南と北は分断から半世紀が経っても平和であり安定的な正常な社会の姿を回復できない状態に置かれ、戦争の脅威から自由になれた時が一度もありませんでした。南と北の関係は体制競争の論理で一貫され、南北の住民たちは一方では相互の敵対心と憎悪が、他方では民族的な情緒が結合するという矛盾の感情を育ててきました。分断体制は南と北の双方に経済的、社会的、心理的に不要な浪費と損失をもたらしました。
> 　子どもたちにこれ以上、戦争の不安と分断の苦痛を繰り返させるわけにはいきません。
> ―設立趣旨文より―

3.3　民族という神話を超えて

　「オリニオッケドンム」の試みは、南北コリアを同一民族とみなし、したがって「単一政府の樹立＝南北統一の実現」であるという構図に限って捉えてきた既存の価値観を乗り越える視点から出発する。

　既に韓国内には世界各地から来た140万人以上の移住労働者が暮らし、なかでも中国籍朝鮮族がその多数を占める。最近は脱北者も韓国内で増え続けている。そして、このような人びとの増加に伴い、文化や生活習慣の違いをめぐる

摩擦や緊張が韓国内で生じている。この摩擦と緊張が、「朝鮮半島は本来、単一民族で構成されている」という民族的な神話の見直しにもつながる。当然、このアプローチを取る場合、先祖代々引き継がれてきている「伝統」を破壊したり、または左派的な思想の集団であるという批判を保守勢力から受けたりもする。

しかし、70年近く続く南北コリアの分断という現実は、言語、生活などの文化をはじめ政治、経済に至る様々な面で、「一つ」という神話的な思想からの脱皮を訴えるものでもある。「オッケドンム＝肩を組めるともだち」には思想や信頼的な側面以外にも、身体的な成長の格差までを含めた意味合いがある。

1995年に国際社会に知られた北朝鮮の食料危機は、20年近く経った今、青少年の成長と発育問題として現われている。2010年に韓国政府が発表した韓国男性の平均身長は174センチ、女性の平均身長は160.5センチである。一方、韓国の統一省が発表した脱北者数千人の平均身長は男性が165センチ、女性が154センチであるという。この一つをみても、南北の格差が、単に政治、経済問題を超える深刻な事態に至っていることが分かる（*Voice of America* http://www.voanews.com/korean/news/-0202-korean-heights-138562154.html 2012年6月15日アクセス）。

韓国社会は激しい競争社会である。脱北者にとってはけっして過ごしやすい住処ではない。この現状を省みる必要がある。したがって、民族や国家という同一性を強調することにこだわらず、異なる文化や価値観、生活様式を前提とした異文化の集団間の共存の視点が必要であるという問題意識が重要になる。要するに、中国籍朝鮮族も脱北者も同胞と外国人移住者のあいだに位置し、当事者とホスト社会に暮らす一般の韓国人との間での関係性の再構築が必要とされる。そこでもっとも問われるものが、「ホスト社会」としての韓国社会、韓国人の価値観の変容を試みることである。

その代表的な一例が「オリニオッケドンム」が作成してきた『小学生のための平和教育教材』である。ここでは、北から来た脱北者の子どもたちと韓国で生まれ育った子どもたちが学校生活や日常生活で経験する文化的なコンフリクトをエピソード的に取り上げ、なぜ、そのようなコンフリクトが生じたのか、そしてどうすればコンフリクトの解決や緩和、さらに回避が可能であるのかと

言う視点に着目している。筆者は日本の学校教育の専門家ではないが、いじめの問題にしても、外国人との関係においても、コンフリクトに正面から向き合う教育手法は公式にはいまだ存在しないと理解している。

「オリニオッケドンム」のアプローチについて、平和教育に関わる埼玉大学の岩川直樹は、日本で多文化共生教育に取り組む者へ示唆する点が多いと以下のように分析する（岩川 2004: 136-137）。

一つには日本の異文化理解教育が食や衣装、遊びの交流に終始しがちであり、しばしば「なかよしこよし」の異文化理解と揶揄されるような表面的なものに終わりがちであるという点である。しかし、そのような手法は現実に存在する異文化間の偏見や差別や衝突の問題が隠蔽される危険性を帯びる。

そして、もう一つには、「オリニオッケドンム」の教材が平和教育の教材として位置づけられているという評価である。要するに、南北の子どもが出会えば、現実においてはコンフリクトが絶えない差異があり、異文化理解を通して平和文化を模索しようとする点が多文化共生教育として意味をなすというのである。

4 トランスナショナルな試みから学ぶ——「南北コリアと日本のともだち展」

4.1 前史としての「対北朝鮮人道支援」

日本や韓国にとって、北朝鮮問題は政治問題と切り離して考えることは難しい。かりに北朝鮮問題に関わるアクターに政治的な意図がなかったにせよ、問題への関与・不関与は多分に政治的なインパクトをもたらすことになる。まして、政府や公的機関によるアクションは、「人道的な配慮に基づく人道支援活動である」とされたとしても、それはすなわち「政治とは一線を画す」というきわめて政治的な立場の表明を意味することになる。人道支援も同じである。人道支援は政治問題と切り離すことが前提であるが、日朝関係、南北コリアの関係を考慮すると、たとえ人道支援であっても北朝鮮に対しては行なうべきではないという世論が多数存在する。そのような状況に置かれている背景は改めて述べるまでもない。

ここで重視すべき点は、なぜ一部の市民社会は北朝鮮問題に関わりつづけるのだろうかという姿勢である。そしてその関わりは具体的にはどのような内容のものであり、それがどのようなインパクトをもたらすのだろうかという点でもある。1990年代の半ば以降、北朝鮮が経験してきた深刻な食料危機を直接的なきっかけとして関わり始めた日本の対北朝鮮人道支援を理解することが参照になるであろう。

北朝鮮の自然災害による食料不足は、根本的にはチュチェ農法の副作用でもあり、慢性的な食料不足をもたらしていたが、日本の市民社会は、国交のない、そして緊張関係が続く北朝鮮に対して、人道的な観点から緊急救援活動に取り組んでいた。しかし、1998年、「テポドンミサイル」の発射実験や、当時は疑惑であった拉致問題が世論に悪影響を与え日本からの人道支援はとても困難な状況に置かれていた（金 2004: 114-132）。

そのような厳しい環境のなかでも北朝鮮人道支援問題に関わった日本のNGO、市民運動は、宗教系NGO、開発系NGO、在日団体などに分類されるが、情報交換や連携活動を模索する意図から「北朝鮮人道支援NGO連絡協議会」を定期的に開催し、緊迫する北朝鮮問題に取り組んでいた。

また、国際社会との連携をはかるために、日本と韓国のNGOが共に集い議論する「北朝鮮人道支援日韓NGOフォーラム」を1999年に開催し、翌2000年には東京で「北朝鮮人道支援国際NGO会議」を開催するに至る。その過程で前述した「オリニオッケドンム」と出会うことになる（北朝鮮人道支援日韓NGOフォーラム実行委員会 1999）。

4.2　絵画を通じた出会い

「オリニオッケドンム」が進めてきた南北間の子ども交流に日本の子どもたち、そして朝鮮学校などに通う在日コリアンの子どもたちが加わる形で「南北コリアと日本のともだち展」は始まった。日本側の実行委員会は、北朝鮮人道支援の会、KOREAこどもキャンペーン、在日本韓国YMCA、在日コリアン青年連合、日本キリスト教協議会、ピースボートなど（2010年現在）、北朝鮮への人道支援活動に取り組んできた市民社会セクター（NGO、市民団体）が中心

となって結成している。未来を担う子どもたちに平和な北東アジアを託すために、交流のない北東アジア地域の人びとが知り合うきっかけをつくり、相互理解をすすめる第一歩にすることが実行委員会の基本的なスタンスである（南北コリアと日本のともだち展実行委員会 2010）。

「今日の日朝関係において、子どもの交流がもたらす意味は果してあるのだろうか。」

この疑問は実行委員会をはじめ企画に関わる多くの人びとにとって、何よりも根本的な問いかけである。第一回目の展示は2001年6月、「オリニオッケドンム」からの提案にこたえる形で日本、北朝鮮、韓国から集まった絵を一堂に展示した。それから2012年の2月まで絵画展は東京、ソウル、平壌で巡回展示を続けてきた。東京では展示会とともに子どもワークショップや大人向けのトークイベントを開催している。そして、翌年の2002年からは、韓国から子どもたちが来日し、日本と韓国、そして朝鮮学校に通う在日コリアンたちとの交流がはじまる。

東京での交流を追いかける形で2002年から韓国でも「オリニオッケドンム」の行事に日本人や在日コリアン（韓国籍、朝鮮籍、日本籍などを問わず）の子どもたちが、新型インフルエンザの流行で企画が中止となった2009年を除き、交流企画をしている。しかし、政治的な関係による市民交流が制約を受けることも多々経験してきた。たとえば、2008年に発足した韓国の李明博政権は、「朝鮮籍」在日コリアンの韓国訪問を禁止するという政策を取るようになった。結果的に朝鮮籍の朝鮮学校関係者は2008年以降、韓国への訪問が不可能な状態になっている。韓国を訪問したければ国籍を韓国籍に変えろという方針なのである。

また、2002年から2006年までは日本から持参した作品を平壌のルンラ小学校で展示してきたが、その間、北朝鮮が核実験を実施したりミサイルを発射したため、日本政府による北朝鮮に対しての経済制裁も発動された。結果的に、2007年以降、絵画展の実施が困難になってきた。

日朝間の関係悪化に加え、南北コリアの関係悪化によって、2009年になると北朝鮮側は「南北コリアと日本のともだち展」への協力を拒否するようになった。このような制約の中で、朝鮮学校の教師と学生が多大なる協力の手を差し

伸べる。「絵を送れないのなら、その場で絵を描いてもらって持ってくれば」と提案し日本の実行委員会と訪朝し、現地の小学校で直接絵を描いてもらったというのである（南北コリアと日本のともだち展実行委員会 2010: 12）。

「南北コリアと日本のともだち展」の交流にはいくつかのキーワードが見える。「双方向」「等身大」そして「共同制作」などである。今は政治的な関係によってなかなか出会うことができないけれど、いつかは東アジアの一員として出会うために、各地に暮らす子どもたちが絵画を介してお互いのことを知るということである。人道支援などの一方通行的な関係にとどまらず、双方の文化や生活を理解するためにお互いの絵を交流する。絵画に自己紹介メッセージや手紙の交換を通して、子どもたちの将来の夢なども書きくわえる。手を差し出した自画像はスキャナーで取り込み、作品の中で握手をしたりして出会う（寺西 2011: 123）。

このような作業を通じて、テレビなどのメディアでは伝えてくれない、北朝鮮の子どもたちの日常を理解する。また、最近は中国の朝鮮族自治州の図書館なども参加することによって、日本、韓国、北朝鮮、在日コリアンの交流は、中国籍朝鮮族へと拡大し、東アジアの子どもの交流へと拡大しつつある。

4.3　意図せぬ学びと発見

「南北コリアと日本のともだち展」の歴史は1990年代半ばの人道支援から始まり、2000年代に入って子どもの交流を通じた平和文化の育成に力を入れるようになった経緯がある。国交のない、また政治的にも歴史的にも課題が山積する南北コリアや日朝の人びとが試みた絵画などを通じた文化交流はどのような学びと発見をもたらしたのか。

ここでみられる絵画を通じての文化交流は、「今は出会えない」、すなわち「民際学」「歩く学問」の適用が困難な地域における「脱・国際政治」的な試みであった。その過程で、越境人または境界人としての在日コリアンや中国籍朝鮮族の存在が重要な役割を果たす。

一般的に韓国や日本のマジョリティにしてみれば、在日コリアン、なかでも朝鮮学校に通う子どもたちへの偏見と誤解はいまだ根強く残る。1990年代の半

ばから後半の時期において、韓国の NGO にとってみれば、朝鮮学校に通う子どもたちとの交流は、北朝鮮の子どもたちとの交流の代替的な印象またはインパクトをもたらすものでもあった。つまり、南北の子どもの直接的な交流、または絵画交流が困難な際、朝鮮学校の子どもたちは韓国社会において、北朝鮮の人びとにもっとも近い存在として伝わりやすい印象が期待できる。したたかな戦略という批判もあり得るし、純粋にナイーブであったとも言えよう。

けれども、実際、絵画展を通じた文化交流の経験が蓄積するにつれ、等身大の子どもたちとの出会いを通して、国家と国家のはざまに暮らす越境人、境界人の苦悩を学ぶようになった。他者へのまなざしを学んだのである。これは、最近、加わるようになった中国籍朝鮮族に対しても同じことが言える。

現在、韓国内には多くの中国籍朝鮮族が移住労働者、留学生などとして暮らすが、数の増加に伴い、コンフリクトも増加している。同じ言語とはいえ、異なる抑揚や語彙はコミュニケーションを妨げる障害にもなってきた。まして、朝鮮族の人びとは中国人としてのアイデンティティも持っている。近年にみる中国の影響力の拡大は、日本と同様、韓国社会においても政治や経済面におけるコンフリクトを増幅させてきた。「南北コリアと日本のともだち展」において、越境人、境界人の存在は今ではとても大きなものである。

その他方で、脱北者はいまだこの文化交流に参加できていない。言うまでもなく北朝鮮政府との関係を意識してのことである。その一方で、韓国社会での適応に失敗した脱北者たちが差別のない生活を求めて欧米諸国などへの再移住を試みている（金 2012: 30-44）。「脱・国際政治学」的な視点からすれば、解決すべき今後の課題であるに違いない。

5　おわりに──「平和の人類学」に向けて

本章は、平和の国際政治学の視点では分析することができないアジェンダを「脱・国際政治学」という視点から批判的に考察することが主な目的であった。「民際学」「歩く学問」という概念を肯定的に捉えつつも、「歩くことのできない」「民と民が出会うことができない」事例を「脱・国際政治学」という視点から

模索した。それは、現在の平和学が国際政治学と表裏一体関係に置かれていることを批判的に捉えるためでもあり、筆者自身が国際政治学を学んできたからでもある。しかし、「平和の脱・国際政治学」でも満たされない部分がある。「脱・国際政治学」と呼ぶ以上、国際政治の構造問題や文脈を常に意識しつつ、その上で、既存の国際政治学の落とし穴を埋めることが求められる。たとえば、「歩くことのできない」「民と民が出会うことができない」関係をつなぐために、他者との関係を理解しつつエージェンシーとしての機能を果たし得るアクターや試みが大切になる。本章の事例は文化の差異に着目したNGOの事例を扱ったが、このようなアプローチが参照になろう。境界人、越境人として複数の文化や社会を体験した人びとがそのようなエージェンシーを活性化させる。

　より積極的または能動的に今日のトランスナショナルな現象を扱いつつ、また人類学で導入するような、より具体的にディテールを描く研究、現場主義に基づく研究は不可能だろうか。「民際学」「歩く学問」の良さと国際政治学や社会学、そして人類学の良さを取り入れることはできないのだろうか。そのために先ずできることは、国際政治学、平和学、人類学、社会学など異なるディシプリンが、改めて積極的な平和の意味と方法を模索しつつ、境界の壁を取り除く努力を惜しまないことであろう。要するに学問間の相違点に着目しつつ対話（フォーラム）を進めることが、さらに理論と実践を融合するアプローチが差異の尊重と共存を進める役割の一つであるに違いない。異なるディシプリンのパッチワークを超える、融合性と創発的な学問の探究が、平和学（平和研究）者そして平和学（平和研究）とゆかりのある諸学会が模索すべき姿勢であろう。

　以上が国際政治学者としての筆者が抱く「平和の脱・国際政治学」であり、「平和の人類学」に期待するところでもある。即ち、量的研究ではカバーすることのできない問題を質的研究で分析する。国家中心主義が注目しない事象へのまなざしから構造・システム問題にも迫る。学際性を標榜する平和学（平和研究）だからこそできることであったにもかかわらず、その試みは不十分であったかもしれない。国際政治学を学ぶ人間として、それは自らの問いかけであり、自ら乗り越えるべき課題であることは自明である。だからこそ、人類学による「新しい」平和学（平和研究）への問題提起を一つの頼りにしたい。

■参考文献

（邦文文献）

阿部斉・内田満編
  1992　『現代政治学小辞典』有斐閣。

岩川直樹
  2004「越境する平和教育―南北オリニオッケドンムに学ぶ」日本国際ボランティアセンター『北朝鮮の人びとと人道支援』7章、明石書店。

カルドー、メアリー
  2007『グローバル市民社会論―戦争への一つの回答』山本武彦ほか訳、法政大学出版局。

北朝鮮人道支援日韓NGOフォーラム実行委員会
  1999「北朝鮮人道支援日韓NGOフォーラム」資料集

金敬黙
  2003「メディア報道と開発教育：北朝鮮報道問題を中心に」『開発教育』開発教育協会、第48号。
  2004「北朝鮮食糧危機をめぐるNGOの活動とそのジレンマ―人道・人権分野のNGOネットワークを事例に」『国際政治』日本国際政治学会、135号。
  2009「序　国際政治学とNGO研究」『社会科学研究』中京大学社会科学研究所、2009年3月、1-10頁。
  2012「北朝鮮問題における市民社会の役割と問題―脱北者問題への多角的な取り組みを事例に」日本国際政治学会編『国際政治』「市民社会から見たアジア」第169号。

寺西澄子
  2011「実践編：『南北コリアと日本のともだち展』の経験から」『開発教育』58：115-128。

鶴見良行
  1995　『東南アジアを知る―私の方法』岩波書店。

中村尚司
  1994『人びとのアジア―民際学の視座から』岩波書店。

南北コリアと日本のともだち展実行委員会
  2010「2001～2010　南北コリアと日本のともだち展」。

『週刊新潮』
  2008年　第53巻（1）。

第Ⅲ部　平和を問い直す

〈欧文文献〉
Chung Byung-Ho
　　2008　*Korean Studies*, Volume 32, University of Hawai'i, 1-27.

■課　　題
(1) 日本（人）の視点から、南北コリアの紛争解決と和解について議論しよう。
(2) 関心のある紛争の現場やイシューについて議論しよう。
(3) 国際的な紛争解決や和解において市民社会にできることとできないことについて議論しよう。

■推薦図書・映画
『クロッシング』（キム・テギュン監督、チャ・インピョ主演、2008年）
『ムサン日記』（パク・ジョンボム監督、パク・ジョンボム主演、2010年）
　　脱北者の越境状況の理解を助ける映画。
『JSA』（パク・チャヌク監督、イ・ピョンホン、イ・ヨンエ主演、2000年）
　　南北の分断状況と和解の心情を兵士の視点から描いた映画。
『ブラザーフッド』（カン・ジェギュ監督、チャン・ドンゴン、ウォン・ビン主演、2004年）
　　朝鮮戦争時、イデオロギー対立によって、家族が分裂し、敵対化する悲惨な歴史の理解を助ける映画。
小川了　1998『可能性としての国家誌』世界思想社。
ミンツ、シドニー・W.　1988『甘さと権力』川北稔・和田光弘訳、平凡社。
モーリス＝スズキ、テッサ　2007『北朝鮮へのエクソダス』田代泰子訳、朝日新聞社。
　　北朝鮮問題に関する人類学的な視点の本。

第 9 章　避難が生み出す平和
―― 原発事故からの母子避難者が形成する新たなつながり

辰巳　頼子

■**本章の目標**
　避難の問題を手がかりに、東日本大震災が被災者にもたらした困難を理解する。被災者同士、被災者と支援者が「つながる」とは何をすることを指すのか考える。

■**キーワード**
　移動、避難、難民、東日本大震災

1　はじめに

　2011年3月11日、東日本太平洋岸を襲った地震と大津波は、東北地方および関東地方の太平洋沿岸部に壊滅的な被害をもたらした。とくに宮城県、岩手県に多数の死者、行方不明者を出すとともに、多くの人々の生活の糧を一瞬にして奪い去った。さらに地震と津波によって東京電力福島第一原子力発電所は重大な原子力事故を起こし、約10万人の人々が政府からの指示のもと、突然に強制移動しなければならなかった。このような指示避難者以外にも、放射線の被害のおそれを感じた周辺地域の住民のなかには、自主的な判断から避難した人々もいる。地震、津波、原子力事故によるこのような大規模な避難は、日本が過去経験してこなかったものであるといわれる。
　本章では、原発事故にともなう放射線被ばくを恐れ避難する人々、とりわけ母子避難者が直面する諸問題への理解を深めることを目的としている。避難という行為について、人類学における非暴力、平和的社会の研究のなかで理解することからはじめる。避難という行為を積極的な平和実践としてとらえる視点

を出発点としながらも、母子避難者が直面している「関係性の切断」という特有の問題について明らかにしたい。そのうえで、避難者と定住者、そして支援者のつながり＝アソシエーションが、いまどのように育まれつつあるのか、最後に一例を紹介したい。

2　避難の人類学

　人類学の立場から難民問題を論じたマルッキは、難民についての言説や政策には「定住バイアス」があると指摘した（Malkki 1995）。定住バイアスとは、人はどこか特定の場所にとどまって暮らすのが普通であり、移動は非日常だというものの見方だ。しかし人類の歴史を振り返ると、狩猟採集、遊牧、漁業、焼畑農耕などからわかるように、定住とは生活様式の一形態にすぎない。現代においてこのような移動をともなう生業を営む人々は、国家の中心から離れた境域社会の少数者として理解されることが多い。人類学はこうした非定住型社会の研究の蓄積があるが、そこでの狩猟採集や焼畑農耕など移動を伴う生活様式については、環境への適応の結果とみなしてきた。

　ところが近年、こうした非定住型の生活様式を営む人々は、国家による統治を拒否し逃げてきた人々で、元々は定住者であったとの視点が登場した。スコットは、その著書『統治されない作法（*The Art of Not Being Governed*）』のなかで、非定住型の生活様式を営む人々は、元々その地域に暮らしていた人々というよりも、国家による統治から逃れるために移動してきた人々であり、その生業形式は、統治をすり抜けるための戦略的適応であったという大胆な説を唱えている。東南アジア大陸部の焼畑農耕を主要な生業とする山地民は、移動をくりかえしながら、定住型の稲作を基盤とする王権国家や、19世紀以降のイギリス植民地権力の統治をすり抜けてきたという。

　現在のように、人が居住することの可能なほとんどすべての地表が、隙間なく国民国家で覆われる状況は、19世紀末から20世紀初頭にかけて成立したきわめて新しい現象だ。20世紀以降の世界の特徴とは、国家による統治管理とは無関係に合法的に生存しうる隙間がなくなってしまったことにある。国民国家が

誕生し、その統治の体系が浸透するとともに、移住したり漂泊したりせずに定住することとは、国家からの庇護や特権を受けるかわりに納税や徴兵など国家への責任を果たす立場に立つことと同義となっていった。こうして人の移動は、国民国家の監視を受けるようになった。

中村（1999）によれば、日本では中世以降、奉公などの移動は活発で、人生のなかで場所を移動して経験を積むことはよくみられることだった。ただし地元の共同体への所属が第一義とされるため、その移動は可視化されなかった。しかし明治初期以降の国民国家創設のプロジェクト、戸籍制度や学校の創設をきっかけに、人の移動は可視化されていった。居住地の監視、管理を、徐々に人々が共有していくようになったという。例えば戸籍は移動先での籍の登録によって移動を明示化し、これを国民は受容した。国家の側からすれば戸籍は国民の監視、管理のための装置だったが、国民にとっては、例えば国家が提供する高等教育や中等職業教育は将来をより明るいものにするものであり、そうした暮らしには戸籍の登録が前提となった。このように定住とは、国民国家としての秩序が生まれ、それが受容される過程と関係してきたのである。

こうした国民国家の秩序が完成するまでは、例えば山岳地域は国家による統治から逃げてきた人々にとってのアサイラム（避難所）でもあった。人種、民族問わず、小作人や奴隷など自由を求めて辺境の地に集まった結果、ときにきわめて多様で平等主義的な共同体が形成されることもあった。スコットは、インドネシアのジャワ島東部のテンゲル社会について、ヘフナー（Hefner 1990）の民族誌を引用しながら、ヒンドゥー教徒でありながらカーストや貴族階級がみられないことに注目している。テンゲルは13〜15世紀にかけてジャワ島中東部で勢力をほこったヒンドゥー国家マジャパヒトの末裔と言われている。イスラーム国家マタラムの侵入から一部はバリ島へ、一部は険しい山岳地域へと逃れ、新たな共同体を形成した。その後も国家の統治から逃れてきた人々が共同体に身を寄せ続け、現在のような平等主義的なヒンドゥー社会を形成したという（Scott 2010: 134）。

国家による統治や戦争から逃げて、非暴力で平等主義的な共同体を形成する事例は、マレーシアのセマイ社会をその典型として、人類学の関心の対象であ

り続けた（Dentan 1992）。スポンセルとグレゴールは、問題のある場所や紛争の原因から離れて逃げる（flee）ことは、非暴力、平等主義的社会によくみられる平和の方法であると指摘し、これを「離れることによる平和（separative peace）」と呼ぶ（Sponsel and Gregor 1994）。外部社会と隔絶して非暴力社会を形成する宗教集団について論じるデンタンは、マレーシアのセマイのような社会から、フッタライトやアーミッシュ、そしてある種の反戦平和グループにいたるまで、迫害や戦争から逃れてアサイラムを形成する「難民」として理解する（Dentan 1994）。

　しかしある集団が移動によってそれまでのしがらみを全く立ち切って平和でいられるという事例は、一般化が困難かもしれない。国家の支配や植民地支配と切り離して自立した集団を想定することは難しい。移民や難民問題を研究する人類学は、国家や国際機関などの上位システムとの関係のなかで、移動する人々がどのようにふるまうのか、移動する集団内部でどのような差異があるのか注目する。むしろ、紛争因との関係を完全に切り離すことというよりも、紛争因との関係を調整し結びなおすことに、移動という行為がどのように役立つのか、という視点が必要とされるだろう。

　支配や暴力から逃げることを平和と単純に結びつけることにはもう一つの問題がある。逃げざるをえなかった様々な要因——戦争、植民地支配、貧困——が隠ぺいされる危険性である。南部アフリカのブッシュマンと呼ばれる狩猟採集民社会を調査する菅原は、争いや暴力を好まない平和主義者という理解は人類学者が作り上げてきた幻想であると指摘している（菅原 1998）。比較行動学や犯罪学的研究は「暴力を知らぬ」ブッシュマン像が幻想にすぎないことを指摘するが、むしろ強調しなければならないのは、ブッシュマンを国家の周辺へと追いやったジェノサイド、リンチ、投獄、強制労働という隠蔽されてきた歴史だと菅原は述べる（菅原 1998: 53-56）。

　スポンセルやデンタンの研究は、逃げるという行為を、戦争や暴力を回避するという意味での平和をつくる行為としてみる視点を提供した。スコットは、辺境民族社会をアサイラム空間でもある多文化的平等社会とみなし、避難という行為を、平和を実現させる積極的な行為とした。その一方で、彼らが避難し

なければならなかった背景としての「暴力」も忘れてはならない。避難する人々がつくりあげる社会を、平和を追求する実践と理解しながらも、避難せざるを得ない文脈のなかで位置づける必要があるだろう。

　スポンセルやスコットの提供する視点の意義は、「逃げる」というプロセスを介在させることにより、定住と移動を連続性のなかでみることにあるともいえる。国家の支配が届きにくかった先住民、という定住バイアスのかかった捉え方を、定住社会からの避難者と呼ぶことによって、定住者と移動者との壁をとりはらう視点を提供している。原発避難者について考える際にも、当然のことながら、定住と避難を連続性のなかでみることは重要である。

　しかし、原発事故からの避難と、ここで例としてあげた様々な避難とはいくつかの点において異なっている。第一に、放射線の影響を恐れる避難、とくに自主的な判断のもとの避難の場合、その避難の形態は集団単位ではなく個人単位ということである。放射線被害の脅威は、ある地域共同体に属する人々に等しく訪れるのではなく、脅威として感じるかどうかは―たとえ同じ屋根の下に暮らす家族であっても―大きな個人差がある。第二に、原発事故の避難者は、国家による統治や迫害などといった紛争因との関係を断ち切りアサイラムを形成する集団とは異なり、「故郷」や放射線被害の恐怖といった紛争因との関係を切断することは容易にはできない。そのことが原発事故からの避難者の避難生活に大きな問題としてのしかかっている。本書の序論で小田は、平和生成論について述べ、平和の定義を「他者とともに生きられる関係性をつくる」こととした。本稿は原発事故からの避難者のうち、母子避難者に焦点を当てる。母子避難者は、避難先で新しい関係を作りながら、どのように「ともに生きられる関係性」を作ろうとしているのか。そして「故郷」や放射線被害の恐怖といった紛争因との関係を結びなおしていこうとしているのだろうか。

3　避難する人々の視点——母子避難者を事例に

3.1　福島第一原子力発電所事故と避難者

　復興庁によると、津波および原発事故によって居住地を離れた避難者の総数

は30万4千人（2013年5月9日時点）で、全国約1,200の市区町村で避難生活を送っている。なかでも地震、大津波に加え原発事故から甚大な被害を受けた福島県では15万人あまりの人々が避難を余儀なくされている（復興庁HP）。

　放射線被害に関して政府は、3月12日に第一原発から半径20キロ圏内の住民に避難を指示し、その後4月22日からは半径20キロ圏内を警戒区域として立ち入り禁止とし、半径20―30キロ圏内、および周辺の一部地域を緊急時避難準備区域（2011年9月30日に解除）あるいは計画的避難区域に指定した。2013年5月28日現在、年間積算線量20mSvを基準に、5年間を経過してもなお、年間積算線量が基準を下回らないおそれのある「帰還困難区域」、基準を超えるおそれがあり、住民の被ばく線量を低減する観点から引き続き避難を継続することを求める「居住制限区域」、そして基準以下となることが確認された「避難指示解除準備区域」の三つの区域に再編を進めている。これに計画的避難区域を加え、放射線被害に関して指示をうけ避難している人数は83,910人である。残りの約6万6千人余りは、避難指示が出ていない地域からの、いわゆる「自主的避難者」である（福島民友HP）。

　福島県外への避難者は、統計の存在する2011年6月2日の38,896人から、震災から約1年後の2012年3月8日には約1.6倍の62,813人まで増えている。その後増減を繰り返した後、震災から2年以上経過した2013年5月においても、54,680人が福島県外で避難生活を送っている（福島県HP①）。福島県の2012年10月1日の統計では、18歳未満の県外避難者は16,970人、県外避難者の総数の約28.7％と、子どもの避難者が多いことがわかる（福島県HP②）。

　政府は、避難指示地域でない区域を「自主的避難等対象区域」とした。それをもとにこの区域で避難した人、避難していない人も含め、子どもおよび妊婦とそれ以外に分けて東京電力の賠償の対象となっている（表1）。2012年6月21日には、とくに子どもや妊婦の健康被害の支援に特化した「東京電力原子力事故により被災した子どもをはじめとする住民等の生活を守り支えるための被災者の生活支援等に関する施策の推進に関する法律」（以下では「子ども・被災者支援法」）が成立した。条文の基本理念（2条2項）には、「……支援対象地域における居住、他の地域への移動及び移動前の地域への帰還についての選択を

自主的避難等対象区域
福島市、二本松市、伊達市、本宮市、桑折町、国見町、川俣町、大玉村、郡山市、須賀川市、田村市、鏡石町、天栄村、石川町、玉川村、平田村、浅川町、古殿町、三春町、小野町、相馬市、新地町、いわき市のうち避難等対象区域を除く区域
東京電力株式会社からの自主的避難等対象区域居住者への賠償
第1回（2012年2月に発表） 子供・妊婦：事故発生から2011年12月31日までの損害として、一人あたり40万円、そのうち自主的避難した場合は一人あたり20万円を追加 上記以外の者：事故発生当初の損害として、一人8万円
第2回（2012年12月に発表、福島県南地域及び宮城県丸森町居住者が対象に加わる） 子供・妊婦：2012年1月1日から8月31日までの精神的損害として、一人あたり8万円（福島県南地域及び宮城県丸森町居住者には4万円） 全員：4万円の追加賠償

表1　自主的避難等対象区域と賠償内容

自らの意思によって行うことができるよう、被災者がそのいずれを選択した場合であっても適切に支援するものでなければならない」とし、その支援対象地域については、8条に「……その地域における放射線量が政府による避難に係る指示が行われるべき基準を下回っているが一定の基準以上である地域をいう」としている。つまりこの法は、理念上は、指示避難者、自主的避難者の区別なく、福島県内外の線量の高い地域に住んでいる／住んでいた人々が、とどまること、移動すること、帰還することについての選択を尊重し、いずれの場合においても必要な支援を行うことを定めたものである。しかし具体的な施策はその後発表されず、法律の成立後一年を迎えた2013年6月21日現在も、具体的な支援対象地域は策定されないままである。

3.2　東京における母子避難者の生活

　ここからは、東京に避難している母子避難者について、避難当初の様子、すなわち旧グランドプリンスホテル赤坂避難所（以下、赤プリ避難所）内および避難所から出て間もなくの避難生活の様子（震災から3カ月〜半年）と、震災から一年以上経過した後の避難生活の実態にわけて、述べていきたい。記述は、赤プリ避難所で、2011年4月から赤プリ避難所が閉鎖される6月末まで避難生活

を送った約300世帯を対象にしておこなった2011年6月13日～27日に実態調査と、赤プリ避難所閉所後の継続調査をもとにしており、別稿（辰巳・辰巳 2013）と重複する部分がある。赤プリ避難所での調査は、福島大学災害復興研究所および上智大学グローバル・コンサーン研究所が共同実施した調査票および聞き取り調査で、筆者も調査者の一人として加わった。調査票は298部が配布され合計70世帯からの回答を得た。聞き取り調査では母子避難者に焦点をあてて、0歳から10歳の子どもを持つ女性9名、孫と避難している女性1名に聞き取りを実施した。赤プリ避難所が閉所した2011年6月末以降は、母子避難者は都営住宅やホテルに分かれて避難生活を継続した。筆者は、支援者が開催するバザーやクリスマス会などのイベントを手伝い、参加しながら、避難者からの聞き取りも継続している。

3.3　避難の様子——2011年6月ごろの赤プリ避難所から

　2011年4月初旬に開設された赤プリ避難所は、東京武道館や東京ビッグサイトなど大規模避難所が閉所された以降も都内で開設されていた避難所の一つであった。赤プリ避難所の避難者（のべ800名あまり）では、赤プリ避難所への避難者の東日本大震災発生時の居住地は、調査票の回答を得られた70世帯中48世帯が30キロ圏外で、福島県いわき市からの避難者が約半数（154世帯406名、都資料より）を占めていた。いわき市は南北に広がっており市内には津波の被害を甚大に受けた地域がある。浜通りのなかでは空間線量が比較的低い地域といわれることが多いが、場所によっては線量が高い地域もある。避難指示地域からの指示避難者は団体として避難している例が多いが、自主的避難者は個人で親族や避難所を移動しており、最後に赤プリ避難所にたどりついたというケースが多かった。自主的避難者は当初借り上げ住宅の優先順位が低かったため、住宅に入ることのできなかった避難者に都が赤プリ避難所をあっせんしたという経緯もある。調査票の集計によると、赤プリまでの避難経路でもっとも多かったのが4回目の移動で赤プリに避難したケースであり（16世帯）、5回目以上の移動だったケースも同程度（17世帯）あった。また、震災以前に暮らしていた世帯の一部のみの避難が多くみられ（無回答を除く57世帯のうち半数以上）、避難

の過程で世帯が別々のところに分かれて避難していく例や、一度は赤プリ避難所に避難し、その後世帯の一部が以前の居住地に戻り二重生活を送っている例などがみられた。

　聞き取りから、避難当初の様子をみてみよう。いわき市在住だった赤塚さん（仮名）は震災直後、義母、姪２人、子（４歳）、本人の５人で、親戚をたよりに関西に避難した。親戚宅に数日間居候したが、金銭のトラブルから別の避難先を探すことを決意した。罹災証明がなく、当時開かれていた避難所をいくつかあたったが入ることができないとわかり、安い賃貸アパートをみつけて、家族全員でしばらく過ごした。しばらくして義母と姪はいわき市に戻り、子どもと東京に移動、東京ビッグサイトを経て、４月末に赤プリ避難所に入所した。赤塚さんは、赤プリ避難所に来て初めて母子だけの避難者がたくさんいることがわかり、自分の避難が間違いではないかもしれないと感じることができたという。同郷の人々と会え、同じように不安のなか我慢しながら暮らしているという事実によって励まされた。

　聞き取り調査では、赤塚さんをはじめ母子避難者は、ついこの間まで続いていた自分たちの生活を愛しく思う気持ち、故郷の素晴らしさ、それが失われるかもしれないことへの悔しさを繰り返し語った。避難所内でのつきあいを通じて、同郷の人たちが共有する苦しみに触れた。例えばボランティアの人が行うマッサージなどで隣り合わせになったお年寄りが、元気がなくなかなか部屋から出る気にならないと言っていることに、故郷を思い出して心を痛めた母子避難者もいた。

　母子避難者にとって、外部からの支援者は頼りになる存在であった。避難所を運営している都は、赤プリ避難所の避難者の多くを占める自主的避難者は「大丈夫だが念のため避難している方々」で、「十分な対応を行っている」という態度であった。多数の避難者を受け入れ、財源などが不明なことが多いなかで、都は迷いながらも対応した。実施したアンケート調査には、都の対応に対して、「私達が迷惑をかけているのに都側はたいへんよくしてくれた」という記述が目立った。一方で、「都職員の対応は本当は冷たい」と答えた人たちのなかには母子避難者が多くいた。母子避難者に対してはニーズが特定しやすいからか、

離乳食の提供などの個別支援が外部の市民団体から提供されていた。市民団体は母子避難者の苦労について丁寧に聞き、ニーズをくみ上げ、都とプリンスグループ側に伝えたが、そのような行為に運営者側は難色を示していた。このような対立は、他の避難者にはほとんど無意味なものであったが、母子避難者に対しては深刻であった。

　赤プリ避難所開所中は、都が認可した企業や個人による避難者対象のイベントもまた多数開催されていた。いわき市から5歳の子どもとともに自主的に避難していた中野さん（仮名）は、赤プリ避難所当時は、普段ではありえないほど外に出かける機会が多く、毎日忙しく走り回っていたとふりかえる。避難者向けイベントや子どもを遊ばせられる施設の招待などがあり、母子避難者同士はイベントで知り合いになり、他の情報を分け合った。子どもへの放射線の影響の勉強会、避難生活のニーズ調査ミーティングに加え、都側との調整、都庁へ出向いての陳情を行った母子避難者もいた。都の支援とは異なるルートでの活動も、市民団体らがつくったメーリングリストを通じて母子避難者のなかで共有された。

　6月末日の閉所が近付くにつれ、帰宅するのか、避難を続けるのかの選択のなかで、放射線被害の状況がより現実的な問題として表れてきた。この時点で、避難所閉所後に故郷へ帰ると表明している母子避難者はほとんどみられなかった。閉所後は、ホテル・旅館もしくは都営住宅への移動が都側から選択肢として提示され、避難者は希望を提出し、結果は抽選で決められることになっていた。ホテル・旅館は短期間の期限付きであるが三食付き、都営住宅は二年間の家賃補助という条件であった。

　しかし子どもが心配というだけで避難を継続することはできない。仕事を離れられない夫を残した母子避難は、夫が主な生計維持者である場合が多い。避難の必要性については夫と妻の意見が食い違うことも多く、母子避難者の多くが避難の継続について夫の説得に苦労していた。夫または妻の仕事の種類、同居親族の有無、持ち家かどうか、家のローンの有無、介護の状況、東京や関東に土地勘がどのくらいあるかなど、様々な要因を考慮しなければならなかった。

　とくに自主的に避難した母子避難者は、避難せざるを得なかった指示避難者

とは異なる葛藤があった。家族がバラバラのままでいつまで避難するのか、自分の判断は本当に正しいのか、避難所の閉所を前に決心は揺らいだ。いわき市から1歳の子と避難した松田さん（仮名）は産休後の復職直前に原発事故に遭い、自分の判断で避難した。ホテルか都営住宅か、避難の期間を決めきれず、「いっそのこともう一度（原発が）爆発したらいいのに。そうすれば夫も私もすべてふっ切って一からと考えられるのではないか」とさえ思うともらした。

　避難所で隣り合わせる指示避難者は、着の身着のままトラックに乗り込み、数日かけて複数の個所を経由してきた人たちだった。自主的避難者のなかには、強制的な避難ではないことに負い目、引け目を感じる人もいた。中野さんは、「水も出ず、食料も手に入れづらかった時に、原発の爆発や余震におびえながらも逃げないでいわきで頑張った人たちがたくさんいるのに自分はここにいる。だから、自分たちだけが勝手なことをしてと思われるのは仕方がないところもある」と言う。また自分が他の場所ではなく東京に避難しているのだという事実も関係していた。ある支援者団体が小学生以上の子どもたちのための卓球教室を開くことになった時、子どものストレス発散にと母たちは喜んだ。しかし「子どもが東京で卓球を練習してしまうと帰ったら勝ってしまう、勝つと東京で練習したからと言われる」という声があがった。故郷での人間関係をこじらせたくない、東京で遊んできていると思われたくないという感覚が働いているようであった。

　2011年6月末の赤プリ避難所の閉所後、都営住宅へ移動した人のなかには、その後も住宅で緩い近所づきあいを持つことができた人もいた。そのほかの多くの母子避難者は、徐々にアルバイト、パートなどをはじめ、新しい生活を始めていった。支援団体はその後もバザーやイベント、集まる場所の提供などの支援を続けていた。避難所から出て、生活が新しい局面に入るにつれ、故郷との関係も変化していく。故郷のライフラインの復旧作業がおわり、学校行事が少しずつ元通りに行われるようになるなかで一時的に帰宅してみると、「なぜまだ帰ってこないのか」、「そういう人がいるから風評被害になる」という目で見られる体験をする。小学生の二人の子どもとともにいわき市から避難している芳川さん（仮名）は、震災前は家業を手伝っていたが、避難所の閉所後も東

京で自主的避難を続けている。芳川さんは「東京でがんばっていることは、向こうの人たちにはとても言えない」という。東京にきているというだけで、実家の人間関係に差しさわりがあるかもしれないと考える。一時帰宅や実家のやり取りのなかで芳川さんが感じたことは、震災後は、「地元に以前はあったたてまえの関係ですら崩れている」ということだった。どこで誰が何を言っているかわからないし、それがどのように自分に影響するかもわからないと感じ、家業の関係者はもちろん、地元でかかわっていた組織や友人と連絡を取ることはしない。別の避難者は、「東京に避難してももっと安全なところを探してしまう。そんなことでいいのだろうか。支援してくださる方もいるのに申し訳ない」ともらしていた。東京での避難は、一時的な場での冒険、移動の非日常性を受け入れたうえでの体験であると考えられているようであった。

3.4 「安定」した避難生活のなかで──震災後一年以上経過して

　震災後一年以上経過すると、赤プリ避難所で一緒だった母子のなかにも、様々な理由から福島県へ帰る母子もでてくる。誰が戻ることに踏み切ったのかは、うわさで伝わってくる。二重生活の費用、親族の態度、夫との関係、夫または自分の父母の介護の状況など様々な要因を考慮し、きっかけを作って思いきって帰宅に踏み切るのだ。4歳の子どもとともにいわき市から自主的に避難していた香川さん（仮名）は、赤プリ避難所閉所後二年弱の東京での避難生活後、ぎりぎりまで悩んだ末に、子どもの入学に合わせて以前の居住地に戻った。週末に東京に来る夫の疲れ具合も、同居する夫の父母の体のことも気になってのことである。以前の居住地に帰ってみて、彼女は、子どもの食べ物による内部被ばくや外での活動を心配することに困難を感じるという。

> 　帰る前からわかっていたことだけれど、避難生活中のように自分が納得できるようなかたちで子どもの食べ物や外遊びの様子をみてやることはできません。祖父母や父親、学校のほかの保護者の目があります。家のなかでは「母親が管理すればよいことだ」と放置されるか、「母親だけが気にしている」とされてしまいます。そして「母親は心配したり気にするものだからしょうがない」というように、暗い話題を持ち出す張本人というふうに扱われてしまいます。どちらにせよこのことに関しては私は孤

第9章　避難が生み出す平和

立しています。何もなかったことにして暮らせればと思うがそうは私は出来ないので、一見何もなかったようにふるまっている人たちと一緒にいるのがつらいです（筆者によるインタビュー）。

　夫との二重生活にピリオドを打って家族がともに暮らせるためには、自分が帰る決断をしなければならない。夫が会いに来る頻度は家族によって異なるが移動で疲れているし、子どもは父親にも会えず、自分のストレスが子どもに伝染して子どもが苦労している。自分としては「正当な避難者である」と言いたいという気持ちはある。しかし本来は自分が事態に「目をつぶって」帰るべきなのであろうか、と母親たちは揺れる。郡山市から小学生の子ども二人とともに自主的に避難し、調査時点で二年以上の避難生活を続けている山本さん（仮名）はきっぱりとこう言う。

　　行政や国が言うことを何の疑いもなく信じられる人はいいんです。でも私は「実はこうなのかも」と考えることができるんです。様々な情報を集めようとすることもできる。そうするといろんなことがみえてきてしまいます。だからこそ金銭的に、精神的に、続けられるところまでこの避難を続けようと考えています。いつまで続けられるか、それはわからないけれど（筆者によるインタビュー）。

　しかし山本さんを含め母子避難者の人々は、故郷を非難するだけではことがすまない。自分が残してきた家庭があって、自分と同じぐらい苦しんでいるだろう人々がそこにはいる。震災前までの隣人や友人が、本当は避難している自分たちと同様に深い不安を抱えていること、それを口に出さないように我慢している人も多いだろうことはわかっている。赤プリ避難所を出た後、旅館、都営住宅と移動しながら、調査時点で二年以上避難生活を続けている松田さんは次のように語る。

　　帰ってしまえば以前のような暮らしがそのまま続いていくのはわかっています。とくに高齢の人たちは、変わらず土地で取れた食べ物を食べていると聞いています。だから、もしそういうところに戻れば、大丈夫と言われれば、私もそれに流されることになるだろうと思います。周りがそれほど気にしていなければ、自分だけがいつまで

も気にしていると思われたくないし。福島に残っているママ友は、みんな心のなかにはいろんな思いがあると思います。できたら避難したいけどって思っていても言わない人もいることはわかってます（筆者によるインタビュー）。

4　関係性がつくる平和

　東京に避難した母子避難者は、自分の頭で危険性について判断し、できるだけその判断に沿ったかたちで子どもを育てる環境を確保したいと望み、それに成功している。避難当初から、母子のみの避難では、避難計画、実際の移動（車の運転、ガソリン管理）を母親が一手に引き受けた。その後の金銭的、身体的、精神的マネージメントすべてをこなしている彼女らには、その重圧を乗り越えている自負もみられる。また、放射線被害、内部被ばくなどに関しては、科学の範囲では危機的な解釈から楽観的なそれまで様々に存在している。母子避難者はその多様性を理解しており、例えば避難によって内部被ばくをゼロにできると無邪気に思っているわけではない。東京にいれば不安がすべて解決できるというわけではないことも知っている。「東京で食べる分には、福島県産の食べ物のほうが厳密な検査をしているので安全かもしれない」と考える都内の避難者もいる。母子避難者のなかには、芳川さんのように、以前の人間関係を切断している例は少なくない。しかし当然のことながら、夫や両親を残してきているため、全く関係を断ち切ることはできない。

　物理的な切断だけではない。震災以前の世界からの切断を、「国家と科学への信仰」からの切断と開沼博は呼ぶ（山下・開沼 2012）。東京で暮らす母子避難者は、山本さんの言葉にもあるとおり、国家と科学への信仰を切断したからこそ避難し、避難を継続しながらその切断に向き合い、自分で悩みながらも判断し、暮らしている。しかし開沼も指摘する通り、以前信じていた世界からの切断を経験した人がすべて避難しているわけではない。故郷にとどまっている人々の多くもまた、国家や科学といった以前に信じていたものからの切断を経験している。そのことによって、つまり同じ状況を共有しているから、避難した人、避難したくなかった人、避難できなかった人、避難しなかった人それぞ

れがやり切れない思いを持つことになる。東京の母子避難者が持つ、故郷を捨てているのではないかという気持ち、自分だけが助かろうとしているのではという気持ちは、故郷の人々とのつながりを感じているからこその感情である。

　では、私たちの多くが科学や国家への幻想から切断され、物事をより明らかにみることができるようになったとして、そういう人々は守られることのない者として孤立するしかないのであろうか。立場の違う人たち――放射線被害に対する認識が違う人たち、避難した人としなかった人、指示避難者と自主的避難者は、どのように共通項を見出していけるのだろうか。現在東京に居住するという事実のなか、避難者と東京在住の人々は、どのように関係性を持つことができるのか。

　東京都内の母子避難者の生活からは、手さぐりながら、新たな関係性を育む試みがみられ始めている。それは、避難者と避難者が、また避難者と支援者が、自分たちを分断しそうな差異に目をつぶるだけでなく、問題をずらしながら、共有できる了解事項をつくる試みのようにみえる。

　第一に、今ここで周りにいる人のことをわかり合おうという試みをあげてみよう。例えば、自分の感情や体に正直になるためのワークショップである。柳沢さん（仮名）が参加したワークショップは、自分が別人になりきって、ある時どのように感じたかをお互いが表現し合うものであった。柳沢さんは、同じ避難者である周りの人たちがこんなことを感じていたのかと驚いた。

> 　同じ避難しているママが、電気が消えたというシチュエーションで、驚いて何かセリフを言うという役にあたったんです。そしたら彼女はおもいっきり大きな声で「こわい！」と怒りながら叫んだんです。もちろん何を話しても叫んでもいいんだけど、こんな風に表現するのかと驚きました。そして地震の時もこわくてこんなふうに彼女は叫んだのかなと思いました。私は劇の時も、地震の時も叫ばなかったけど、でも本当は叫びたかったのかもしれないと思いました。
> 　やっぱり不安やつらさを普段はぶちまけないけど、こういうところに来るとそれが自然に出てきているんだと思う。つらいことを経験しているのはお互い知っているけど、それが具体的にどういうことなのか、周りからすこし聞くことはあっても、面と向かって私も相手も話すことはありません。心の奥底まで共有することはないしその必要も感じないんです。このワークショップでもそれがすべてわかるわけではありま

せん。でも彼女が怒って叫んだのを見て涙が出ました。こんなふうに思ってたんだろうな、やっぱりそうだったのかな、という感じ。その場を離れるともう話さないんだけど（筆者によるインタビュー）。

　母子避難者の避難元での被災状況は様々である。近い人たちを亡くしたかどうか、津波をみたかどうかという違いもある。被害も比較的軽くすんだ人から、自宅には住めず生活の再建が立たない人までいる。賠償も、被害の実態にあったものがもらえた人から程遠い人まで様々である。相手のつらい経験には踏み込めない。ワークショップの主催者は、当事者同士では向き合えない、普段抑えている感情に向き合うように誘導する。ともすると傷口を広げかねないのでその準備ができていない人は抵抗があるし、参加もしない。しかし柳沢さんは、ゆっくりと本当の自分に向き合うことが助けになると感じた。柳沢さんが参加したワークショップは、市民団体が開催した避難者向けのものだった。母子避難者が支援のターゲットとして特定しやすいためであろうが、母子避難者が集まるイベントを提供する市民団体は、震災から三年以上経った今でも、都内に複数存在している。

　支援者が提供するのではなく、避難している人々自身が心を開放し、気持ちを吐露できるような場所や空間を欲し、ネットワーキングを進める例も見られている。小学生の子どもとともに田村郡から都内に自主的に避難した丸山さん（仮名）は、避難先で知り合った人々とともに子どもの安全のためのネットワーキングを始めた。フェイスブックなどでそれを発信しているうちに、都内や近郊に避難している母親たちと知り合い、それが縁で月に数回集まりを持つようになった。この団体「わかちあい」（仮名）は、丸山さんという代表を中心としたいわば知り合いの集まりで、自主的避難者も指示避難者もいれば、元の居住地も現在の居住地もばらばらである。月に数回集まる場所も、丸山さんやそれ以外のメンバーが得た被災者支援の個人や団体とのコネクションのなかで確保されていく。子どもの健康のための相談会や避難に関する情報の拡散の呼びかけなど、福島県からの母子避難者の関心に特化することも行っているが、それだけではなく月一回の集まりには、メンバーと知り合いになった東京に住む

いわば地元ママも集まりに出入りしている。地元ママからは、着なくなった子どもの服を集めて母子避難者に使ってもらおうというような差し入れがされることもあるが、一見誰が福島県出身かわからないママ友たちの集まりといった様子である。

このような雑多な集まりが可能になったのは、月一回の集まりを、心を開放する、身体を開放する、つながるというコンセプトにしていることが大きい。避難者の収入のためのワークショップも実施するが、自分と子どもの心の解放を重要に考えるため、活動内容は必ずしも支援者が「避難者の経済的自立」と呼ぶものにかぎらない。しかし集まりは避難に関するざっくばらんな情報交換の場としても機能している。例えば市民団体のなかには、避難者の権利を追求する一つの方法として東京電力に対して民事裁判をおこすことを呼びかけている支援者グループがある。「わかちあい」のある日の集まりでは、それについての情報が共有され、母親同士は検討してはいたが、全体として取り組むことにはならなかった。

筆者は、避難者と支援者のこのようなつながりが、原発事故に関わる母子避難の問題を解決すると主張したいわけではない。金銭的な問題で避難継続をあきらめる例もあり、賠償問題を通して解決すべきこともある。そういう意味では「わかちあい」の姿勢は消極的にみえるかもしれない。ただ、指示避難者―自主的避難者、賠償の有無、裁判への参加などによる差を尊重すればするほど、状況が同じ者だけしか共有することができなくなり、結果として分断が拡大していく。「わかちあい」は、そのような状況を避け、立場の違う者同士が心と身体を開きつながりあうという、とりあえずの目的をみつけている。何も信じられないという体験をした者同士が、問題をずらしながら共通項をゆっくりと探っていくこと、それを積み重ねることは、避難者にとって現実的な試みである。と同時に、支援者と避難者の関係を、支援（避難物資や裁判のノウハウの提供）―被支援（その受容）とは異なるものへと転換する試みでもある。大文字の言葉と比べれば、「心と体を開いてつながる」は頼りなくきこえる。しかし一旦国家や科学への信頼をあきらめ、「故郷」との切断を体験した人々が、それでもなお（小田の定義を借りれば）「他者とともに生きられる関係性を作」ろうと

する試みのなかで、そのための条件として浮かび上がったものなのである。

　本稿では問題をずらしながら避難者同士、避難者と支援者の関係を結びなおすという取り組みについて検討してきた。これは避難者だけが行っているわけではない。場所にとどまった人たちの間でも、一旦切断されかかった人間関係を結びなおす試みがなされている。いわき市の白水のぞみ保育園の例をみてみよう（いわき民報 2012; 福島民報 2012および筆者による園長へのインタビュー）。原発事故後、一年以上経っても保護者の間では食べ物や外遊びへの心配に関する意見が様々にあった。保護者も職員も、心配の度合いの個人差に加えて、地震、津波、原発事故による実際の被害の程度が人によって異なるので、またそれらは表立って表明されるわけでもないので、個々の感じ方を尊重しながらどうにかやり過ごしていくのが日常になっていた。そのなかで、白水のぞみ保育園長は、子どもの体幹を強くするために竹のピラミッドを建てることを決めた。8メートルの高さがあるもので、一見危ない遊具であると腰が引けるところだが、園長は登ることによって子どもの足腰が強くなり、高い場所に挑戦していくことで自信をつけられると考えた。竹でできているため定期的なメンテナンスが必要ということも重要である。園長の呼びかけに応じて、職員、保護者、地域住民やボランティアが集まり、2012年11月遊具を完成させ「たけのこうえん」と名づけられた。完成後もメンテナンスを繰り返している。園長の親交のあったロータリークラブが資材援助を申し出た。このロータリークラブは、震災後何か役に立ちたいという希望は大いにあり、前年の宮城県支援に次ぐ支援先を模索していた。子どもの足腰を強くする点、地域に解放されるという点で支援を決めた。完成後、子どもたちはあっという間に結び目を使ってするすると上まで登っていくことを学んでいった。保護者はそれをみることで安心し、それが保育園への信頼につながる。分断されがちな人間関係をもう一度つなぎなおすためには、保護者同士、保護者と支援者が納得できる条件を探すことが必要だった。

　母子避難者は避難を自らの判断で決断し、母子は自律的な空間を手に入れている。しかしそのことによって、同じ苦しみを共有しながらとどまることを選択した家族や共同体との切断を意識させざるを得ない。避難者同士の結びつき

もまた、その境遇に応じて際限なく切断されうる。そのような切断に耐えながら、避難者、避難先の隣人、支援者がふつうの人として関わり合い生きられるような関係性をつくる試みが、決して目立った形ではないが、ゆっくりと始められている。事例からは、他者とともに生きられる関係性を作るための条件をどこに設定するのかを探りながら行動する人々の実践がある。このような試みそのものは、一見して、避難者に苦難を強いているような構造に変化をもたらすことができていないようにみえる。ある立場からは、それは構造を変革する運動に「発展」しないものとみえるかもしれない。しかし平和を関係性のなかでとらえなおしてみると、むしろ、構造を変革することに目的をおいた運動の目指す社会の「生きられる条件」が、避難者や支援者の関係性のなかで試され、検討され、鍛えられている過程であると捉えられないだろうか。

5　おわりに

　以上、福島第一原発事故の被災者について、とくに子どもの被ばくを心配し避難生活を選択した母子避難者について、彼女たちが直面してきた諸問題に焦点をあててきた。母子避難者は、とどまることを選択した人々—夫、親族、友人、近隣住民—との切断を経験する。そのことによって彼女らは、自分の子どもの安全を自律的に考える空間を手に入れることができた。しかし同じ母子避難者のなかでも、その被害の度合い、経済状況によって、いつでも新たな切断がうまれるリスクが潜んでいる。同じ経験をした者同士のつながりというのは、苦しみの度合いが異なるとわかった途端に、断絶がうまれる可能性がつねにある。

　「わかちあい」の集まりのあり方は、こうした際限なく切断されてゆく関係性を新たに結び直す試みの一例である。震災による被害の実態も、賠償の有無も、放射線被害を不安視する度合いも人によって異なり、避難母子グループという集団を形成して取り組めば取り組むほど、新たな切断を生んでしまう。体や心を開くワークショップ、と問題を少しずらしながら取り組むことで、避難者から支援者までが積極的な態度を取ることができる。これは必ずしも問題と

向き合わないという消極的な行為ではない。むしろ問題を深く理解しているからこそ可能な、切断されたつながりを回復するための、現段階では最も積極的な、平和を再生する行為なのである。

避難者と支援者の関わりの実践は、例えば地域おこしなどの事例においては、新しいことではない。例えば敷田が指摘するように、もともとある土地に何の縁もなかったいわば「よそ者」が、地域出身者と知り合うことや、祭りなどの観光資源で一緒に楽しんだことがきっかけになり、時には地域出身者以上にその地域への愛着を持つ（敷田 2009）。「わかちあい」や白水のぞみ保育園の竹のピラミッドの例は、心と体の健康や安心、心を開くこと、身体を開くことが、立場を超えたつながりを媒介しうることを示している。

しかし例えば子どもの健康をめぐっては、食品の産地による買い控えなど、消費者と生産者のつながりの困難という大きな問題がある。自分で情報をさがし判断することのできる人々であっても、実際の購買においては、冷淡なほど産地にこだわった買い方をすると言われることがある。「わかちあい」のような避難者―支援者の枠を超えた集まりが、例えば消費者の立場では誰とつながり、どのような条件を新しく作っていくことができるのか、これからの課題である。

避難という行為は、戦争や災害の被害者による受動的、消極的な行為としてみられる傾向がある。本章では避難を、むしろ平和を実現する積極的な行為としてみる人類学の視点を用いながら、放射線からの避難について論じた。そこからわかったことは、この事例のように、集団ではなく個人が自律性を獲得するために避難する場合、避難の目的である紛争因との切断が、関係性の切断と孤立というリスクをもたらしうるということである。母子避難者による避難が平和する行為につながる条件とは、紛争因との距離を保ちつつ、避難者同士、および避難者と支援者、避難者と故郷との関係を結びなおす実践を続けることである。関係を切り離してしまうのではなく、新しい出会いを通して生きられる条件を模索し、関係を結びなおしていく試みこそが平和をもたらす―本事例は、平和の実現における関与の重要性を呼びかけている。

■**参考文献**

(邦文文献)

敷田麻実
    2009「よそ者と地域づくりにおけるその役割にかんする研究」『国際広報メディア・観光学ジャーナル』9：79-100。

菅原和孝
    1998「平等主義社会における暴力―ブッシュマンの「神話」と現実」田中雅一編『暴力の文化人類学』pp.31-68、京都大学出版会。

辰巳頼子・辰巳慎太郎
    2013「自主避難」のエスノグラフィー―東ティモールの独立紛争と福島第一原子力発電所事故をめぐる移動と定住の人類学」赤嶺淳編『グローバル社会を歩く―かかわりの人間文化学』pp.240-299、新泉社。

中村牧子
    1999『人の移動と近代化―「日本社会」を読み換える』有信堂。

山下祐介・開沼博編
    2012『「原発避難」論―避難の実像からセカンドタウン、故郷再生まで』明石書店。

(欧文文献)

Dentan, Robert knox.
    1992　*The Semai : a nonviolent people of Malaya.* New York : Holt, Rinehart and Winston, c1968.
    1994　Surrendered Men: Peaceable Enclaves in the Post-Enlightenment West. In Sponsel, Leslie E. and Gregor, Thomas (eds.) *The Anthropology of Peace and Nonviolence*, pp.37-68. Colorado: Lynne Rienner Publishers.

Hefner, Robert
    1990　*The Political Economy of Mountain Java: An Interpretive History.* Berkeley: University of California Press.

Malkki, Liisa H.
    1995　Refugees and Exile: From "Refugee Studies" to the National Order of Things. *Annual Review of Anthropology.* 24: 493-523.

Scott, James C.
    2010　*The Art of Not Being Governed: An Anarchist History of Upland Southeast Asia.* New Haven: Yale University Press.

Sponsel, Leslie E. and Gregor, Thomas (eds.)
　　1994　*The Anthropology of Peace and Nonviolence*. Colorado: Lynne Rienner Publishers.

いわき民報2012.11.6「バンブーピラミッド完成」
福島民報2012.11.7「竹製の大型遊具贈る」
白水のぞみ保育園長へのインタビュー（2012年12月14日）。

上智大学グローバル・コンサーン研究所
「旧グランドプリンスホテル赤坂避難所における世帯調査集計結果（暫定版）」
　http://www.erp.sophia.ac.jp/Institutes/igc/
福島県①「福島県から県外への避難状況」2013年5月28日最終確認
http://wwwcms.pref.fukushima.jp/download/1/01_25.5.17kengaihinansuu.pdf
福島県②「東日本大震災に係る子どもの避難者数」2013年5月28日最終確認
http://wwwcms.pref.fukushima.jp/pcp_portal/PortalServlet?DISPLAY_ID=DIRECT&NEXT_DISPLAY_ID=U000004&CONTENTS_ID=34426
福島民友「帰還困難・居住制限・避難指示解除準備」2013年5月28日最終確認
http://www.minyu-net.com/osusume/daisinsai/saihen.html
復興庁「所在都道府県別の避難者等の数」2013年5月28日最終確認
http://www.reconstruction.go.jp/topics/20130520_hinansha.pdf

■課　　題
(1)　放射線被害に対して、避難指示地域とそれ以外の地域それぞれの、原発事故によって避難している人々、避難せずに残っている人々がどのような困難を抱えていると想像できるか、まとめてみよう。
(2)　上にあげたような人々とあなたが共に生きるための条件を共有するとしたら、それはどういう条件だろうか、考えてみよう。

■推薦図書
中原聖乃　2012『放射能難民から生活圏再生へ―マーシャルからフクシマへの伝言』法律文化社。
　　アメリカによる核実験の被害を受けたマーシャル諸島の人々が、避難と帰還のはざまで、いかに生活の場を再建していったのかを描くエスノグラフィー。福島との比較も述べられている。

五十嵐泰正＋「安全・安心の柏産柏消」円卓会議著　2012『みんなで決めた「安心」のかたち─ポスト3.11の「地産地消」をさがした柏の一年』亜紀書房。
　生産者と消費者がともに納得できる条件を探す柏での試みの記録。とどまることへの希望が湧いてくる本。

あとがき

宮本常一はかつてそのアフリカ旅行記に、次のことを書き留めている。

> 明治時代に沖縄糸満の漁夫たちは小さなサバニという漁船に乗ってザンジバルまで魚をとりに来ていたという。平和な交流は目立たないものである。しかし根強いものがある（宮本 2001: 50）。

百年も前、沖縄のウミンチュは小型の木の船を漕ぎ出して、はるばるインド洋を越え、東アフリカの島にまで行っていた。それができたのも途中さまざまな島や港で、現地の人たちとの「平和な交流」があったからだろう。これを読むと、人と人とがつながっていく力は、風の動きや海の流れと同様に、世界の成り立ちの基層に当たるのではないかと思えてくる。

本書に収められた論文を通して浮かび上がってきたことの一つもまた、人と人とがつながっていく力ではないだろうか。それは、人々を分断しようとする種々の形態の暴力（戦争、植民地支配、レイシズム、原子力発電所事故等々）によっても、決して断ち切られることなく、むしろ意外な形で芽を出し、ゆるやかに結びつき、共に生きられる平和な関係性を形成していく力である。本書では、分断に抗し、境界を越えてつながりを取り戻していく人々の実践を捉えるための、新しい視座を提示し得たのではないかと私たちは自負している。

そのつながっていく力（あるいは「コネクティヴィティ」）の多様な表れを明らかにし、それを促進ないし妨害する条件を分析することが、「平和の人類学」の課題となってゆくだろう。人ばかりでなく、人と自然とのつながり直しも重要なテーマのはずである。

紙数に限りがあるために、本書で取り上げられなかった地域とテーマは多い。本書を一つの視座として、人々が平和を作り出していく力を明らかにし、促進するような研究がさらになされるならば幸いである。

第Ⅲ部　平和を問い直す

　本書は、国立民族学博物館において2008～2011年度に実施した共同研究「平和・紛争・暴力に関する人類学的研究の可能性」の研究成果論集に当たる。本書出版にあたり、館外での出版を奨励する国立民族学博物館の制度を利用した。この共同研究の代表は小田博志が、副代表は関雄二が務めた。「平和に対する人類学的アプローチの可能性と意義を明らかにし、『平和の人類学』と呼ぶべき分野をつくり上げていくこと」を目的に、志を共有する文化人類学と他分野（国際関係論、日本史）の研究者が集まり、報告と討論を重ねた。初年度14人であったメンバーは年度ごとに1人ずつ増え、最終年度には17人となった。代表・副代表以外の共同研究員は次の通りであった（五十音順）：足羽與志子、金敬黙、栗本英世、佐藤壮広、芹澤知広、辰巳頼子、田中雅一、外川昌彦、内藤直樹、中原聖乃、福島在行、福武（辰巳）慎太郎、福西加代子、藤井真一、麓侑佳。毎回、「市民社会・非国家主体」、「平和展示」、「平和構築と和解」、「平和資源」、「死と平和」といったテーマを定めて、4年間で計14回の研究会を数えることになった。研究会の詳細な内容については民博のウェブページに記録されており[1]、また代表者が報告文を折にふれ公表した[2]。

　また小田による本書収録の二つの論文の基になった研究は、JSPS科研費19652074（「人類学的平和研究の創出―ドイツにおける下からの平和構築に関する調査を通して」）の助成を受けた。

　特別講師を招いての研究会は印象的なものであった。「死と平和」をテーマとした2010年の研究会では、内海愛子さん（大阪経済法科大学アジア太平洋研究センター特任教授）と波平恵美子さん（お茶の水女子大学名誉教授）に報告をお願いし、平和学会でも文化人類学会でも見られない、本共同研究ならではの学際的な対話が実現した。また2011年には研究会を沖縄において館外開催し、沖縄戦の記憶の継承と表現の現場を訪ね、またそこで実践に携わっている方々との交流をした[3]。それは次の方々である：普天間朝佳さん、仲田晃子さん（ひめゆり平和祈念資料館）、大川芳子さん、玉城晃さん（沖縄県平和祈念資料館）、大城和喜さん（南風原文化センター）、佐喜眞道夫さん（佐喜眞美術館）、花城郁子さん（神猫工房）。この館外研究会では、平和に向けた長年にわたる多様で、粘り強く、そして独創的な努力を目の当たりにし、参加したメンバーいずれもが豊かな学

あとがき

びをいただくことができた。種々の制約から、本書にはその直接の成果を盛り込むことが残念ながら叶わなかったが、沖縄での経験は通奏低音のようにここに反映されているはずである。

以上の共同研究および本書の刊行は多くの方々のお力添え無く実現できなかった。ここに心からのお礼の言葉を伝えたい。とりわけ、共同研究会のメンバーとオブザーバー、そして特別講師の皆さん、また事務手続きの点でお世話になった国立民族博物館研究協力課共同利用係の担当の方々、原稿のとりまとめにご尽力いただいた関研究室の藤田京子さんには感謝申し上げる。この出版企画を担当し、支援してくださった法律文化社編集部の小西英央さんには深謝したい。

注
1) http://www.minpaku.ac.jp/research/activity/project/iurp/08jr110
2) 『民博通信』No.128: 18-19, No.130: 26-27, No.133: 18-19、「平和の人類学がめざすもの」（渡邊直樹編　2010『宗教と現代がわかる本2010』pp.106-109、平凡社）。
3) 沖縄での研究会の報告は『民博通信』No.133: 8-19に掲載されている。

■参考文献
宮本常一
　　2001『宮本常一、アフリカとアジアを歩く』岩波書店。

小田　博志

関　雄二

索　引

あ 行

アイデンティティ　96
アイデンティティ政治　96
アイヌ民族　11, 12
アクター・ネットワーク論　11
アジア解放　158
アジア太平洋資料センター（PARC）　171
阿波根昌鴻　22, 69
歩く学問　170, 171, 182-184
アル諸島ドボ　163
アルベンス，ハコボ　99
安斎育郎　123
飯島みどり　116
池田光穂　98
移行期の正義　49, 58
遺骨　154
イデオロギー　97
移動（と平和）　190
李鶴来　155
異文化理解　179
インサイダー　64, 65
インドネシア（共和国）　50-57, 59, 64, 149-153
インフォーマル・セクター　9
ウンリット・ディンカーヌエル平和和解会議（ウンリット会議）　29, 30, 37, 42
エイジェンシー　4, 6, 11, 15, 17
エスノグラフィー　9, 71
エスノサイド　99
越境人　182-184
NGO　95, 167
エビ研究会　162
『エビと日本人』　162
エル・エストル　107
エル・サルバドル　108
オーストリア　108
ODA　28

大阪人権博物館（リバティおおさか）　130
太田好信　98
オリック，ジェフリー　111

か 行

ガーゲン，ケネス　84
ガードナー・フェルドマン，リリー　86
外部者（アウトサイダー）　49, 50, 53, 57, 64-66
開発協議会　109
加害者　59
萱野茂　11
ガラン，ジョン　34, 35
ガルトゥング，ヨハン　i, 16, 22, 123
関係性　6, 13, 70, 187, 188, 190, 191, 200, 201, 203, 205, 206
関係論　70, 71
関係論的アプローチ　10
慣習法　36, 41
歓　待　14, 18, 84
ガンディー，モーハンダース・カラムチャンド　2, 22
記　憶　95
　　──回復　95
　　──装置　97
　　──の場　96
企画亡命　173
北朝鮮問題　169, 172, 179, 180
記念の場　72, 83
虐　殺　100
境界人　182-184
強制収容所　77, 79
極東国際軍事裁判所　151
グアテマラ　95
グアテマラ法人類学協会　101
グチエレス，ザイーデ・シルヴィア　117
クライシヒ，ロター　73, 77

グローバリゼーション　172
軍抑留所　151
ケケチ　100
ゲリラ　100
言説　16
現場　3, 9, 15
現場主義　184
構造的暴力　5, 16
国際協力　97
国際協力機構（JICA）　28, 45
国際政治学　167
国際平和博物館ネットワーク　119, 123
国民国家　4
国連　27, 44
狐崎知己　116
コスタリカ　107
国家中心主義　168
コネクティヴィティ　86, 210
コンパッション　14
コンフリクト　179, 183

さ行

在日朝鮮人　143, 147, 148
「在日」の問題　147
裁判外紛争処理（ADR）　64
サッティヤーグラハ　2
サラサール，ダニエル・エルナンデス　116
ジェノサイド　5, 8, 87, 116
支援者　49, 50, 57, 64, 195, 202-206
自主的避難（者）　187, 191-193, 197-199, 203
自然／文化　11, 12
下からの平和　28, 29, 31, 33, 42
市民運動　49, 51, 53, 57, 63, 65, 66
市民社会　168, 169, 180
社会的記憶　95
十月革命　99
住民参加　103
主権国家　4
出入国管理令　148
受容真実和解委員会（CAVR）　58-60, 64, 65
植民地　87

植民地主義　5, 87
食料危機　180
人格　84
人権コンソーシアム　102
真実和解委員会　58, 65, 111
真珠貝　164
人道支援　179
人道的介入　31
瀋陽領事館事件　173
スーダン人民解放運動（Sudan People's Liberation Movement, SPLM）　30, 31
スーダン人民解放軍（Sudan People's Liberation Army, SPLA）　29, 31, 33-35, 38, 41, 42
スガモプリズン　156
積極的平和　5, 13
戦後補償　143, 144
先住民族　5
先住民団体　107
『戦場のメリークリスマス』　152
戦争　4
　――裁判　148
　――体験　120, 132, 133
　――犯罪　150
線引き　87
想像力　14
ソンタグ，スーザン　117

た行

第五福竜丸　145
泰緬鉄道　155
大量殺戮　95
多現場エスノグラフィー　71
他者　6, 13, 70, 82, 83, 86
脱・国際政治　182
脱・国際政治学　172, 183
脱北者　172, 173, 177, 178, 183
多文化共生教育　179
ダンロップ中佐　157
チャンギー刑務所　156, 157
朝鮮人監視員　152

索　引

償い　74, 88
坪井主税　122
鶴見良行　144, 162
帝国主義　5
ディンカ　29, 33-35, 38, 40, 45
統一　176
当事者（インサイダー）　49, 50, 58, 64-66
独立英雄　149, 153

　　　　な 行

内戦　95
ナヴァ, グレゴリー　117
ナヘビティ　49-51, 64, 65
ナラティブ　71
新川志保子　116
日本国籍　161
日本平和博物館会議　119
人間中心主義　11
ヌエル　30, 33-35, 38-40, 45
ネットワーク　82
ノラ, ピエール　96

　　　　は 行

媒介　15, 81, 84, 85
『バナナと日本人』　162
反戦博物館　123, 125, 126
パンソス　100
　　──・ミュージアム　104
　　──の歴史化委員会　103
BC級戦犯　143
BC級戦犯裁判　143, 148
被害者　49, 50, 59, 66
東ティモール（民主共和国）　49-57, 63, 64
非暴力　49, 66, 67
秘密墓地　100
表象　98
フアン・ヘラルディ・コネデラ司教　112
フィンカ　99
フィンケーロ　108
フーコー, ミシェル　16
フォーラム　129, 130

複眼　146
フランス　108
ブルゴス, エリザベス　116
文化交流　183
紛争解決　7
文脈理解　10
米州人権裁判所　107
平和学　168
平和教育　179
平和研究　168
　　──入門　160
平和構築　7, 49, 51, 66, 71, 95
平和資源　15, 81
平和する　, 1, 13
平和生成論　12
「平和な社会」アプローチ　7, 8
平和のための博物館　123-125
平和のための博物館・市民ネットワーク　119
平和のための歴史化　102
平和博物館　118
平和文化　182
壁画　95
ベトナムに平和を！　市民連合（ベ平連）　170
ベン-アリ, エアル　96
包括和平合意（Comprehensive Peace Agreement, CPA）　30, 32, 33, 38, 45
忘却　111
暴力　103
母子避難（者）　187, 188, 193, 195-197, 200-202, 204, 205
ポストコロニアル　98
捕虜監視員　149, 150, 152
捕虜虐待　152
捕虜収容所　149, 150, 152
ホロコースト　75, 76, 78, 81, 82, 87, 88

　　　　ま 行

マチャル, リエック　33, 34, 40, 45
南アフリカ　111

宮本常一　210
ミュージアム　95
民際学　170, 171, 182-184
民族差別　96
民族浄化　95
むくげの会　147
村井吉敬　144, 162
メモリアム・ミュージアム　97
メンチュウ，リゴベルタ　116
モスコソ，フェルナンド　102
モノ　3, 11, 13, 15, 129, 130

　　　　　や　行

梁七星　149

　　　　　ら　行

ラディーノ　103

ラトゥール，ブルーノ　11, 18
立命館大学国際平和ミュージアム　126
リフレクシビティ　15
レイシズム　5, 87
レヴィナス，エマニュエル　18, 84
歴史認識　86
歴史の記憶回復プロジェクト　112
歴史の推進者　103
歴史の他者　70, 75, 82, 83
歴史和解　71

　　　　　わ　行

ワークショップ　103
和解　7, 49, 60, 61, 65, 71, 73, 74, 76, 77, 85, 86, 111, 156
『私は貝になりたい』　159
和平協定　99

編著者紹介
(五十音順)

[編　者]

小田　博志（おだ・ひろし）　　　　　　　　　まえがき、第1章、第4章、あとがき
北海道大学大学院文学研究科准教授。専攻は文化人類学。ドイツに関わる戦後・植民地後和解について調査を進めている。著書に『エスノグラフィー入門―〈現場〉を質的研究する』（春秋社、2010年）、『アイヌモシリと平和』（共著、越田清和編、法律文化社、2012年）などがある。

関　雄二（せき・ゆうじ）　　　　　　　　　　まえがき、第5章、あとがき
国立民族学博物館研究戦略センター教授。専攻はアンデス考古学、文化人類学。アンデス文明の生成過程、文化遺産の保存と活用を研究。主な著書に『古代アンデス　権力の考古学』（京都大学学術出版会、2006年）、『グアテマラ内戦後　人間の安全保障の挑戦』（狐崎知己・中村雄祐と共編、明石書店、2009年）などがある。

[執筆者]

内海　愛子（うつみ・あいこ）　　　　　　　　　　　　　　　　　　　　　第7章
大阪経済法科大学アジア太平洋研究センター特任教授。専攻は歴史社会学。在日朝鮮人などマイノリティの人権問題に関心をもって活動、戦後補償、戦争裁判、捕虜などについて現場調査を続けてきた。著書に『朝鮮人BC級戦犯の記録』（勁草書房　1982年）、『戦後補償から考える日本とアジア』（山川出版社、2002年）、『スガモプリズン―戦犯たちの平和運動』（吉川弘文館、2004年）、『日本軍の捕虜政策』（青木書店、2005年）、『東京裁判―捕虜関係資料』（全3巻）（共編著、現代史料出版、2012年）などがある。

金　敬黙（キム・ギョンムク）　　　　　　　　　　　　　　　　　　　　　第8章
中京大学国際教養学部教授。専攻は国際関係論。脱北者の海外移住について調査を進めている。著書に『越境するNGOネットワーク』（明石書店、2008年）、『NGOの源流をたずねて』（めこん、2011年）などがある。

栗本　英世（くりもと・えいせい）　　　　　　　　　　　　　　　　　　　第2章
大阪大学大学院人間科学研究科教授。専攻は社会人類学、アフリカ民族誌学。南スーダンの戦後復興と平和構築について調査研究を進めている。著書に『未開の戦争、現代の戦争』（岩波書店、1999年）、監修に『叢書コンフリクトの人文学』（全4巻、大阪大学出版会、2012年）などがある。

辰巳[福武]慎太郎（たつみ[ふくたけ]・しんたろう）　　　　　　第3章、第7章
上智大学総合グローバル学部准教授。専攻は文化人類学。東ティモール、インドネシアの境域社会の研究を進めている。論文に「略奪婚―ティモール南テトゥン社会における暴力と和解に関する一考察」『文化人類学』（第72巻1号、2007年、44-67頁）、「開発を翻訳する―東ティモールにおける住民参加型プロジェクトを事例に」信田敏宏・真崎克彦編『東南アジア・南アジア開発の

人類学』(明石書店、2009年、157-184頁) などがある。

辰巳　頼子（たつみ・よりこ）　　　　　　　　　　　　　　　　第7章、第9章
　清泉女子大学文学部専任講師。専攻は文化人類学、東南アジア地域研究。フィリピンのムスリム社会における人びとの移動とイスラーム実践について調査を進めてきた。「旅して学ぶ―フィリピン・ムスリム留学生の事例から」床呂郁哉・西井凉子・福島康博編『東南アジアのイスラーム』(東京外国語大学出版会、2012年、29-47頁)、辰巳頼子・辰巳慎太郎「「自主避難」のエスノグラフィ―東ティモールの独立紛争と福島原発事故をめぐる移動と定住の人類学」赤嶺淳編『グローバル社会を歩く―かかわりの人間文化学』(新泉社、2013年、240-299頁) などがある。

福島　在行（ふくしま・ありゆき）　　　　　　　　　　　　　　　第6章、ガイド
　日本現代史研究者、平和博物館研究者。専攻は歴史学。戦後日本の平和博物館およびその前史について民衆運動史的観点を基礎に研究している。主な業績として、「平和博物館と歴史―「戦後」日本という文脈から考える」(『日本史研究』第607号、2013年、112-131頁)、「〈平和博物館研究〉に向けて―日本における平和博物館研究史とこれから」(『立命館平和研究』別冊、2009年、1-77頁、岩間優希と共著) などがある。

Horitsu Bunka Sha

平和の人類学

2014年3月15日　初版第1刷発行

編　者	小田博志・関　雄二
発行者	田靡純子
発行所	株式会社 法律文化社

〒603-8053
京都市北区上賀茂岩ヶ垣内町71
電話 075(791)7131　FAX 075(721)8400
http://www.hou-bun.com/

＊乱丁など不良本がありましたら、ご連絡ください。
　お取り替えいたします。

印刷：亜細亜印刷㈱／製本：㈱藤沢製本
装幀：谷本天志

ISBN 978-4-589-03563-9

Ⓒ2014 H.Oda, Y.Seki Printed in Japan

JCOPY　〈㈳出版者著作権管理機構　委託出版物〉

本書の無断複写は著作権法上での例外を除き禁じられています。複写される
場合は、そのつど事前に、㈳出版者著作権管理機構（電話 03-3513-6969、
FAX 03-3513-6979、e-mail: info@jcopy.or.jp）の許諾を得てください。

日本平和学会編 **平和を考えるための100冊+α** A5判・300頁・2000円	平和について考えるために読むべき書物を解説した書評集。古典から新刊まで名著や定番の書物を厳選。要点を整理・概観したうえ、考えるきっかけを提示する。平和でない実態を知り、多面的な平和に出会うことができる。
竹内久顕編著 **平和教育を問い直す** ―次世代への批判的継承― A5判・242頁・2400円	暴力化する現実世界と平和問題の射程が広がるにつれ、平和教育は時代と乖離し、存在意義が問われている。戦後の平和教育の蓄積を批判的・発展的に継承し、新たな理論と実践の創造的な再生を試みる。
吉川 元・首藤もと子・六鹿茂夫・望月康恵編 **グローバル・ガヴァナンス論** A5判・328頁・2900円	人類は平和構築・予防外交などの新たなグッド・ガヴァナンスに希望を託せるのか。地域主義やトランスナショナルな動向をふまえ、グローバル・ガヴァナンスの現状と限界を実証的に分析し、求められるガヴァナンス像を考察する。
小林 誠・熊谷圭知・三浦 徹編 **グローバル文化学** ―文化を越えた協働― A5判・208頁・2300円	グローバル化と異文化共生について多角的・学際的、実践的に学ぶための入門書。地域研究や多文化交流・国際協力などの局面で、文化の違いをこえて協力・共存していく方法を探求する視座と思考を提示する。
越田清和編 **アイヌモシリと平和** ―〈北海道〉を平和学する!― A5判・266頁・2600円	アイヌモシリ(北海道)が日本の植民地であったという「植民地支配の認識」をふまえ、北海道における平和を考える。アイヌ民族の軌跡を問い直すだけでなく、人権・開発・平和をオキナワやフクシマとの応答も含め、多様に考察する。
ガバン・マコーマック、乗松聡子/乗松聡子訳 **沖 縄 の 〈怒(いかり)〉** ―日米への抵抗― A5判・283頁・2800円	沖縄問題の核心を通史の展開をふまえ実証的に追究。日本が米国の属国であるがゆえに沖縄が翻弄され続けていることを衝き、沖縄に正義と平和をもたらす責務が日本の私たちにあることを切実に投げかける。沖縄研究にとって必読の書。

―― 法律文化社 ――

表示価格は本体(税別)価格です